Matthias Walter

In Bewegung

VS RESEARCH

Matthias Walter

In Bewegung

Die Produktion von Web-Videos
bei deutschen
regionalen Tageszeitungen

VS RESEARCH

Bibliografische Information der Deutschen Nationalbibliothek
Die Deutsche Nationalbibliothek verzeichnet diese Publikation in der
Deutschen Nationalbibliografie; detaillierte bibliografische Daten sind im Internet über
<http://dnb.d-nb.de> abrufbar.

1. Auflage 2010

Alle Rechte vorbehalten
© VS Verlag für Sozialwissenschaften | Springer Fachmedien Wiesbaden GmbH 2010

Lektorat: Verena Metzger / Anita Wilke

VS Verlag für Sozialwissenschaften ist eine Marke von Springer Fachmedien.
Springer Fachmedien ist Teil der Fachverlagsgruppe Springer Science+Business Media.
www.vs-verlag.de

Umschlaggestaltung: KünkelLopka Medienentwicklung, Heidelberg
Gedruckt auf säurefreiem und chlorfrei gebleichtem Papier
Printed in Germany

ISBN 978-3-531-17595-9

für meine Familie,
ohne deren Unterstützung und Verständnis
dieses Buch nicht entstanden wäre

Mein Dank gilt dem EX e.V. – dem Verein der Alumni des Instituts für
Journalistik der Technischen Universität Dortmund – der die Drucklegung
großzügig finanziell unterstützt hat.

Inhalt

Abbildungs- und Tabellenverzeichnis 11
Abkürzungsverzeichnis 13

1 **Einleitung** **15**
  1.1 Problemstellung und Themenrelevanz 15
  1.2 Themenabgrenzung und Zieldefinition 19
  1.3 Literatur- und Forschungsüberblick 21
  1.4 Aufbau der Arbeit 24

2 **Medienkonvergenz** **27**
  2.1 Definition von Medienkonvergenz 27
    2.1.1 Probleme der Begriffsdefinition 28
    2.1.2 Definition Medienkonvergenz 29
    2.1.3 Zum Verhältnis von Konvergenz und Internet 30
    2.1.4 Innovationscharakter von Medienkonvergenz 30
    2.1.5 Auswirkungen von Medienkonvergenz 31
  2.2 Zustands- und Prozesscharakter von Konvergenz 32
    2.2.1 Lineare Erklärungsversuche 32
    2.2.2 Komplexere Erklärungsmodelle 35
  2.3 Entwicklung und Stand von Medienkonvergenz 37
    2.3.1 Konvergenzaktivitäten vor Beginn des Internet-Zeitalters 38
    2.3.2 Konvergenz im Internet-Boom 38
    2.3.3 Zeit nach der Medienkrise und aktueller Stand 39
  2.4 Typen von Medienkonvergenz 40
    2.4.1 Technologische Konvergenz 41
    2.4.2 Soziokulturelle Konvergenz 41
    2.4.3 Crossmedia (Konvergenz der Medienangebote/-produktion) 43
    2.4.4 Globale Konvergenz 45
    2.4.5 Verhältnis der Konvergenz-Ebenen zueinander 46
    2.4.6 Verortung der vorliegenden Arbeit im Theoriekonstrukt 47

3   Crossmedia und Organisationsmanagement **49**
    3.1   Chancen und Risiken crossmedialer Aktivitäten 51
          3.1.1   Kategorisierung crossmedialer Chancen 52
          3.1.2   Synergie-Effekte 54
          3.1.3   Probleme und Risiken von Crossmedia 58
          3.1.4   Widerstände gegen Crossmedia 59
          3.1.5   Maßnahmen zur Überwindung von Widerständen 63
    3.2   Redaktionelle Strategien 66
          3.2.1   Zum Strategiebegriff 66
          3.2.2   Ziele der Strategien von Medienunternehmen 67
          3.2.3   Crossmedia als Diversifikations- und Wachstumsstrategie 68
          3.2.4   Ebenen von Crossmedia-Strategien 69
    3.3   Redaktionelle Organisation crossmedialer Aktivitäten 71
          3.3.1   Einkauf von Leistungen 72
          3.3.2   Ablauforganisation 73
          3.3.3   Aufbauorganisation 78
          3.3.4   Arbeitsumfeld 83

4   Zusammenfassung und Schlussfolgerungen für die empirische Arbeit . 85
    4.1   Videoproduktion bei Tageszeitungen als Konvergenz 85
    4.2   Videoproduktion als Organisationsaufgabe 86
    4.3   Modelle der Redaktionsorganisation 88
          4.3.1   Modell Autonomie 88
          4.3.2   Modell Kooperation 89
          4.3.3   Modell Integration 90
    4.4   Analyseperspektiven 91

5   Empirische Teilstudie I: Videoangebote deutscher Regionalzeitungen . 93
    5.1   Entwicklung der Angebote 93
    5.2   Methodik 94
          5.2.1   Forschungsfragen und Hypothesen 94
          5.2.2   Bestimmung der Forschungsobjekte 95
          5.2.3   Begründung der Forschungsmethode 96
          5.2.4   Gütekriterien 97
    5.3   Ergebnisse und Diskussion 98
          5.3.1   Web-Videos allgemein 98
          5.3.2   Nicht-exklusive Inhalte 99
          5.3.3   Kooperationen 102

5.3.4   Eigenproduktion 102
5.3.5   Zusammenhang von Auflage und Videoproduktion 103

6   Empirische Teilstudie II:
Redaktionelle Organisation der Videoproduktion 107
6.1   Methodik 107
    6.1.1   Forschungsfragen 107
    6.1.2   Bestimmung der Forschungsobjekte 108
    6.1.3   Begründung der Forschungsmethode 108
    6.1.4   Gütekriterien 111
6.2   Ergebnisse und Diskussion 112
    6.2.1   Umfang und Art der Produktion 112
    6.2.2   Organisation 116
    6.2.3   Geplante Entwicklung der Videoproduktion 124
6.3   Konstruktion idealtypischer Organisationsmodelle 125
    6.3.1   Autonomiemodell 125
    6.3.2   Kooperationsmodelle 126
    6.3.3   Integrationsmodell 127

7   Empirische Teilstudie III:
Analyse der Organisationsmodelle – drei Fallstudien 129
7.1   Methodik 129
    7.1.1   Forschungsfragen und Hypothesen 129
    7.1.2   Auswahl der Fälle 133
    7.1.3   Begründung der Forschungsmethode 134
    7.1.4   Gütekriterien 139
7.2   Vorstellung der Fallbeispiele 140
    7.2.1   Das Autonomiemodell beim Stader Tageblatt 140
    7.2.2   Das Kooperationsmodell beim Trierischen Volksfreund 141
    7.2.3   Das Integrationsmodell bei der HNA 142
7.3   Ergebnisse und Diskussion 142
    7.3.1   Grundlegende Strategieüberlegungen 143
    7.3.2   Synergien bei der Videoproduktion 146
    7.3.3   Sachbezogene Probleme 149
    7.3.4   Personenbezogene Probleme: Widerstände 154
    7.3.5   Zukunft der Videoproduktion 160
    7.3.6   Zusammenhang mit individuellen Einflüssen 161
7.4   Zusammenfassung und Diskussion 163

8   Fazit und Ausblick **167**
  8.1   Zusammenfassung und Diskussion der Ergebnisse 167
  8.2   Baukastensystem: Leitlinien für die redaktionelle Organisation 172
  8.3   Beschränkungen und Aussagekraft der Untersuchung 176
  8.4   Ausblick auf die Forschung 177
  8.5   Ausblick auf die Praxis 179

Literaturverzeichnis 183

Anhang.. 191

Abbildungs- und Tabellenverzeichnis

Abbildung 1: Säulen der Literatur 24
Abbildung 2: Aufbau der Arbeit 26
Abbildung 3: Dreistufiges lineares Prozessmodell für Konvergenz 33
Abbildung 4: Lineare und komplexere Erklärungsmodelle für Konvergenz 36
Abbildung 5: Ebenen von Konvergenz 46
Abbildung 6: Schritte der strategischen Planung 51
Abbildung 7: Kategorisierung von Synergien 56
Abbildung 8: Wertschöpfungskette 74
Abbildung 9: Einlinien-System 80
Abbildung 10: Mehrlinien-System 81
Abbildung 11: Matrix-System 82
Abbildung 12: Existenz von Videoangeboten 98
Abbildung 13: Verwendung nicht-exklusiver Inhalte bei Portalen 100
Abbildung 14: Video-Eigenproduktion bei deutschen Regionalzeitungen 103
Abbildung 15: Zusammenhang von Größe und Videoangebot bei Portalen 104
Abbildung 16: Umfang der Eigenproduktion 112
Abbildung 17: Abdeckung klassischer Ressorts durch eigene Videos 114
Abbildung 18: Für die Videoproduktion eingesetzte Mitarbeitergruppen 117
Abbildung 19: Verhältnis von Redaktion und Dienstleister 123
Abbildung 20: Geplante Veränderung der Videoangebote 124

Tabelle 1: Zusammenhang von Größe und Eigenproduktion bei PE 105
Tabelle 2: Mitarbeitergruppen bei der Videoproduktion 119
Tabelle 3: Überblick über die Leitfadeninterviews 138
Tabelle 4: Überblick der untersuchten Fälle 164

Abkürzungsverzeichnis

AFP: Agence France Presse, international tätige Nachrichtenagentur
B2B: Business-to-Business, betriebswirtschaftliche Bezeichnung für die Beziehung eines Unternehmens zu Geschäftskunden
B2C: Business-to-Consumer, betriebswirtschaftliche Bezeichnung für die Beziehung eines Unternehmens mit seinen Endkunden
BDZV: Bund Deutscher Zeitungsverleger
HNA: Hessische/Niedersächsische Allgemeine, Regionalzeitung, Kassel
IPTV: Internet Protocol Television, Technik der Übertragung von Fernsehsignalen über Internetleitungen
NOS: „Now On Screen", Online-TV-Magazin über Kinofilme
OMS: Online Marketing Service, gemeinsamer Online-Werbevermarkter deutscher Zeitungsverlage
PE: Publizistische Einheit
RTL: Radio Television Luxemburg, deutscher TV-Sender
VJ: Videojournalist
WAZ: Westdeutsche Allgemeine Zeitung, Regionalzeitung, Essen
WDR: Westdeutscher Rundfunk, öffentlich-rechtliche Rundfunkanstalt in Nordrhein-Westfalen

1 Einleitung

Es geschieht, als Christoph Stukenbrock auf dem Weg zu einem nicht gerade aufregenden Termin ist. Der 26-Jährige ist Volontär beim Stader Tageblatt, einer kleinen Regionalzeitung in der Nähe Hamburgs. Die Reste eines mobilen Frühstücks liegen noch unter dem Beifahrersitz seines VW-Polo, als er gemütlich auf die Autobahn 26 biegt, jene bemerkenswerte Trasse, die irgendwie im norddeutschen Nichts anfängt und ohne weiteren Anschluss irgendwo dort auch wieder endet. Doch plötzlich flackern Lichter auf: Bremsen, Warnblinker, Blaulichter. Dicker, weißer Qualm steigt keine 20 Meter voraus von der Fahrbahn auf. Ein Feuerwehrfahrzeug versperrt die Sicht. Stukenbrock hält eilig auf dem Seitenstreifen und springt aus dem Auto. „Willst du *die* nicht mitnehmen?" ruft ihm sein Beifahrer zu und deutet auf die Sony-Videokamera auf dem Rücksitz. „Nein, wir machen noch keine Blaulichtvideos", entgegnet der Volontär. Mit dem Fotoapparat in der Hand rennt er zum Unfallort. Ein alter VW steht in Flammen, die Feuerwehrleute kämpfen mit Löschschaum dagegen an. Nach zwei Minuten kommt Christoph Stukenbrock zurück zum Wagen gelaufen, reißt nun doch die Kameratasche heraus. „Das sind wirklich gute Bilder", sagt er fast entschuldigend und beginnt zu filmen.

Bemerkenswert an dieser Szene auf der A26, die der Autor bei einer seiner Beobachtungen für die vorliegende Arbeit erlebte, sind zwei Dinge: Erstens die Selbstverständlichkeit, mit der ein Zeitungsmitarbeiter heutzutage eine Videokamera im Auto hat. Zweitens aber auch die Zögerlichkeit beim Einsatz derselben. Ein TV-Team hätte vermutlich keine Sekunde gewartet, um die starken Bilder nicht zu verpassen. Beim Printreporter dominierte die Konzentration auf Fotos und der Gedanke, dass Unfälle noch nicht zum Bewegtbildkonzept des Blatts gehörten, diese Sparte noch in der Planungsphase steckte (siehe Kapitel 7). Ein Verhalten, symptomatisch für die Zeitungsbranche, die in ein neues Abenteuer namens Videoproduktion aufgebrochen ist, diesen Weg inzwischen selbstbewusst geht und sich doch über das Ziel noch nicht endgültig im Klaren ist.

1.1 Problemstellung und Themenrelevanz

„In the 550 years since the first pages of print rolled off the presses in the German town of Mainz, printed news evolved relatively unimpeded." (Zogby 2008: 4) Doch wir leben jetzt in einer Zeit, in der die Medienbranche sich durch Konvergenz so rasant fundamental verändert wie nie zuvor (vgl. Haagerup 2006; Criado/Kraeplin 2003: 428). Was jahrelang nur prognostiziert wurde und nie eintrat, wird jetzt Realität: Die klassischen Angebote rücken zusammen, im Internet verschwimmen die Grenzen zwischen Print, Rundfunk und Online. Jeder will jetzt alles anbieten. Aus beschaulichen Verlagen wie dem Stader Tageblatt werden multimediale Informationsdienstleister (vgl. Singer 2004 3; de Aquino et al. 2002: 4). Eine faszinierende Entwicklung, die leicht zu Euphorie verleitet. Die Zukunft des Journalismus sei zwingend online und multimedial – solche Prognosen sind teils gut begründet und einleuchtend (vgl. Rau 2007: 44; Nafria 2006: 26). Doch wissen wir aus Erfahrung, dass man mit Voraussagen über die Entwicklungen in dieser Branche äußerst vorsichtig sein muss (vgl. Kopper/ Kolthoff/Czepek 2000: 499; Tonnemacher 1998: 179). Die angesprochenen sind eine große Herausforderung für Medien und Journalisten auf allen Ebenen (vgl. Fee 2002). Und nicht vergessen sollten wir, dass vieles im Konvergenz- und Videotrend getrieben wird von schlechten Nachrichten.

Die regionalen Tageszeitungen, über die in dieser Arbeit gesprochen wird, stehen unter Druck (vgl. Neuberger 2003 a: 152). Ihre Auflagen entwickeln sich – von einer kurzen Belebung durch die Wiedervereinigung abgesehen – seit den 1980er Jahren nach unten (vgl. Vogel 2008: 236).[1] Die Werbekrise 2001/2002 hat sie zusätzlich hart getroffen, die Konsequenzen der Weltwirtschaftskrise 2008/2009 sind noch nicht endgültig bestimmt. Gleichzeitig verschärfen immer mehr neue Medienangebote den Wettbewerb um Rezipienten und Werbeeinnahmen (vgl. Sjurts 2002: 2). Die Zukunft sieht düster aus: Die Zeitungen erreichen immer weniger junge Leser (vgl. Stark/Kraus 2008: 307), lediglich drei Prozent der Jugendlichen in Deutschland halten sie für das unverzichtbarste Medium (vgl. Feierabend/Kutteroff 2008: 613 f.).

Die Verlage müssen reagieren. Zwar ist Wandlungsfähigkeit, wie die Vergangenheit zeigt, keine Stärke von Zeitungen, die sich zu „ausgewachsenen Bürokratien" entwickelt haben (Roth 2005: 172; vgl. Haagerup 2006). Doch die strukturell bedingte Krise lässt ihnen keine Alternative (vgl. Roth 2005: 170 f.; de Aquino et al. 2002: 4).

Konvergenz als Chance: Adaption von Online-Trends

Doch bei allem Pessimismus ist Konvergenz nicht nur lästige Notwendigkeit, sie ist auch Anlass für große Hoffnungen, selbst nach der Medienkrise: „Convergence is the window of opportunity for traditional media to align itself with technologies of the 21st century." (Lawson-Borders 2003: 91; siehe auch Kapitel 2.4)

---

[1] Gemeint sind Zeitungen in Deutschland. Franklin (2008: 307 f.) weist daraufhin, dass Forscher dazu neigen, diese Feststellung zu verabsolutieren, aber etwa in Asien, Afrika und Südamerika das Gegenteil zutrifft.

Die Zeitungen versuchen durchaus, ihre Chancen zu nutzen. Online als weiteres Medium der Verlage hat sich etabliert. Trends der vergangenen Jahre wie Web 2.0 wurden adaptiert (vgl. Haeming 2008).

Und seit einiger Zeit entwickelt sich rasant ein weiterer Trend im Internet: Video. Dafür werden in der Fachliteratur im Wesentlichen zwei Gründe angeführt: Erstens die enormen Zuwachsraten bei Breitbandverbindungen und Flatrate-Tarifen, die inzwischen mehr als der Hälfte der Online-Nutzer ermöglichen, schnell, kostengünstig und flexibel Videos im Internet abrufen und transferieren zu können (vgl. Gscheidle/Fisch 2007). Zweitens sind die Rezipienten auch an WebTV interessiert. Im vergangenen Jahr haben bereits 55 Prozent der Online-Nutzer in Deutschland zumindest gelegentlich Web-Clips angeschaut, bei den 14- bis 29-Jährigen waren es bereits 84 Prozent (vgl. van Eimeren/Frees 2008: 350). Die Tendenz ist weiter rasch steigend, was viele Akteure auf den Plan ruft.[2]

Inzwischen sind Web-Clips ein „Must-have-Ding für Verlage" (Haeming 2008), eine der zurzeit am intensivsten diskutierten Entwicklungen in Fachzeitschriften (vgl. etwa Deutscher Journalisten-Verband 2009). Es herrscht die Meinung vor, wer jetzt nicht mitmache, verliere – gegen alte Konkurrenten oder neu entstehende Portale (vgl. etwa Schmid 2008: 4; Mrazek 2007). Und gemeint ist nicht mehr nur eingekaufte Massenware. Sondern in der ganzen Republik produzieren dutzende Verlage eigene Videos (siehe Kapitel 5). Kostengünstige Kameratechnik und Distribution im Internet machen es möglich, erwartete neue Erlösquellen interessant.[3]

Der Qualitätsstandard mag einige ernüchtern: „Da wackeln schon mal die Bilder, stottern die Moderatoren oder es fehlen echte, aussagekräftige Schnitte und Sequenzen." (Schmid 2008: 10) Doch noch befinden wir uns in der Phase der Ideenfindung, Produktionsmodelle und Inhalte verändern sich laufend (vgl. Schmid 2008: 10). Auch in der empirischen Untersuchung dieser Arbeit fällt auf, dass innerhalb weniger Wochen etliche Angebote ausgebaut, verändert oder auch eingestellt wurden (siehe Kapitel 5-7). Die Frage ist aber, wie lange diese Phase noch andauert und wann die Nutzer mehr Konstanz und Qualität erwarten. Denn dann müssen die Redaktionen gerüstet sein und die Probleme hinter sich gelassen haben.

---

[2] Selbst Unternehmen wie Audi drängen deshalb mit eigenen Sendungen oder Sendern ins Netz (vgl. etwa Schmidt-Carré 2007).

[3] Nach Meinung enthusiastischer Anhänger könnten Zeitungen sogar größere Video-Produzenten werden als das Fernsehen, aufgrund ihrer Masse an Redakteuren und ihrer ungeheuren Verbreitung. Schon heute produzieren große Regionalzeitungen teils mehr Videomaterial als kleine TV-Sender (vgl. World Editors Forum 2008 b: 116).

Offene Fragen und Unsicherheit bei deutschen Verlagen

Fraglich ist, ob die Zeitungen dieses Ziel erreichen. Das Interesse und der Glaube an die Bedeutung des Themas ist zwar groß, ebenso jedoch die Unsicherheit.[4] Multimedia- und besonders die Videoproduktion verursachen trotz günstigerer Produktionsbedingungen als früher erhebliche Kosten und einen großen Aufwand. Der zukünftige Nutzen ist nicht eindeutig abzuschätzen, hinzu kommen offene juristische Fragen (z. B. der möglichen rundfunkrechtlichen Lizensierung; vgl. Grimberg 2007). Beispiele von Fehlschlägen mit neuen Technologien sowie die Erfahrungen der Werbekrise haben die Verantwortlichen zusätzlich verunsichert (vgl. de Aquino et al. 2002: 4 f.). Und obgleich das in der Branche bekannte Zitat von Ulrik Haagerup schon einige Jahre zurückliegt, ist es heute immer noch zutreffend:

> „Media convergence is like teenage sex. Everybody thinks everybody else is doing it. The few who are actually doing it aren't very good at it."
> (Ulrik Haagerup 2002, zitiert nach Daily/Demo/Spillman 2003: 1)[5]

Es gibt viele drängende, ungeklärte Fragen, ob zu Nutzerwünschen, Redaktionsorganisation, Finanzierung oder Qualität. Trotzdem existiert bislang kaum wissenschaftliche Begleitung, haben wir auf alle diese Fragen praktisch keine Antworten.

Aufgabe der vorliegenden Arbeit

Um es noch einmal zusammenzufassen: Das Thema Videoproduktion von Tageszeitungen ist aktuell einer der wichtigsten Trends in der Branche. Das hat innerhalb von nur etwa vier Jahren zu einer rasanten Ausbreitung geführt. Die Bedeutung der Bewegtbildprojekte für die Medien ist groß, weil in einer wirtschaftlich prekären Lage viele Hoffnungen darauf ruhen. Leider herrscht aber große Unsicherheit über das richtige Vorgehen. Und die Wissenschaft kann derzeit noch keine Antworten liefern. Diese Arbeit soll deshalb zur Klärung wenigstens einiger weniger Fragen beitragen. Dabei ist es unmöglich, alle Aspekte dieses vielschichtigen Themas zu behandeln, die Fokussierung auf eine Dimension ist notwendig.

---

[4] Abzulesen bspw. an einer Umfrage unter Chefredakteuren bei Milz (2008).
[5] Jones (vgl. 2003) schreibt das Zitat der Professorin Janet Kolodzy zu. Da die Quellen, die Haagerup als Urheber nennen, jedoch älter sind, wurde es in dieser Arbeit ihm zugeordnet.

Ausgewählt wurde das Organisationsmanagement. Denn „Multimedia [bedeutet] vor allem eine neue Herausforderung für koordinierendes Redaktions-Management" (Radü 2009: 62). Einige der drängendsten Fragen in der Praxis beziehen sich auf diesen Bereich. Er enthält wichtige Weichenstellungen für die Zukunft. Denn Themenauswahl, Länge und Aufmachung der Videos lassen sich auch später noch verhältnismäßig einfach modifizieren. Know-how im Unternehmen aufzubauen oder Personal einzustellen hingegen braucht Zeit und Geld und ist später nicht ohne erhebliche Probleme zu verändern. Und besonders angesichts knapper Ressourcen bzw. sinkender Werbeeinnahmen ist bedeutsam, wo die Redaktion im Zusammenspiel von Print, Online und Video effizienter organisiert werden kann (vgl. Brüggemann 2002: 7). Letztlich läuft die Betrachtung auf die alles entscheidende und heiß diskutierte Frage hinaus, wie stark die Produktion von Videos in die Printredaktion integriert werden soll (vgl. etwa Nafria 2006: 26). Auch hier schwanken die Meinungen zwischen euphorischen Schilderungen voll integrierter Systeme und Warnungen vor Widerständen und Problemen. Eine Antwort fehlt auch hier bislang (vgl. auch Spachmann 2003: 215 f.), doch die vorliegende Arbeit wird versuchen, sie zu geben.

1.2 Themenabgrenzung und Zieldefinition

Die vorliegende Arbeit beschäftigt sich mit Internet- bzw. Online-Videos, teils auch als Web-TV bezeichnet. Die Begriffe werden jedoch unscharf gebraucht, was die Diskussion erschwert. Gemeint sind damit in der gesamten Arbeit stets Livestreams oder Videoclips im World Wide Web, unabhängig vom verwendeten technischen Standard, die auf im Original bewegten Bildern basieren. Davon abzugrenzen sind deshalb bspw. animierte Fotostrecken oder IPTV[6].

Das Verhältnis von etablierten und neuen Medien ist immer auf der Makro- (Mediengattungen), der Meso (Markt) und der Mikro-Ebene (Unternehmen) zu betrachten (vgl. auch Neuberger 2003 a: 156). Zwar werden im empirischen Teil auch kumulierte Werte errechnet, Betrachtungsebene bleibt aber immer das einzelne Unternehmen, genauer die regionale oder lokale Tageszeitung. Überregionale Zeitungen, Wochenzeitungen oder Angebote für spezielle (Fach-)Publika werden nicht betrachtet, da sie in ihren Organisationsstrukturen nicht automatisch mit den regionalen/lokalen gleichzusetzen sind, eine separate Analyse aus forschungsökonomischen Gründen aber nicht möglich war.

---

[6] Verbreitung von i. d. R. hochauflösendem TV auf Abruf und Zusatzdiensten per Internetzugang, jedoch meist über geschlossene Netzwerke (vgl. Schmid 2008: 5; van Eimeren/Frees 2008: 351)

Wie in Kapitel 1.1 begründet, ist die Arbeit auf redaktionelle Organisation / Organisationsmanagement fokussiert. Alle weiteren Aspekte des Themas Videoproduktion finden keine Erwähnung. Ausdrücklich nicht betrachtet wird bspw.:
- ob eine Substitution der Zeitung droht durch Online- und Videoproduktion oder auch andere Medien (Diskussion um das „Rieplsche Gesetz"; vgl. etwa Dupagne/Garrison 2006: 240; Jenkins 2006: 14; Lawson-Borders 2003: 94; Neuberger 2003 b: 33 ff.; Popp/Spachmann 2000).
- ob die Videoproduktion für Zeitungen überhaupt notwendig oder lohnend ist und verfolgt werden sollte. Diese Arbeit untersucht nur die Art der Produktion, nachdem ein Verlag diese Frage bereits für sich bejaht hat.
- wie die Qualität der produzierten Clips zu beurteilen ist.
- welche Präferenzen und Wünsche die Nutzer bei Internet-Videos haben.
- ob es journalismus- oder demokratietheoretisch günstig oder wünschenswert ist, dass Zeitungen Videos produzieren.[7]

Angesichts der mangelnden Forschung zu diesem Bereich zielt die vorliegende Untersuchung auf eine erste, grundlegende Standortbestimmung für die Produktion von Web-Videos bei deutschen Tageszeitungen. Angestrebt wird dabei eine schon in anderen innovativen Feldern als lohnenswert beschrieben Fusion von Theorie und Praxis (vgl. Fengler/Kretzschmar 2009: 11 f., Neuberger/Tonnemacher 2003: 9). Die Untersuchung soll also zwei Ziele erfüllen, sowohl die wissenschaftliche Debatte bereichern als auch verwertbare Ergebnisse für Medienpraktiker liefern. Das Erkenntnisinteresse lässt sich dabei in der Leitfrage zusammenfassen: Welche Modelle der Videoproduktion werden zurzeit eingesetzt und wie sollten sie eingesetzt werden? Um sie strukturiert beantworten zu können, empfiehlt sich die Differenzierung in Teilfragen:
- Um was für ein Phänomen handelt es sich bei Videos von Tageszeitungen bzw. wie lässt es sich in Abgrenzung zu anderen Trends verorten?
- Wie gestaltet sich das Online-Videoangebot deutscher Regionalzeitungen derzeit?
- Welche Möglichkeiten der redaktionellen Organisation einer Eigenproduktion gibt es – was sind ihre Chancen und Risiken?
- Und welche der Optionen werden von Zeitungen tatsächlich eingesetzt?
- Welche Vor- und Nachteile ergeben sich in der Praxis aus verschiedenen Produktionsmodellen?
- Wie sollten sie in der Konsequenz eingesetzt werden bzw. wie stark sollten Redaktionen integriert werden?

---

[7] Beiträge zu diesen Diskussionen finden sich etwa bei Jakubetz 2008: 11; Strupp 2006; Deuze 2004: 143; Gordon 2003: 63 f.; Huang et al. 2003: 171 ff., 173 f.; Bulla 2002; Hohlfeld/Meier/Neuberger 2002: 15 Riefler 2002; Winseck 2002; Haiman 2001.

1.3 Literatur- und Forschungsüberblick

Unzureichende Literaturlage

„Neueste Nachrichten", „aktuell" oder sogar „live" – Aktualität spielt schon in den Bezeichnungen der Medienprodukte eine große Rolle, schließlich beschäftigen sich die Inhalte des Journalismus per Definition mit Neuigkeiten. Paradoxerweise erfolgt eine Auseinandersetzung mit aktuellen Veränderungen des eigenen, journalistischen Systems jedoch nur unzureichend: eine Selbstreflexion der Medien existiert kaum und die Analysen der Wissenschaft lassen häufig lange auf sich warten (vgl. Fengler/Kretzschmar 2009: 11). Daher überrascht es nicht, dass die Literaturlage zum noch jungen Feld der Videoproduktion von Tageszeitungen in Deutschland unzureichend ist. Aktuelle Entwicklungen oder beispielhafte Übersichten gibt es teils in Fach- oder auch Publikumsmedien (vgl. etwa Deutscher Journalisten-Verband 2009; Haeming 2008). Doch an fundierter Forschung fehlt es fast vollständig.

Einzige Ausnahme ist eine Studie von Schmid (vgl. 2008) im Auftrag des Bundesverbandes Deutscher Zeitungsverleger (BDZV). Sie gibt einen Überblick über den Stand der Entwicklung und die verwendeten Modelle der Redaktionsorganisation und Finanzierung. Allerdings richtet sich die Arbeit an Medienpraktiker und bleibt methodisch hinter den Ansprüchen einer wissenschaftlichen Analyse zurück. So ist etwa unklar, wie die Autorin ihre Datengrundlage ermittelt, wie ihr Vorgehen bei der Analyse von Websites und Organisationsmodellen war oder nach welchem System sie die Gesprächspartner für Interviews ausgewählt hat. Zudem fehlt eine theoretische Fundierung der Ergebnisse. Trotz dieser Mängel stellt Schmids Arbeit als bislang einzige Studie eine zentrale Quelle dar.

Arbeiten aus verwandten Forschungsfeldern

In verwandten Themenfeldern ist Forschung allerdings durchaus und sogar in großer Menge verfügbar (vgl. Daily/Demo/Spillman 2003: 2).[8] Im Wesentlichen kommt für das Thema dieser Arbeit die Betrachtung folgender Forschungsrichtungen in Frage:

---

[8] Kopper/Kolthoff/Czepek (vgl. 2000: 500) attestierten schon vor neun Jahren, dass die Menge an Literatur zum Online-Journalismus zu einem Problem wurde, da sie kaum noch zu überblicken war. Die von den Autoren als Lösung vorgeschlagene Internet-Plattform, auf der alle wesentlichen Forschungsergebnisse dieses Themenfeldes präsentiert werden, ist jedoch nicht realisiert worden.

- Erkenntnisse der Kommunikations- und Medienwissenschaften zur Theoriebildung über das allgemeine Verhältnis von Print, Rundfunk und Online sowie von Konvergenz (vgl. etwa Jenkins 2006; Neuberger 2003 b; Altmeppen 2000 b). Selten sind in diesen Disziplinen auch empirisch fundierte Arbeiten zur Redaktionsorganisation zu finden (vgl. etwa Meyer 2005; Brüggemann 2002).
- Literatur für Medienpraktiker (vgl. etwa Meier 2002 a; Hooffacker 2001), die jedoch teils an geringer theoretischer Fundierung leidet. Kritisch auf ihre Neutralität sind dabei zudem die Arbeiten zu hinterfragen, in denen beteiligte Journalisten die eigene Redaktion beschreiben (z. B. Radü 2009, Riedel/Schoo 2002).
- US-amerikanische Medienforschung zur Konvergenz von TV- und Print-Redaktionen, die ihren Fokus häufig auf die Redaktionsorganisation legt (vgl. etwa Dupagne/Garrison 2006; Singer 2004; Daniels/Hollifield 2002). Allerdings wurden in diesem noch jungen Forschungsfeld tiefgehende Analysen bislang vernachlässigt: „Most studies of newsroom partnerships have been descriptive case studies and convenience sample surveys." (Lowrey 2004)

Es wird deutlich, dass alle diese Ansätze Lücken und Schwächen besitzen. Zudem äußern etliche Autoren Kritik an Vorgehensweisen, die in allen diesen Feldern üblich sind. Erstens sind die Studien bis auf wenige Ausnahmen (etwa Garcia Aviles et al. 2008; de Aquino et al. 2002) national beschränkt. Trotzdem werden ihre Ergebnisse teils ohne Rücksicht auf die unterschiedlichen Systeme international übertragen (vgl. Quandt et al. 2006: 172). Ein höchst problematisches Vorgehen, da Quandt et al. (vgl. 2006: 173, 182) bspw. zeigen, dass trotz aller Ähnlichkeiten zwischen deutschem und US-Mediensystem auch etliche organisatorische, kulturelle, soziale und ökonomische Differenzen bestehen. Eine unmittelbare Übertragung von Ergebnissen ohne Anpassung, Diskussion oder Überprüfung verbietet sich daher. Zweitens tritt häufig eine problematische Parteilichkeit der Forscher zu Tage, denen anzumerken ist, ob sie Befürworter oder Kritiker der Konvergenzentwicklung sind (vgl. Meier 2006: 204). Drittens fehlen in allen genannten Bereichen Langzeit- und Längsschnittanalysen. Und den vorhandenen Studien mangelt es wegen divergierender Forschungsobjekte und uneinheitlicher Messinstrumente an Vergleichbarkeit (vgl. Meier 2006: 211, Daily/Demo/Spillman 2003: 2). Viertens nehmen die verschiedenen wissenschaftlichen Forschungsrichtungen nur unzureichend Bezug aufeinander. Sie betrachten meist unterschiedliche Aspekte (vgl. Brüggemann 2002: 8). Zudem fällt auf, dass kommunikationswissenschaftlichen Arbeiten häufig die theoretische Fundierung fehlt (vgl. Neuberger 2003 a: 165; Ausnahmen sind etwa Spachmann 2003;

Brüggemann 2002). Fünftens werden Teile der Marktforschung nur von privaten Instituten für Konzerne übernommen und stehen einer freien Wissenschaftsdiskussion nicht zur Verfügung (vgl. Kopper/Kolthoff/Czepek 2000: 501).

Verschärft werden all diese Schwierigkeiten durch ein weiteres Problem: Aufgrund der rasanten Entwicklung des Internetmarktes überholen sich Erkenntnisse sehr schnell (vgl. Stark/Kraus 2008: 307; Quandt et al. 2006: 171). Kopper/Kolthoff/ Czepek (vgl. 2000: 501) stellen fest, dass Studien daher in der Regel entweder aktuell *oder* fundiert seien. Die Beschränkung des raschen Veraltens ist kaum zu umgehen, doch macht sie Forschung nicht obsolet. Denn die Ergebnisse sind trotzdem bereichernd und geben Einblick in die Veränderungen (vgl. Saltzis/Dickinson 2008: 216). Das Problem sollte allerdings bei jeder Literaturbetrachtung kritisch gewürdigt werden.

Es bleibt die Frage, worauf angesichts der erdrückenden Kritik an den bisherigen Ansätzen ein neues Forschungsvorhaben sinnvoll aufbauen kann. Da viele alte Theorien die zu betrachtenden Phänomene nicht mehr vollständig erfassen und neue nur bruchstückhaft existieren, bedarf es weiterer Überlegungen (vgl. Quandt 2003: 272). M. E. muss es auf einen fachübergreifenden Ansatz hinauslaufen, der die Erkenntnisse der bisher meist getrennten Forschungsrichtungen integriert und so gezielt die Lücken einzelner Disziplinen durch die Einbeziehung anderer füllt. Deshalb baut diese Arbeit auf vier Säulen der Literatur auf (siehe auch Abbildung 2):

1. Arbeiten von Medienpraktikern, die Erfahrungen mit verschiedenen Strategien und Modellen von Konvergenz beschreiben, in der Regel bezogen auf das Zusammenwachsen von Print und Online.
2. Kommunikations- und medienwissenschaftliche Konvergenz-Forschung, die sowohl Theoriebildung als auch empirische Studien einschließt (vgl. auch Neuberger/Tonnemacher 200: 9). Die Arbeiten konzentrieren sich meist auf die Integration von klassischen Medien und Online und bieten einen fundierten Rahmen für die Einordnung der Praktikerliteratur.
3. Die beiden Säulen betrachten zwar Konvergenz und klassische Medien, berücksichtigen jedoch kaum das Zusammenwachsen von Print und Videoproduktion. Diese Lücke sollen amerikanische Fallstudien zur Integration von TV-Sendern und Tageszeitungen schließen. Sie liefern Ansätze, die aus keiner anderen Quelle zu generieren sind. Beachtet wird dabei ausdrücklich die oben ausgeführte Problematik, Ergebnisse des US-Marktes nicht einfach auf Deutschland übertragen zu können. Denn sie werden in dieser Arbeit nur im Theorieteil bei der Konstruktion eines Analyserahmens eingesetzt. Insofern findet gerade keine Gleichsetzung statt, sondern die Beobachtungen aus den USA werden auf ihre Existenz auch im deutschen Mediensystem überprüft.

4. Besonders im Bereich der Redaktionsorganisation fehlt den drei vorangegangenen Säulen ein analytischer Rahmen. Den kann, das haben einzelne
Studien bereits gezeigt, die Betriebswirtschaftslehre bieten, vor allem die
Disziplinen strategisches Management und Organisationslehre mit ihren
Teilbereichen Redaktionsmanagement, Innovationsmanagement und
Change-Management (vgl. etwa Meyer 2005; Brüggemann 2002). Allerdings wird darauf verzichtet, diese Literatur separat zu referieren. Ein eigenes Kapitel etwa würde m. E. zu weit vom Thema der Arbeit wegfüh-
ren, ohne zusätzlichen Nutzen zu generieren. Stattdessen werden allgemein anerkannte Erkenntnisse direkt eingebracht, wo sie dienlich sind.

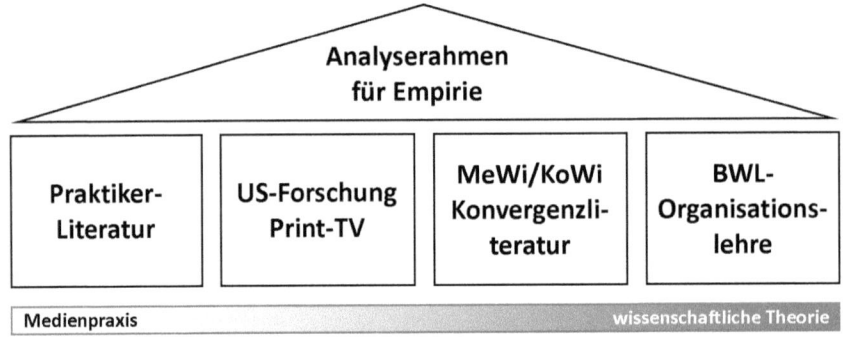

Abbildung 1: Säulen der Literatur, eigene Darstellung

1.4 Aufbau der Arbeit

Der Aufbau der vorliegenden Arbeit orientiert sich vorrangig an der Leitfrage
bzw. den daraus abgeleiteten Teilfragen (siehe Kapitel 1.2). Es müssen dazu
sowohl literaturgestützte Diskussionen geführt als auch eigene Forschungsvorhaben realisiert werden. Deshalb teilt sich diese Studie in die aufeinander auf-
bauenden Abschnitte *Theoretische Grundlagen* und *Empirische Untersuchung*.

Theoretische Grundlagen

Die gesamte Arbeit – das wird schon aus dem Titel deutlich – basiert auf zwei
Elementen: Der Konvergenzentwicklung bzw. Video in Printredaktionen und der
redaktionellen Organisation. Diese Aufteilung spiegelt sich deshalb auch in der

Struktur des ersten Abschnitts wider. Kapitel 2 zielt auf die Einordnung und Abgrenzung des Phänomens Videoproduktion bei Tageszeitungen. Da es sich dabei unzweifelhaft um einen Bestandteil von Medienkonvergenz handelt, ist zunächst eine Definition dieses medialen und gesellschaftlichen Großtrends notwendig (2.1). Anschließend wird sein dualer Charakter als Zustands- und Prozessbeschreibung diskutiert, der für das Verständnis der Entwicklung und Verbreitung von Bewegtbildangeboten maßgeblich ist (2.2). Nach einer kurzen Zusammenfassung von Entwicklungen und Stand der Konvergenzaktivitäten (2.3) erlaubt schließlich eine Kategorisierung der verschiedenen Ebenen eine genaue Verortung des Phänomens Video innerhalb dieses komplexen Feldes (2.4). In Kapitel 3 wird der zweite große Theoriebereich betrachtet, das Organisationsmanagement. Für das definierte Ziel sind innerhalb dieser Disziplin drei Aspekte von Bedeutung: Zunächst die Analyse von Chancen, Risiken und Problemen crossmedialer Produktion (3.1). Sie stellen die notwendige Grundlage dar für eine rationale Entscheidung auf der Ebene redaktioneller Strategien (3.2). Denn letztlich bilden diese dann die Basis für bestimmte Strukturen bzw. Organisationsmodelle, die in Kapitel 3.3 vorgestellt werden. Die Erkenntnisse beider Theorieteile werden anschließend zusammengefasst, diskutiert und es wird ein Analyserahmen entwickelt für den empirischen Teil (Kapitel 4).

Empirische Untersuchung

Das Gesamtziel der Arbeit ist im empirischen Abschnitt nicht in einem Schritt zu erreichen. Denn um bestimmte Modelle der Videoproduktion analysieren zu können, ist zwingend zu wissen, welche Varianten in der Praxis überhaupt existieren. Das wiederum setzt Erkenntnisse darüber voraus, welche Zeitungen welche Angebote haben. Doch zu beiden Bereichen fehlen die notwendigen aktuellen Daten. Deshalb werden drei aufeinander aufbauende Teilstudien konzipiert. Die erste konzentriert sich auf die Erhebung eines aktuellen Stands der Videoangebote aller deutschen Regionalzeitungen (Kapitel 5). Die zweite soll herausfinden, wie jene Redaktionen, bei denen zuvor Eigenproduktionen festgestellt wurden, die Arbeit organisieren (Kap. 6). Aus den Ergebnissen werden dann idealtypische Modelle gebildet. Drei davon, die möglichst weit verbreitet eingesetzt werden, können anschließend als Fallstudien in der Praxis analysiert werden (Kapitel 7). Das erlaubt letztlich die Beantwortung der Frage, welche Vor- und Nachteile sich aus verschiedenen Produktionsmodellen ergeben. Im Fazit (Kapitel 8) werden die zentralen Ergebnisse zusammengefasst und diskutiert, um letztlich die Leitfrage nach optimierten Modellen der Videoproduktion zu beantworten und einen Ausblick auf Praxis und Forschung zu geben.

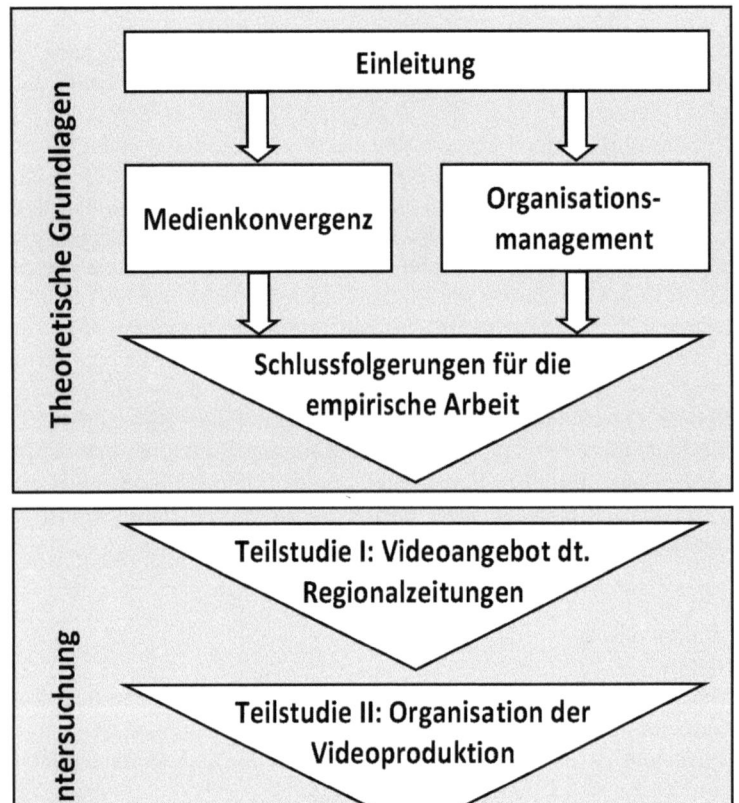

Abbildung 2: Aufbau der Arbeit, eigene Darstellung

2 Medienkonvergenz

Hier soll mit einer Tradition der Fachliteratur gebrochen werden: In fast jedem Text wird – meist zu Beginn – mit schöner Regelmäßigkeit betont, dass der Begriff „Konvergenz" zu einem sinnentleerten Modewort zu werden droht, unter dem jeder etwas anderes versteht (vgl. etwa Jenkins 2006: 3; Meyer 2005: 134; Singer 2004: 4; Daily/Demo/Spillman 2003: 9; Gordon 2003: 57; Lawson-Borders 2003: 92). Und auch wenn über den Umweg der Kritik diese Feststellung nun doch Eingang in die vorliegende Arbeit gefunden hat, ist sie m. E. scheinheilig und obsolet. Scheinheilig, weil sie teils verwendet wird, um sich der Problematik einer genauen Definition zu entziehen und mit Verweis auf die unüberschaubare Lage eine pragmatische, für den eigenen Forschungszusammenhang genehme Fassung zu kreieren (vgl. etwa Criado/Kraeplin 2003: 428). Obsolet, weil Konvergenz nicht nur *droht*, ein Modewort zu werden, sondern selbstverständlich eines *ist*. Jedes aktuelle Phänomen, jeder Trend ist – das sagt ja schon das Wort – „in Mode". Daher wird es von Wissenschaftlern, Praktikern und nicht zuletzt Journalisten in vielen Zusammenhängen verwendet, hier beispielsweise für Unternehmensstrategien (Fusionen), technische Entwicklungen (z. B. Video-on-demand, interaktives Fernsehen), Marketing-Techniken (Cross-Promotion), Stellenbeschreibungen (Backpack-Journalisten), Berichterstattungsformen („Multimedia Storytelling") oder Veränderungen der Redaktionsstrukturen (Kooperation, Integration, etc.). Es dominiert in Technik, Geschäftswelt und Journalismus die Mediendiskussionen des beginnenden 21. Jahrhunderts (vgl. auch Gordon 2003: 57). Und sicher kommt diese uneinheitliche Verwendung all jenen zugute, die unangenehme Entwicklungen mit dem Deckmäntelchen eines Begriffes kaschieren möchten. Doch gerade wegen dieser unübersichtlichen Lage ist eine zuverlässige Definitionen wichtig, müssen wir Bedeutung und Implikationen der verschiedenen Dimensionen von Konvergenz kennen und trennen (vgl. Matthes 2006:16; Gordon 2003: 57).

2.1 Definition von Medienkonvergenz

Wörtlich leitet sich *Konvergenz* vom spätlateinischen Verb *convergere* ab („sich hinneigen") und ist frei mit „Zusammenstreben, Annäherung, Übereinstimmung" zu übersetzen (Pfeifer 1993: 714; vgl. auch Matthes 2006: 15; Kluge 1995: 475). Zunächst verwendet wurde der Begriff in den Naturwissenschaften, später auch von diversen anderen Disziplinen (z. B. Politik- und Wirtschaftswissenschaften). Erst ab den 1980er Jahren begann er sich in der Kommunikations- und Medienbranche zu verbreiten.[9] Alle Ausführungen in dieser Arbeit beziehen sich auf diesen letztgenannten Zusammenhang, die Medienkonvergenz – auch dann, wenn teils verkürzt nur von Konvergenz gesprochen wird.

2.1.1 Probleme der Begriffsdefinition

Bislang existiert keine allgemein akzeptierte Definition (vgl. etwa Meyer 2005: 132; Daily/Demo/Spillman 2003: 1): „Convergence probably has as many definitions as the number of people who attempt to define it." (Quinn 2005 a: 30) Das ist zum einen der bereits angesprochenen disparaten Verwendung des Wortes geschuldet. Zum anderen liegt es sicher auch an den höchst unterschiedlichen Forschungsinteressen der verschiedenen Wissenschaftsdisziplinen, die sich mit dem Phänomen beschäftigen. So gibt es auch noch keinen übergreifenden Theorieansatz (vgl. auch Bulla 2002). Einigkeit herrscht lediglich darüber, dass ein einheitliches Verständnis wichtig wäre (vgl. Quinn 2005 b: 6).

Zudem gibt es den Hang, Konvergenz einseitig ausschließlich auf Massenmedien als Unternehmen zu beziehen (vgl. Deuze 2004: 140; Lawson-Borders 2003: 92). Das greift jedoch sicher zu kurz: „There is no single definition for convergence. Instead, this construct is multidimensional and has different conceptions and contexts." (Dupagne/Garrison 2006: 239) Denn bereits der Medienbegriff selbst ist vielschichtig, Neuberger (vgl. 2003 b: 18 f.) spricht von wenigstens zwei Ebenen:
- Technik (Signalübertragung): in diesem Sinn bestimmen sie nicht Kommunikationsinhalte, sondern lösen nur räumliche oder zeitliche Beschränkungen auf
- Institutionen, bestehend aus Regeln und Routinen, die „dauerhaft angewandte, gegenseitig erwartbare, legitimierte und sanktionierte Problemlösungen" ermöglichen (Neuberger 2003 b: 19)

Das sind m. E. allerdings längst nicht alle Aspekte. So lassen sich mindestens noch Medien als Wirtschaftsunternehmen, als Organisationen mit in ihr handelnden Individuen oder als Zugangssoftware trennen (World Wide Web; vgl. auch Altmeppen 2000 b: 124).[10]

---

[9] vgl. hierzu und für eine genaue Darstellung von Wortherkunft/-entwicklung Gordon 2003: 57 ff.

[10] Diese Aufzählung erhebt nicht den Anspruch auf Vollständigkeit, sondern soll nur exemplarisch die Vielschichtigkeit des Medienbegriffs illustrieren.

2.1.2 Herleitung einer Definition von Medienkonvergenz

Um nun der erläuterten Gefahr einer Verkürzung auf Teilaspekte oder einige Dimensionen zu widerstehen, bedarf es eines breit angelegten Verständnisses. Fee (2002) setzt dies um, indem er Medienkonvergenz versteht als „[...] the merger and fusion of once-decrete elements, work groups, processes, and values to create new entities and new realities". Schneider (vgl. 2007: 18) spricht von der Fusion von Medien-, Telekommunikations- und IT-Märkten. Brüggemann (2002: 17) schließlich bringt dies in wenigen Worten auf die Formel: „Zusammenwachsen von vorher getrennten Medienformen und Technologien".

Nun bleibt diese Definition erzwungenermaßen sehr allgemein. Ihre Konkretisierung erfährt sie jedoch durch die darauf aufbauende Typologie (siehe Kapitel 2.4) sowie durch sechs „Eckpfeiler", die Latzer (vgl. 1997: 17) für das Verständnis benennt:

1. Konvergenz ist nicht gleichbedeutend mit Verschmelzung.
2. Konvergenz ist in erster Linie Transformation, nicht Substitution.
3. Konvergenz führt zu Integrations- aber auch zu Desintegrationsprozessen.
4. Konvergenz ist nicht Rekombination, es entsteht qualitativ und strukturell etwas Neues.
5. Konvergenz kann nur im Zusammenspiel mit anderen Trends analysiert werden.
6. Konvergenz ist, wie alle anderen mit ihr in Beziehung stehenden Trends, keine Einbahnstraße, sondern erzeugt auch entgegengesetzte Prozesse:
   a. Nicht nur Vereinheitlichung, sondern auch neue Ausdifferenzierung.
   b. Parallel zu Deregulierung entsteht Bedarf nach anderer Regulierung.
   c. Globalisierung bringt eine neue Regionalisierung.[11]

Die von Latzer angesprochenen Trends sind im Wesentlichen Digitalisierung, Globalisierung, nationale und internationale Deregulierung und Individualisierung/Selbstverwirklichung der Menschen (vgl. Keuper/Hans 2003: 37 ff.; Maier 2000: 65 f.). Sie haben Konvergenz teils angestoßen, beschleunigt oder begünstigt (vgl. Quinn 2005 b: 38; Criado/Kraeplin 2003: 429). Allerdings ist Medienkonvergenz nicht bloß eine Folge, sondern ein fünfter Trend neben den anderen. Zwischen allen kommt es zu komplexen Wechselwirkungen. Und sie verändern die technologischen, ökonomischen, rechtlich-politischen und sozio-kulturellen Rahmenbedingungen und diese wiederum den Journalismus (vgl. Fee 2002; Hohlfeld/ Meier/ Neuberger 2002: 12; Altmeppen 2000 b: 123).

---

[11] Andere Forscher sehen als Gegenbewegung zur Globalisierung sogar einen noch ausgeprägteren Trend zur Lokalisierung oder gar Mikro-Lokalisierung (z. B. durch local communities; vgl. Boczkowski 2004 a: 186; Quandt 2003: 263 ff.).

2.1.3 Zum Verhältnis von Konvergenz und Internet

Auch das Internet ist nicht Ursache, Auslöser oder alleiniger Spielgrund für Konvergenz und Multimedia. Das zeigt sich schon darin, dass es bereits lange vor dessen Entwicklung bspw. Kooperation zwischen Redaktionen gab (vgl. Deuze 2004: 143; siehe Kapitel 2.1.4). Trotzdem ist nicht zu verkennen, dass es eine besondere Bedeutung hat, als eine Art „Katalysator" der konvergenten Entwicklungen fungiert. Sein Ursprung in der Digitalisierung, seine Potentiale für Individualisierung, Interaktivität oder Multimedialität machen es zu einem idealen Ausspielkanal für konvergierende Unternehmen. Das Internet hebt die Grenzen zwischen den etablierten Gattungen auf und erlaubt, ihre Stärken zu kombinieren sowie ihre Schwächen zu kompensieren (vgl. Matthes 2006: 35 f.; Meier 2002 a: 131): „Denn die Hintergründigkeit der Zeitung, die Bildstärke des Fernsehens und die Unmittelbarkeit des Radios verschmelzen online zum multimedialen Informations- und Erlebnispaket." (Radü 2009: 58) Es zeigt sich aber auch, dass nicht alle diese Vorzüge zwingend Verwendung finden, sondern lediglich Optionen darstellen, die realisiert werden können (vgl. auch Neuberger 2003 b: 57). Und das sollte uns im Zusammenhang mit der Videoproduktion warnen, nicht die technischen Möglichkeiten mit der Realität bzw. dem Ideal oder Ziel gleichzusetzen.

2.1.4 Innovationscharakter von Medienkonvergenz

Veränderungen und damit verbundene neue Herausforderungen sind im Journalismus immer vorhanden gewesen – besonders bei der Einführung neuer Medien wie des Fernsehens (vgl. Popp/Spachmann 2000: 139). Einige Autoren sehen jedoch eine Zunahme der Wandlungsprozesse in der jüngeren Vergangenheit:

> „During the past two decades, change has become one of the few constants in the working environment of media organizations."
> (Daniels/Hollifield 2002: 661)

Und auch Konvergenz gibt es nicht erst seit der Entstehung des Internet. Sie fand z. B. bereits in den 1950er Jahren in ähnlicher Form in den USA statt, als Zeitungen TV-Stationen betrieben und Nachrichtenfunktionen zusammenlegten – obwohl das heutige Ausmaß der Kooperation nicht erreicht wurde (vgl. Colon 2000). Auch in Europa ist es seit Jahrzehnten üblich, dass Rundfunkanstalten Radio- und Fernsehsender betreiben oder Print-Reporter Fotos schießen (vgl. Matthes 2006: 79; Deuze 2004: 143).

Das könnte zu dem Schluss verleiten, dass Konvergenz und alle damit zu-sammenhängenden Phänomene eigentlich altbekannte Vorgänge sind, auf deren Herausforderungen bereits Antworten gefunden wurden, und somit keine Inno-vationen. So betont Riefler (vgl. 2002: 71 f.), dass auch praktisch alle Eigen-schaften des Internet ebenfalls nicht neu seien, etwa Rundfunk bereits multime-dial und interaktiv war, Archive schon immer additiv waren oder auch Aktuali-sierungsdruck immer herrschte. Diese Argumentation ist jedoch nicht ganz schlüssig. Erstens ist das Ausmaß, mit dem etwa Interaktion im Internet möglich ist, um ein Vielfaches größer als bei Rundfunkprogrammen. Und zweitens mis-sachtet es den subjektiven respektive kontextgebundenen Charakter von Neuheit bzw. Innovationen. Neu ist nicht zwingend nur das, was noch nie da war. Eine Innovation kann auch alles sein, was zum Beispiel für bestimmte Medien oder Individuen bzw. in Aufbereitung, Ausmaß oder Wirkung neu ist (vgl. etwa Ap-pelgren 2006: 1).[12] Um auf den Kern dieser Arbeit einzugehen, so ist natürlich die Videoproduktion nichts Neues, sondern im Rundfunk seit Jahrzehnten er-probt. Trotzdem stellt sie für Tageszeitungen ein gänzliches neues Feld dar, dass auch in seinen Präsentationsformen teils klar vom bisher da gewesenen abweicht und somit eine innovative Entwicklung.

2.1.5 Auswirkungen von Medienkonvergenz

Noch ist unklar, wohin der Konvergenzprozess in Gänze führt, Prognosen sind äußerst schwierig (vgl. Saltzis/Dickinson 2008: 217; Rau 2007: 31; Lawson-Borders 2003: 92). Fragt man zehn Forscher, erhält man elf Antworten – oder auch keine (vgl. Kopper/Kolthoff/Czepek 2000: 499). Dafür sind im Wesentli-chen drei Gründe verantwortlich. Erstens eine generelle Problematik von Vor-aussagen. Innovationsentwicklungen scheinen im Rückblick logisch und zwin-gend, sind es jedoch in der Betrachtung von Gegenwart und Zukunft keineswegs. Zur Illustration kann eine Analogie dienen: Schaut man auf eine Raupe am Stamm eines Baumes ist es unmöglich vorauszusagen, auf welches Blatt sie kriechen wird. Schaut man jedoch auf eine Raupe auf einem Blatt, ist der Weg zurück zum Stamm eindeutig. Zweitens wird diese Problematik verschärft, je komplexer, jünger und unerforschter ein Phänomen ist, weil weniger Determi-nanten bekannt sind. Drittens können selbst dann, wenn Prognosen ein Ziel bspw. von Akteuren korrekt voraussagen, nicht intendierte Folgen während des Entwicklungsprozesses das Ergebnis davon abweichen lassen (vgl. auch Jaku-betz 2008: 151; Quandt 2003: 259; Hohlfeld/Meier/Neuberger 2002: 18).

---

[12] Für eine ausführliche Betrachtung der verschiedenen Innovationsbegriffe vgl. Hauschildt/Salomo 2007: 3 ff.

Nach einhelliger Meinung sind die Folgen jedoch unumkehrbar, weitreichend und vielfältig auf verschiedenen Ebenen (vgl. etwa Garcia Aviles et al. 2008: 4; Saltzis/Dickinson 2008: 217). Konvergenz schafft neue Medienformen, verändert auch die klassischen und beeinflusst die Lebens- und Arbeitswelt der Menschen (vgl. auch Franklin 2008: 313). Einige Autoren betonen, es habe eine Beschleunigung im Mediensystem stattgefunden: Tageszeitungen böten das, was vor 15 Jahren Wochenmagazine boten, Online-Journalisten müssten in wenigen Minuten das leisten, was bei Print Stunden dauerte (vgl. Pavlik 2009: 26; Fleischhacker 2004: 229 f.).

Die zahlreichen, bereits jetzt zu beobachtenden Einzeleffekte und vor allem divergierenden Zukunftsszenarien vollständig zu beschreiben und zu bewerten, ist im knappen Rahmen dieser Arbeit nicht möglich. Daher soll hier nicht der Versuch einer notgedrungen lückenhaften Aufzählung gemacht werden. Stattdessen werden die wichtigsten Entwicklungen, bezogen auf die einzelnen Ebenen von Konvergenz, in Kapitel 2.4 vorgestellt.

2.2 Zustands- und Prozesscharakter von Konvergenz

Ein zentrales Problem ist die Frage, ob Konvergenz eigentlich einen (End-)Zustand oder einen Prozess beschreibt. Zumindest vom Begriff her ist das nicht eindeutig definiert (vgl. auch Brüggemann 2002: 17): Nach der oben bereits beschriebenen Wortherkunft bedeutet er einerseits „Zusammenstreben, Annäherung", was einen Prozess bezeichnet, andererseits aber auch „Übereinstimmung" (Pfeifer 1993: 714), also einen Zustand. Es ist daher zunächst davon auszugehen, dass der Ausdruck in zweierlei Hinsicht zu gebrauchen ist, als Beschreibung eines Prozesses *und* eines Zustands.[13]

2.2.1 Lineare Erklärungsversuche

In beiden Fällen hat es heftige Kontroversen darum gegeben, wie denn der Prozess bzw. (End-)Zustand von Konvergenz aussieht.[14] Und in beiden Fällen wurden zunächst einfache lineare Erklärungsmuster herangezogen.

Zur Beschreibung eines *Endzustands* werden häufig einfach die technischen Potentiale mit der Zukunftsvision gleichgesetzt. Auf der Produktseite wird häufig ein einziges Gerät beschrieben, dass alle bisher unterschiedlichen analogen in

---

[13] In diesem Kapitel beziehen sich alle Erläuterungen zu diesen beiden Bedeutungen immer ausschließlich auf die Mikroebene des einzelnen Unternehmens, nicht etwa den Gesamtmarkt.
[14] Ein grundlegendes Problem dafür ist die große Unsicherheit von Prognosen (siehe Kapitel 2.1.5).

sich vereint (vgl. etwa Matthes 2006: 18; Boczkowski 2004 a: 179). Für die Produktionsseite skizziert etwa Quinn (vgl. hierzu und zum Folgenden 2007: 23 f.) eine Redaktion mit zentralem Desk, an dem Multimedia-Editoren das Geschehen steuern. Bei ihnen stehen nur noch die Themen im Mittelpunkt. Sie bestimmen über eingesetzte Ausspielkanäle und geeignetes Personal, das in Teams arbeitet, intensiv für die crossmediale Arbeit geschult wurde und durch ein vorbildliches Kommunikationsmanagement im Haus über alles informiert ist.

Auch wer davon ausgeht, dass Konvergenz mehr ein *Prozess* denn ein Endstadium ist, zieht meist lineare Modelle heran, in denen aufeinander aufbauende Stufen immer höhere Grade der Kooperation/Integration erreichen (vgl. etwa de Aquino et al. 2002: 5, 19 ff.; Stone/Bierhoff 2002; siehe auch Abbildung 3).

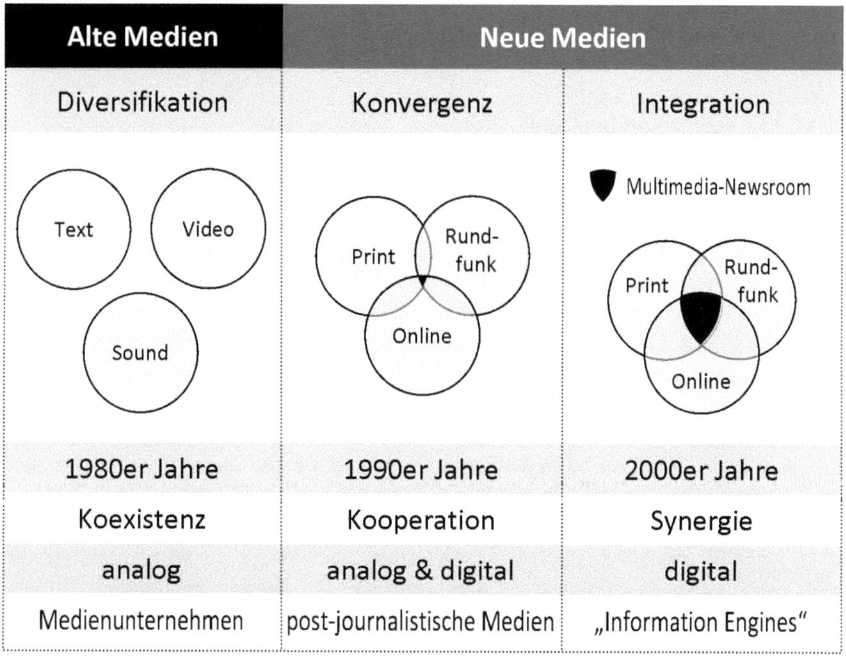

Alte Medien	Neue Medien	
Diversifikation	Konvergenz	Integration
Text　Video Sound	Print　Rund-funk Online	Multimedia-Newsroom Print　Rund-funk Online
1980er Jahre	1990er Jahre	2000er Jahre
Koexistenz	Kooperation	Synergie
analog	analog & digital	digital
Medienunternehmen	post-journalistische Medien	„Information Engines"

Abbildung 3: Dreistufiges lineares Prozessmodell für Konvergenz, Quelle: Stone/Bierhoff 2002

Das wohl bekannteste, weil viel zitierte Modell (vgl. etwa Matthes 2006: 23 ff., Quinn 2005 b: 12) ist das Konvergenz-Kontinuum nach Daily/Demo/Spillman (vgl. 2003: 3 ff.), das fünf Stufen unterscheidet (die 5 „C" der Konvergenz):

- cross promotion: Promotion des jeweils anderen Mediums
- cloning: Zweitverwertung der Inhalte des Partners
- coopetition (cooperation und competition): Informationen werden geteilt, trotzdem herrscht noch Misstrauen zwischen den Redakteuren.
- content sharing: gemeinsame Planung und Austausch von Inhalten
- full convergence: gemeinsame und integrierte Produktion

Lineare Modelle wie dieses weisen jedoch erhebliche Schwächen auf. Silcock/Keith (vgl. 2006: 623) stoßen bei der Anwendung des Konvergenz-Kontinuums an Grenzen und schlagen zur Lösung die Einführung einer weiteren Stufe „co-(re)creating" vor, in der zwei Partner einem dritten passiven zuliefern und dabei teils auch exklusiven neuen Inhalt für ihn produzieren. Allerdings ist fraglich, ob eine weitere Verkomplizierung des Modells zielführend und das Problem damit grundsätzlich gelöst ist oder nur bis zur nächsten Anwendung.

Auch auf der Ebene von Konvergenz als Zustand schlagen die Prognosen fehl. Statt einer Reduzierung der Endgeräte ist inzwischen das Gegenteil zu beobachten: es entstehen viele neue, an bestimmte Situationen angepasste Produkte (z. B. Netbook, Laptop, Handy, PDA; vgl. Jenkins 2006: 15; Neuberger 2003 b: 68). Denn gerade weil Funktionen durch konvergente Technologien mittlerweile beliebig kombinierbar sind, führt das zur individuellen Anpassung der Geräte an spezifische Aufgaben; die Nutzer und ihre Bedürfnisse rücken in den Vordergrund (vgl. Neuberger 2003 b: 68).

Das Versagen der linearen Modelle ist auf drei Gründe zurückzuführen:
- Erstens wurde die Geschwindigkeit der Entwicklung überschätzt. Hindernisse wie bspw. technische Barrieren (z. B. geringe Bandbreiten), ökonomische Rückschläge (Zusammenbruch der New Economy) und ein sich nur langsam veränderndes Mediennutzungsverhalten wurden nicht ausreichend berücksichtigt (vgl. Jenkins 2006: 6; Matthes 2006: 19): „The truth is that most technologies are not adopted by the generation that creates them; They are adopted by the next generation." (Killebrew 2005: 176)
- Zweitens erlagen fast alle Prognosen dem Reiz eines technischen Determinismus: Als Zustand bzw. Zielpunkt eines Prozesses wurde schlicht die maximale Ausnutzung der Möglichkeiten propagiert, was jedoch alle anderen Faktoren wie Rezipientenwünsche oder ökonomische Rahmenbedingungen ignoriert und damit ein unrealistisches Szenario schafft (vgl. etwa Killebrew 2005: 176; Boczkowski 2004 a: 177 f.).
- Drittens – und dieses Problem wiegt weit schwerer als die ersten beiden – ignorieren die linearen Erklärungen individuelle Unterschiede und lokale Dynamiken von Unternehmen und Märkten. Es wurde angenommen, es gebe einen einzigen Weg hin zu vollständiger Konvergenz und die Frage sei jeweils nur, wie weit ein Unternehmen ihn schon gegangen ist. Nur

gibt es nicht diesen einen Weg und nicht das eine Ziel, sondern viele höchst verschiedene, es ist ein ergebnisoffener Prozess (vgl. Matthes 2006: 27; Quinn 2005 a: 30; Boczkowski 2004 a: 176; 2004 b: 210; Deuze 2004: 142). Geprägt durch die US-amerikanische Entwicklung berücksichtigen aber viele Modelle nur Formen des Zusammenwachsens zuvor getrennter Unternehmen, nicht aber die Möglichkeit, Diversifikation ohne weiteren Partner zu betreiben. Deshalb lässt sich der in dieser Arbeit betrachtete Fall der Eigenproduktion von Videos durch Tageszeitungen überhaupt nicht dort einordnen. Die linearen Modelle mit ihrer Vorstellung eines konsistenten Kontinuums sind offenkundig nicht geeignet, Konvergenz zu erklären.

2.2.2 Komplexere Erklärungsmodelle

Dieses Scheitern bedeutet aber nicht, dass die Beschreibung, Kategorisierung oder Prognose der Entwicklung unmöglich ist. Zukunft ist bedingt einschätzbar – solange man nicht allein die Technik, sondern viele Rahmenbedingungen, allen voran die „sozialen, ökonomischen und politischen Akteure und Kräfte" betrachtet (Ekecrantz 2007: 11). Drei Prämissen muss jedes Modell dazu beachten:

- Der Konvergenzprozess ist Evolution, nicht Revolution: Veränderungen treten im Journalismus nie radikal und plötzlich auf, sondern durch stetige Weiterentwicklung – lediglich manchmal unterbrochen von etwas stärkeren „Schüben" (Hohlfeld/Meier/Neuberger 2002: 11).
- Technologien wachsen nicht von selbst zusammen: Im Fokus steht keine Abbildung des technischen Potentials eines Mediums, sondern der soziale Gebrauch unter Berücksichtigung vielfältiger Rahmenbedingungen, vor allem der Anforderungen der Rezipienten und dem Einsatzwillen aller an der Produktion Beteiligter (vgl. etwa Boczkowski 2004 a: 180; Neuberger 2003 b: 19; Quandt 2003: 259; Riefler 2002: 71).
- Konvergenz ist zwar ein ergebnisoffener Prozess – aber kein beliebiger: Die Wege, die Medien gehen, ergeben sich nicht zufällig. Ihre evolutionäre Entwicklung, die teils auch Rückschritte beinhaltet, baut auf bestehenden Produkten und Redaktionen auf (vgl. Matthes 2006: 103; Singer 2004: 17; Altmeppen/Bucher/Löffelholz 2000: 8). Vergangenheit, Ist-Zustand und individuelle Einflüsse prägen sie je nach Unternehmen unterschiedlich (vgl. Boczkowski 2004 a: 176 ff). Sie in ihrem historischen Zusammenhang zu identifizieren und auch Gegentendenzen nicht außer Acht zu lassen muss Ziel aller Analysen sein und hilft, irrige Annahmen zu vermeiden (vgl. Ekecrantz 2007: 12 ff.).

Diskutiert werden vor allem zwei komplexere Modelle, die diese Prämissen berücksichtigen: zum Einen das viel zitierte nach Rogers (vgl. 2003), zum Anderen ein von Boczkowski (vgl. 2004 b: 198 f.), der einem sehr einfachen linearen Ansatz (Technischer Fortschritt generiert redaktionelle Effekte) schlicht eine Stufe hinzufügt: den Adaptionsprozess im Unternehmen (siehe Abbildung 4).

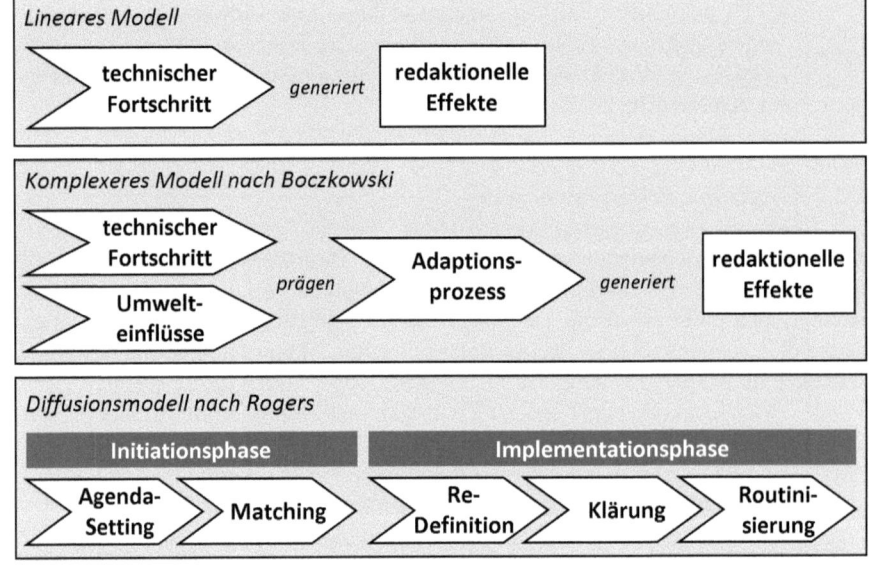

Abbildung 4: Lineare und komplexere Erklärungsmodelle für Konvergenz, eigene Darstellung nach Boczkowski (2004 a) und Rogers (2003)

Der Adaptionsprozess wird dabei von vielen Faktoren geprägt, z. B. Organisationsstrukturen, Arbeitspraktiken oder der Sicht der Journalisten auf die Nutzer, welche Boczkowski selbst empirisch untersuchte. Er konnte damit erklären, warum Interaktivität und Multimedialität bei Online-Medien stärker oder schwächer ausgeprägt waren (vgl. Boczkowski 2004 b: 208). Rogers beschreibt in seinem bekannten Modell die Adaption von Innovationen durch einzelne Akteure, aber auch auf der Ebene von Organisationen. Er definiert zwei wesentliche Phasen dieses Diffusionsprozesses (vgl. Rogers 2003: 420 ff.):
- Initiation, aufgeteilt in:
    - Agenda-Setting: Probleme identifizieren, die Innovationen erfordern
    - Matching: Suchen und Bewerten einer Innovation

- Implementation, bestehend aus:
  - Re-Definition: Anpassung der Innovation an das Unternehmen
  - Klärung: Anwendung und Verbreitung im Unternehmen
  - Routinisierung

Rogers Re-Definitions-Phase entspricht dabei in etwa dem, was Boczkowski als Adaptionsprozess beschreibt. Zusätzlich betrachtet dieses zweite Modell auch die Verbreitung im Unternehmen und die Überführung der Innovation in Routinen. Es bietet also einen genaueren Blick auf die nachfolgenden Entwicklungen.

In diesem Abschnitt wurde bislang immer die Abhängigkeit des Adaptionsprozesses vom jeweiligen Medienunternehmen betont. Doch schon bei grober Betrachtung verschiedener Redaktionen fällt auf, dass Firmen im selben Markt teils recht ähnliche Formen von Konvergenz hervorbringen. Wie ist das bei einem individuellen Verlauf möglich? Zum einen schlicht dadurch, dass Medien einer Branche einige gleiche Eigenschaften aufweisen bzw. dieselben zum Beispiel juristischen Rahmenbedingungen vorfinden. Zum anderen, weil sich Organisationen durch Anpassung an ihre Umgebung und Ausfüllen bestimmter Rollen stabilisieren und stärken (vgl. hierzu und zum Folgenden Lowrey 2004). Sie werden ihren Wettbewerbern tendenziell ähnlicher, weil drei Arten so genannter Isomorphismen darauf einwirken:[15]

- erzwungen: Äußerer Druck zwingt das Unternehmen zur Anpassung (z.B. in Form von Vorschriften des Mutterkonzerns/von Partnermedien).
- nachahmend: Unsichere Redaktionen mit wenig Prestige orientieren sich an anderen, beispielhaften Konkurrenten.
- normativ: Mitarbeiter verinnerlichen bestimmte professionelle Standards (z. B. durch branchenweite Ausbildung/Workshops/Fortbildungen), mit denen sie dann auch ihre verschiedenen Unternehmen gleichartig prägen.

2.3 Entwicklung und Stand von Medienkonvergenz

Konvergenz, das wurde in Kapitel 2.1.4 bereits gezeigt, gibt es weltweit seit Jahrzehnten (vgl. auch Meyer 2005: 129). Die heutzutage hauptsächlich betrachteten Varianten redaktioneller Integrationsversuche unter Verwendung des Internet hingegen sind ein junges Phänomen, das eine rasante Entwicklung hinter sich hat (vgl. etwa Jakubetz 2008: 22). Die folgenden Ausführungen dazu konzentrieren sich im Sinne dieser Arbeit auf Printmedien. Beleuchtet werden zudem logischer Weise hauptsächlich Fortschritte. Das soll aber keineswegs Gegentrends

---

[15] Bei einer Befragung von 502 Redaktionen von TV-Sendern und Tageszeitungen 2003/2004 konnte Lowrey (vgl. 2004) für alle drei Arten einen Einfluss auf die betriebene Form von Konvergenz nachweisen, besonders stark war der Einfluss des normativen Isomorphismus.

ignorieren oder darüber hinwegtäuschen, dass Konvergenz immer auch Schwankungen unterliegt und Rückschläge erleidet, dass Angebote nicht nur neu erstellt, sondern teils auch wieder eingestellt wurden (vgl. Riedel/Schoo 2002: 146 ff.).

Die Entwicklung moderner crossmedialer Konvergenz kann in drei Phasen eingeteilt werden (vgl. auch Deuze 2003: 204):
- Phase der Vorläufer-Experimente (1980er/1990er Jahre)
- Phase des Internet-Boom (von der Einführung des Internet 1991 bis zur Medienkrise 2001)
- Krise, Veränderung und Weiterentwicklung bis heute

2.3.1 Konvergenzaktivitäten vor Beginn des Internet-Zeitalters

Nach Latzer (vgl. 1997: 49 ff.) vollzogen sich die Veränderungen in zwei großen Schritten: Zunächst dem Zusammenwachsen von Computer- und Telekommunikationstechnologie zur Telematik, dann der Verschmelzung dieser mit den Medien zur Mediamatik. Bereits in den 1970er Jahren gab es im Zusammenhang mit den Möglichkeiten der Digitalisierung Diskussionen um elektronische Zeitungen – Pilotprojekte z. B. mit Videotext-Systemen scheiterten aber am mangelnden Interesse von Rezipienten und Werbekunden (vgl. Jankowski/van Selm 2000: 86). Es folgten vor allem in den 1980er Jahren weitere Experimente mit verschiedenen Technologien (vgl. Boczkowski 2004 a: 173).

2.3.2 Konvergenz im Internet-Boom

Dann erschien recht unvermittelt das Internet auf der Bildfläche: Noch Anfang der 1990er Jahre spielte es in Studien zur Zukunft des Journalismus überhaupt keine Rolle (vgl. Neuberger/Tonnemacher 2003: 9 f.), um wenige Jahre darauf bereits fester Bestandteil des Medienmarktes zu sein.

Das Internet und vor allem das Interesse der Rezipienten daran hat Konvergenz neu belebt und wie ein Katalysator gewirkt (vgl. Meyer 2005: 129). Die Entwicklung war geprägt von ungeheurem Enthusiasmus und einem unglaublichen Tempo (vgl. auch Fantapié Altobelli 2002: 9). Ab Mitte der 1990er Jahre gründeten fast alle Verlage Online-Ableger und es begannen fast zeitgleich erste Konvergenzbemühungen zwischen neuen und alten Medien (vgl. Boczkowski 2004 a: 173; Deuze 2004: 142; Hammond/Petersen/Thomsen 2000: 17). In Deutschland ging am 5. Mai 1995 die Schweriner Volkszeitung als erste deutsche Regionalzeitung mit einer Homepage online – fünf Jahre später war die Domain schon auf 90.000 Einzelseiten angewachsen (vgl. Balow 2000: 211).

Ende 2000 waren in Deutschland bereits 132 von 138 Publizistischen Einheiten online vertreten (vgl. Neuberger 2002 b: 113). Fast alle Angebote waren zu diesem Zeitpunkt aber nur ein Anhängsel des Muttermediums und schöpften das technische Potential des Internet nur in geringem Umfang aus (vgl. Neuberger 2002 b: 116 f.). Auf dem Höhepunkt ihrer Entwicklung brach die Euphorie dann aber jäh ab (vgl. Sjurts 2002: 2).

Die Hoffnungen waren übersteigert. Das Platzen der New-Economy-Blase und die Medienkrise 2001/2002 trafen die Branche hart[16] und viele enthusiastische Hoffnungen und Ideen mussten aufgegeben werden (vgl. Ward 2002: 1 ff.). Doch erstaunlicherweise führte es nicht dazu, dass der grundsätzliche Glaube an das Internet und Konvergenz gebrochen wurde. Lediglich die Erwartungen wurden zurecht gerückt (vgl. de Aquino 2002: 5).

2.3.3 Zeit nach der Medienkrise und aktueller Stand

Inzwischen haben sich die Verlage gefangen und investieren wieder mutiger – wohl auch, weil mit Web 2.0 und user-generated content neue Modelle locken (vgl. Stark/Kraus 2008: 307; Vogel 2008: 237). „Convergence is happening around the world." konstatiert Quinn (2005 b: 1). Der Konvergenzprozess vollzieht sich dabei nicht so schnell, wie manche Manager es sich wünschen, aber er schreitet seit 2002 normal und stabil voran (vgl. Singer 2004: 17). Genauere Angaben zur Entwicklung sind aber kaum zu machen, denn Längsschnittanalysen fehlen und bestehende Studien zur Verbreitung crossmedialer Ideen zu verschiedenen Zeitpunkten sind nicht kompatibel, kommen zu äußerst unterschiedlichen Ergebnissen: z. B. schwankt die Zahl der Print-TV-Kooperationen in den USA im Jahr 2002 zwischen 60 und mehreren hundert (vgl. Lowrey 2004; Criado/Kraeplin 2003: 433).

Festzustellen ist aber, dass Geschwindigkeit und Art von Konvergenz je nach Land und Unternehmen stark variieren; von voll integrierten Medienhäusern bis zu Totalverweigerern ist alles dabei (vgl. Stark/Kraus 2008: 307; Quinn 2005 b: 2). Als Vorreiterregionen weltweit gelten Skandinavien und Südostasien (vgl. Quinn 2005 b: 2).[17] Deutschland liegt deutlich zurück, auch im Vergleich mit den USA (vgl. Matthes 2006: 104). Aber auch global gilt nach wie vor: „Vielfach wird im Nebel gestochert, vieles ist mit der heißen Nadel gestrickt." (Jakubetz 2008: 22) Es dominieren in der Zusammenarbeit von Medien Cross-Promotion und lockere Kooperationen, intensiver redaktioneller Austausch oder

---

[16] Allein in den USA rutschen 537 Firmen der New Economy in die Pleite, mehr als 100.000 Menschen verlieren ihren Job (vgl. de Aquino 2002: 5).

[17] Für eine Liste von Einzelmedien, die global als Vorreiter betrachtet werden vgl. Quinn 2005 b: 3.

gar integrierte Multimediaredaktionen bleiben die Ausnahme – obgleich schon lange als Fernziel und Wunsch gepriesen (vgl. Garcia Aviles et al. 2008: 11; Nafria 2006: 26; Quinn 2005 a: 32; Deuze 2004: 140 f.; Gordon 2003: 71; Brüggemann 2002: 94, 138; de Aquino et al. 2002: 21).[18]

Trotzdem scheint der Weg für die Zukunft weltweit klar vorgezeichnet: 85% der Journalismus-Studiengänge in den USA setzten bereits 2003 auf crossmediale Ausbildung (vgl. Criado/Kraeplin 2003: 433). Multimedia-Fähigkeiten werden von Managern und Redakteuren inzwischen als bedeutend und zweitwichtigstes Einstellungskriterium hinter Schreibfertigkeiten genannt (vgl. Dupagne/Garrison 2006: 241; Criado/Kraeplin 2003: 435 f.; Huang et al. 2003: 180 f.; Bulla 2002).

2.4 Typen von Medienkonvergenz

Die meist zitierten Typologien von Medienkonvergenz stammen von den US-Professoren Henry Jenkins und Rich Gordon (vgl. etwa Quinn 2005 b: 9; Daily/Demo/Spillman 2003: 10 f.; Bulla 2002; de Aquino et al. 2002: 5). Alle weiteren Ansätze in der Literatur ähneln diesen beiden Modellen und nennen – mal mehr, mal weniger vollständig – im Grunde dieselben Kategorien. Jenkins (vgl. 2001) unterscheidet zwischen technologischer (Digitalisierung), ökonomischer (Fusion und Expansion von Unternehmen), sozialer (verändertes Konsumentenverhalten), kultureller (partizipatorische Mediennutzung) und globaler Ebene (weltweite Angleichung der Mediensysteme und -inhalte). Gordon (vgl. 2003: 61 ff.) trennt Konvergenz von Technologie, Eigentümerstruktur (Kauf und Fusion von Unternehmen), Taktik (Kooperation von Redaktionen), Struktur (Integration von Newsrooms mit der Folge veränderter Strukturen und Berufsbilder), bei der Informationsgewinnung (Backpack-Journalisten) und Präsentation (Multimedia Storytelling/Interaktivität).

Beide Typologien weisen Schwächen auf: Jenkins vernachlässigt die mediale Produktionsseite, die besonders für die vorliegende Arbeit unverzichtbar ist. Gordon hingegen betont die Produktion, dafür fehlen ihm wichtige gesellschaftliche Aspekte von Konvergenz. Durch die unterschiedlichen Stärken und Schwächen erscheint der Versuch einer Verschmelzung gewinnbringend. Als grobes Ordnungsraster, dem alle anderen Kategorien untergeordnet werden können, soll zudem die Unterscheidung nach Keuper/Hans (vgl. 2003: 42 ff.) dienen, die mit nur drei Hauptebenen auskommt: technologische, nachfrageseitige und angebotsseitige Konvergenz.

---

[18] In Österreich bspw. gab es Ende 2007 lediglich eine Zeitung mit gemeinsamen Räumlichkeiten für Print- und Online-Redaktion, selbst dort funktionierte die Kommunikation häufig aber nur unzureichend (vgl. Stark/Kraus 2008: 315).

2.4.1 Technologische Konvergenz

Der Erhalt einer separaten technologischen Ebene erscheint sinnvoll, da sie in allen Typologien existiert und einen klar abgrenzbaren und logisch eigenständigen Bereich darstellt. Allerdings ist innerhalb dieser zu unterscheiden zwischen der Konsumseite, also konvergierenden Endgeräten (stationär und mobil) und hierin verschmelzenden Funktionalitäten[19] sowie dem Feld Produktion und Distribution, das Technologien wie multimediale Redaktionssysteme oder Verbreitung von Telefon über Fernsehkabel meint (vgl. auch Matthes 2006: 19 f.; Meyer 2005: 137 ff.; Brüggemann 2002: 19).[20] Besondere Bedeutung für das Thema Videoproduktion kommt der Entwicklung von Breitbandtechnologien zu, die die Möglichkeiten der Übertragung multimedialer Inhalte im Internet erheblich vergrößern (vgl. auch Quinn 2007: 26).

2.4.2 Soziokulturelle Konvergenz

Was Keuper/Hans nachfrageseitige Konvergenz nennen, betont die Ebene des Konsumenten, greift jedoch vor dem Hintergrund partizipatorischer Medien zu kurz. In Anlehnung an zwei Kategorien von Jenkins ist die Bezeichnung soziokulturelle Konvergenz die m. E. umfassendere und damit bessere. Schon häufig haben sich soziale und gesellschaftliche Prozesse auf die redaktionellen Strukturen ausgewirkt (vgl. Hohlfeld/Meier/Neuberger 2002: 16). In diesem Fall sind es die Tendenzen einer sich verändernden Mediengesellschaft: Partizipation, Individualisierung, neue Lebens- und Arbeitsbedingungen, vielschichtige Kommunikationsbeziehungen und daraus resultierend eine andere Mediennutzung.

Partizipation: Deutliche betont wird in der Literatur die Entwicklung einer partizipatorischen Medienkultur: Nutzer interagieren mit den Journalisten, regen Geschichten an oder stellen eigene Inhalte ein.[21] Es kommt zu Dialog statt Monolog, die klassische Trennung von Produzent und Konsument wird aufgehoben (vgl. etwa Jakubetz 2008: 21; Jenkins 2006: 3; Bulla 2002).[22] Die daraus resul-

---

[19] Gemeint ist hier bspw. das Verschmelzen des Mediums Radio mit Fotografie- und Telekommunikationsfunktionen sowie Informations-/Unterhaltungsfunktion des Internet in Mobilfunkgeräten.

[20] Schneider (vgl. 2007: 18 ff.) zeigt zudem, dass in beiden Untergruppen immer auch zwischen Substitution oder Integration unterschieden werden kann, z. B. ersetzte die CD die Schallplatte, aber aus Funktechnik und Netzwerk wurde W-LAN.

[21] Wobei Franklin (vgl. 2008: 310) darauf hinweist, dass diese Entwicklung bislang theoretisch begeisterter diskutiert als praktisch umgesetzt worden ist, auch weil sich Journalisten der etablierten Medien dagegen wehren und die Nutzer auf die Teilnahme an Foren beschränken wollen.

[22] Das bedeutet allerdings nicht, dass alle Teilnehmer im Mediensystem gleich sind, sondern einige Akteure (z. B. Unternehmen) haben immer noch mehr Macht als andere (vgl. Jenkins 2006: 3).

tierenden neuen Rezipienten sind aktiv statt passiv sowie laut und vernetzt statt still und unsichtbar (vgl. auch Bulla 2002).[23] Da nun alle Akteure verhältnismä-ßig preisgünstig und technisch einfach produzieren und publizieren können, entstehen auch neue Medienformen wie Parajournalismus (von Laien) und Pseudojournalismus (von Unternehmen/PR; vgl. Altmeppen/Bucher/Löffelholz 2000: 8). Ein Nebeneffekt dieser Entwicklungen ist, dass sich die Macht in den Märkten verschiebt: weg von den Produzenten der Inhalte hin zu den Distributoren, also den Telekommunikations- und Kabel-Anbietern (vgl. Gordon 2003: 64). Zudem verlieren Journalisten zunehmend ihre Gatekeeper- und Qualitätssicherer-Rolle. Sie werden dadurch nach Meinung der meisten Autoren jedoch nicht überflüssig, sondern ihre Funktion wandelt sich zu der eines Führers durch das „weiße Geräusch" (Quinn 2005 b: 29), das Informationswirrwarr, das 24 Stunden am Tag auf diversen Kanälen auf die Rezipienten einprasselt (vgl. Matthes 2006: 37; Bulla 2002). Diese Aufgabe wandelt den zuvor vom Publikum entfremdeten Journalisten zum Dienstleister, der stärker denn je auf die Wünsche der Rezipienten eingehen muss (vgl. Jakubetz 2008: 13, 155; Tremayne/Schmitz Weiss/Alves 2007: 827; Boczkowski 2004 a: 185; Deuze 2003: 217 f.).[24]

Individualisierung: Zunehmend entstehen „on-demand"-Nutzer, die Medien verwenden wann, wo und wie sie es möchten[25] (vgl. Pavlik 2009: 28 f.; Jakubetz 2008: 154; Rose/Lenski 2006: 2).[26] Zwei einschneidende Folgen davon werden häufig beschrieben: Zum einen der Bedeutungszuwachs sequentieller Medien auf Kosten linearer Programme (vgl. Jakubetz 2008: 152). Zum anderen eine sich verstärkende Fragmentierung des Publikums: Besonders durch das Internet sind mehr Nischenmärkte entstanden, die die Reichweite der Einzelmedien sinken lassen (vgl. Quinn 2005 a: 34; Müller-Kalthoff 2002: 19). Gleichzeitig erwarten Rezipienten immer stärker Zusatznutzen in Form von Personalisierungen, Service-Orientierung oder interaktiven Inhalten (vgl. Quinn 2005 b: 29 f.).

Veränderte Lebens- und Arbeitsbedingungen sind – obwohl sie mit Medien zunächst wenig zu tun haben – nicht zu vernachlässigen. So argumentiert Quinn (vgl. 2007: 25), dass Menschen heute weniger Zeit haben, um ausführlich nach Nachrichten zu suchen, der Kampf um die Zeit der Konsumenten sogar wichtiger werde als der Kampf um ihr Geld (vgl. auch Quinn 2005 b: 27).

---

[23] Beispielsweise werden TV-Serien wieder aufgelegt, weil Nutzer im Internet Unterstützer suchen und teils sogar Geld dafür sammeln (vgl. Jenkins 2006: 18 f., 251 ff.).

[24] Und es ist im Grunde die Fortführung des Trends hin zu mehr redaktionellem Marketing, den es schon länger gibt (vgl. auch Hohlfeld/Meier/Neuberger 2002: 16).

[25] Auch der Trend zur mobilen Mediennutzung ist hier zu subsumieren und zwar bezogen auf Mobilität im Haus (z. B. W-LAN) als auch außer Haus (z. B. Mobilfunk).

[26] Keuper/Hans (vgl. 2003: 39) weisen allerdings darauf hin, dass die Konsumenten einzigartige/individuelle Produkte zu Preisen von Massenprodukten nachfragen, was informationsintensiven Dienstleistungen eine immer größere Bedeutung verleiht.

Vielschichtige Kommunikationsbeziehungen: Eine weitere wichtige Entwicklung ist die Auflösung eindimensionaler Kommunikationsbeziehungen (z. B. ausschließlich „one-to-many" bei den Massenmedien oder „one-to-one" am Telefon). Konsumenten nutzen immer stärker vielschichtige Systeme, in denen verschiedene Varianten teils gleichzeitig realisiert werden können, etwa „one-to-one" (Instant Messaging), „one-to-few" (Chat) und „one-to-many" (Website) im Internet (vgl. Boczkowski 2004 a: 185; Altmeppen 2000 b: 123).

Veränderte Mediennutzung: All diese Entwicklungen haben Einfluss auf eine sich verändernde Mediennutzung, deren Effekte sind: Zunahme des Gesamtkonsums und darin des Online-Anteils, eine zunehmende Entfremdung vor allem junger Leser von Zeitungen[27], verstärkte Parallelnutzung von Medien und steigende Nachfrage nach Diensten, die mehrere Bedürfnisse befriedigen sowie eine abnehmende Bindung an bestimmte Marken (vgl. Garcia Aviles et al. 2008: 4; Jakubetz 2008: 14; Quinn 2007: 25; Jenkins 2006: 18 f.; Matthes 2006: 38 f.; Keuper/Hans 2003: 55; Müller-Kalthoff 2002: 19). Der Wettbewerb um Nutzer und damit Werbeeinnahmen wird sich weiter verschärfen, weshalb Unternehmen Kosten senken oder die Produktivität steigern müssen (vgl. Garcia Aviles et al. 2008: 4; Matthes 2006: 38; Daily/Demo/Spillman 2003: 2).

2.4.3 Crossmedia (Konvergenz der Medienangebote/-produktion)

Die Angebotsseite entspricht dem, was häufig Crossmedia genannt wird (vgl. etwa Stark/Kraus 2008: 307). Der Begriff wird nicht einheitlich verwendet, meist jedoch definiert als „Engagement einer Medienteilbranche in einer anderen" (Meyer 2005: 129) bzw. die Distribution/Vermarktung von Inhalten mit mehr als einer Medienform (vgl. Müller-Kalthoff 2002: 19 ff.). Nicht gleichzusetzen ist das mit Online-Journalismus. Zwar wird Crossmedia heutzutage meist unter Einbeziehung des Internet praktiziert, ist aber nicht zwingend daran gebunden (z. B. bei reinen Print-TV-Kooperationen). Anders herum sind auch Web-Angebote nicht immer crossmedial.[28] Crossmedia ist in drei Unterebenen zu teilen[29]:

---

[27] Deshalb sind Allianzen mit TV-Sendern, die junge Zielgruppen noch anziehen, für die Zeitungen besonders attraktiv (vgl. Daily/Demo/Spillman 2003: 2).

[28] Jakubetz (vgl. 2008: 23 ff.) argumentiert sogar, dass Crossmedialität erst entsteht, wenn neben Online ein weiteres Medium hinzutritt, ein Rückkanal vorhanden ist und die verschiedenen Medien sich bewusst ergänzen zur Erzeugung eines Mehrwerts für den Nutzer. Wenigstens die letzten beiden Kriterien sind m. E. zwar fraglich. Da jedoch die Videoproduktion bei Tageszeitungen in Deutschland auch diese weitgehend erfüllt und damit in jedem Fall crossmedial ist, kann eine ausführliche Diskussion in dieser Arbeit unterbleiben.

[29] Diese Unterebenen stehen dabei untereinander nicht in einem kausalen Zusammenhang: So ziehen etwa unternehmerische und/oder strategische Konvergenz nicht automatisch redaktionell-strukturelle

- *Unternehmerische Konvergenz*, also der Kauf oder die Fusion von Firmen respektive die Gründung neuer Geschäftseinheiten, die die Grenze einer Medienteilbranche überschreiten (vgl. auch Matthes 2006: 21).
- *Redaktionelle Konvergenz* (auch „Convergence Journalism"): Zusammenarbeit von Journalisten über die Grenzen eines Mediums hinweg, was neue Fähigkeiten von den Beteiligten fordert (vgl. Matthes 2006: 10), teilbar in ...
  - *strategisch* (auch taktische Konvergenz): häufig betrieben werden Cross-Promotion[30], gemeinschaftliche Präsentation von Veranstaltungen, Austausch von Informationen und Rechercheergebnissen, Erstveröffentlichung beim Partner (z. B. Konzepte wie „Online first"), Austausch von Redakteuren sowie Auftritte von Journalisten im jeweils anderen Medium, z. B. als Experten (vgl. Franklin 2008: 311; Matthes 2006: 22; Gordon 2003: 65 f.).
  - *strukturell*, als Maßnahmen zur Integration mehrmedialer Operationen in Redaktionen („Newsroom-Convergence"): Sie kann von „Newsgathering Convergence"[31] über „Multiplatform-Reporting"[32] bis hin zu vollständig fusionierten Redaktionen führen und sorgt für „erdrutschartige Veränderungen in der Nachrichtenindustrie" (Pavlik 2009: 30). Die Journalisten müssen sich mehreren verschiedenen Nachrichtenzyklen unterordnen oder gleich einer ständigen 24-Stunden-Aktualität (vgl. Pavlik 2009: 27; Bulla 2002), sie benötigen crossmediale Kenntnisse, was auch zur Umstellung der Ausbildung führt sowie Fähigkeiten in Multitasking, Zeitmanagement und Teamwork (vgl. Hammond/ Petersen/Thomsen 2000: 21). Zudem verändern sich die Redaktions- und Jobstrukturen erheblich.[33] Besonders dieser Bereich der strukturellen redaktionellen Konvergenz sorgt für hitzige Diskussionen, z.B. darüber, ob sie Journalisten überfordert (vgl. etwa Franklin 2008: 311), ob es möglich ist, Inhalte medienneutral zu generieren und erst

---

Konvergenz nach sich – genau so wenig erfordert redaktionelle Konvergenz unternehmerische als Grundlage (z. B. zu sehen an etlichen TV-Print-Kooperationen in den USA; vgl. Gordon 2003: 65 ff.). Allerdings ist nicht zu bestreiten, dass sich durch unternehmerische Konvergenz der Anreiz gemeinsam nutzbarer Inhalte verstärkt (vgl. auch Garcia Aviles et al. 2008: 4).

[30] Cross-Promotion ist nach Gordon (2003: 65) der Hauptgrund für die meisten Print-TV-Kooperationen in den USA und soll beiden Medien mehr Rezipienten bescheren.

[31] Begünstigt durch preiswertere Digitaltechnik und gesunkene Qualitätsansprüche sollen Mitarbeiter eines Mediums vor Ort auch Material für das andere Medium generieren, z. B. TV-Teams Fotos machen und Print-Fotografen Videoclips drehen (vgl. Quinn 2005 b: 35 f.; Gordon 2003: 66; Hammond/Petersen/Thomsen 2000: 19).

[32] Mitarbeiter eines Mediums produzieren auch Beiträge für das jeweils andere, z. B. schreiben Print-Reporter auch Online-Artikel (vgl. etwa Franklin 2008: 311).

[33] Für eine ausführlichere Darstellung neu entstehender Stellen vgl. Gordon 2003: 68.

danach spezifisch aufzubereiten (vgl. etwa Riedel/Schoo 2002: 148) oder ob die Zukunft Spezialisten oder Universalisten gehört (siehe Kapitel 3.3.2).

- *Produkt-Konvergenz:* Angebote, deren Schlagworte in der Debatte z. B. Multimedialität, Interaktivität oder Triple-Play[34] sind. Allerdings gibt es Grenzen für die Kombination von Diensten, etwa beim Zusammenwachsen von „Lean-Forward" und „Lean-Back"-Medien[35] oder der zunehmenden (z. B. technischen) Komplexität, die die Nutzer irgendwann überfordert (vgl. Keuper/Hans 2003: 55). In dieser Arbeit liegt der Fokus auf multimedialen Produkten. Hierbei sind nach Deuze (2004: 140) zwei Fälle zu unterscheiden:
  - „[...] the integrated (although not necessarily simultaneous) presentation of a news story package through different media [...]"
  - „[...] the presentation of a news story package on a website using two or more media formats [...]"

Besonders der zweite Fall wird nach einhelliger Meinung zur Ausbildung neuer Darstellungsformen führen („Multimedia-Storytelling"), ähnlich der Entwicklung von Nachahmung hin zu eigenständigen Formaten, die das Fernsehen nach seiner Einführung durchmachte (vgl. Franklin 2008: 310; Gordon 2003: 70). Für Erzählformen der Zukunft im Internet werden häufig die Merkmale nonlinear, multimedial, interaktiv, kontinuierlich und kontextbezogen genannt – auch wenn sie in der Praxis noch sehr selten sind (vgl. Franklin 2008: 310; Stevens 2002 a).

2.4.4 Globale Konvergenz

Nicht in eine der drei Hauptebenen einzubinden, sondern separat zu betrachten ist die von Jenkins beschriebene globale Konvergenz, also weltweite Annäherung von Medien, Systemen und Inhalten.[36]

---

[34] Das kombinierte Angebot von TV-Programm, Telefon und Internet.

[35] Gemeint sind Medien, die auf der einen Seite eine aktive Beteiligung des Nutzers erfordern, wie das Internet, auf der anderen Seite passiv rezipierbar sind, wie Fernsehen.

[36] Dupagne/Garrison (vgl. 2006: 240) nennen zudem noch regulatorische Konvergenz als Ebene. Sie entspricht im Wesentlichen dem Trend, der im vorangegangenen Kapitel als Deregulierung beschrieben wurde. Zwar sind die Wechselwirkungen dieses Bereichs mit einigen Ebenen unverkennbar, trotzdem zählt er selbst m. E. nicht zum Konvergenz-Prozess. Denn streng genommen nähern sich hier keine Medienformen oder Technologien an. Deregulierung schafft lediglich die Voraussetzungen für einige Formen – vor allem im Bereich der Fusionen.

2.4.5 Verhältnis der Konvergenz-Ebenen zueinander

Das Ergebnis der Überlegungen ist eine übersichtliche und logisch konsistente Typologie, weil sie anders als die meisten Modelle in Haupt- und Unterebenen gegliedert ist (siehe Abbildung 5).

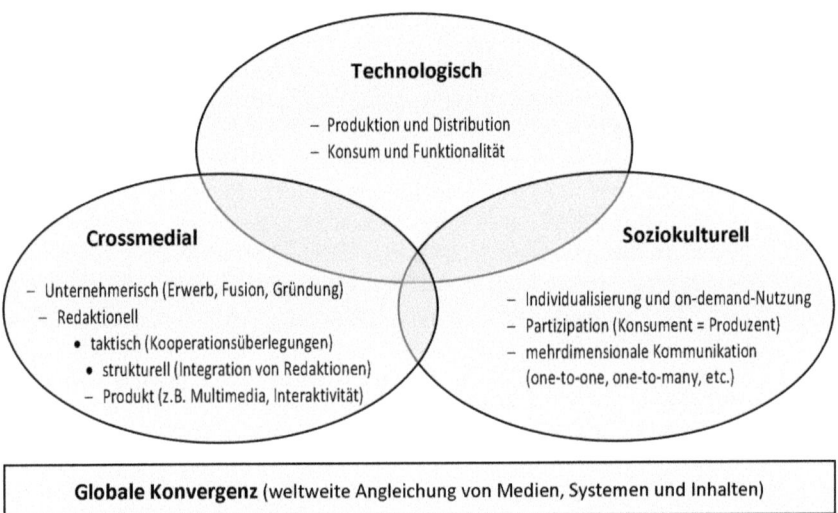

Abbildung 5: Ebenen von Konvergenz, eigene Darstellung

Die Konvergenz-Ebenen stehen miteinander in Beziehung bspw. hat die Konstruktion bestimmter Technologien wie des Internet deutliche Auswirkungen auf die redaktionellen Abläufe – etwa in Form eigener Online-Abteilungen. Die Frage ist, welcher Art diese Beziehungen sind. In der Literatur werden häufig simple Kausalzusammenhänge hergestellt, besonders ein technischer Determinismus ist weit verbreitet: Multimedia-Journalismus und ein verändertes Nutzungsverhalten der Konsumenten seien die Konsequenz der technologischen Entwicklung (vgl. Jakubetz 2008: 18; Rose/Lenski 2006: 2; Bulla 2002). Oder – etwas vorsichtiger formuliert – habe die neue Digitaltechnik Konvergenz erst ermöglicht (vgl. Jakubetz 2008: 21; Matthes 2006: 21; Quinn 2005 a). Diese Interpretationen sind Beispiele dafür, dass der Einfluss der Technologie überschätzt wurde und wird (vgl. auch Franklin 2008: 308). Natürlich hat sie ganz neue Möglichkeiten geschaffen, nur ist sie nicht alleinige Ursache.[37] Ebenso verfehlt ist es, andere Einflüsse zu verabsolutieren. Zum Beispiel ist auch die Ökonomisierung der Medien zwar Anstoß bestimmter Entwicklungen gewesen, keineswegs aber notwendige Voraussetzung (vgl. Singer 2004: 4).

Die Überbewertung solcher Faktoren ist nicht unproblematisch. So geht Franklin (vgl. 2008: 308 f.) davon aus, dass andere Aspekte deshalb nicht ausreichend beachtet wurden, z. B. das Aufkommen von Gratiszeitungen oder ein lang andauernder gesellschaftlicher Wandel.[38] Und Jenkins (vgl. 2006: 3 f.) versteht Konvergenz ohnehin primär als kulturelle Logik. Sie entstehe nicht durch das Bedienen bestimmter Geräte, sondern bei der Wirklichkeitskonstruktion im Kopf von Menschen und durch soziale Interaktion. Erst dadurch entwickele sie das Potential, unser gesamtes Zusammenleben und unsere ganze Kultur zu verändern: „Sometimes we tuck our kids into bed at night and other times we Instant Message them from the other side of the globe." (Jenkins 2006: 17)

Das Verhältnis der Ebenen zueinander ist offenbar komplexer als meist angenommen. Keine ist schlicht die Ursache für eine andere, vielmehr stehen sie alle miteinander in Wechselwirkungen, die noch nicht annähernd ausreichend erfasst und erforscht sind.

2.4.6 Verortung der vorliegenden Arbeit im Theoriekonstrukt

Für den Zweck der vorliegenden Arbeit scheint die entwickelte Typologie gut geeignet, weil sie den betrachteten Bereich der Redaktionsorganisation im Unterpunkt „strukturelle redaktionelle Konvergenz" widerspiegelt. Daher konzentrieren sich die weiteren Ausführungen vor allem auf diesen Aspekt. Wegen der gegenseitig extrem starken Wechselwirkungen[39] ist allerdings auch eine gleichzeitige Behandlung von „strategischer redaktioneller Konvergenz" unumgänglich. Daneben haben wegen der bereits angesprochenen vielschichtigen Beziehungen auch die weiteren crossmedialen Stufen (unternehmerische und Produktkonvergenz) ihre Implikationen für die angesprochenen Aspekte – ebenso wie die weiteren Ebenen.

---

[37] Weiter oben wurde bereits festgestellt, dass bestimmte Formen von Konvergenz bereits vor Jahrzehnten und damit lange vor dem digitalen Zeitalter existierten.

[38] Die britischen Abendzeitungen etwa starben lange vor dem Internet-Zeitalter, nicht aufgrund neuer Digitaltechnik, sondern wegen der veränderten Arbeits- und Lebensstrukturen der Menschen (vgl. Franklin 2008: 308 f.).

[39] Strategie und Struktur greifen ineinander, auch wenn in der Betriebswirtschaftslehre noch umstritten ist, ob Strategie Struktur bedingt oder umgekehrt (siehe dazu Kapitel 3.2.1).

3 Crossmedia und Organisationsmanagement

„Planung, Organisation und Controlling dürfen [...] keine Fremdwörter sein, auch wenn sich zwischen Journalismus und Redaktionsmanagement scheinbar emotionale Barrieren auftun."
(Mast 1997: 7)

Das Verhältnis von Journalisten zur Betriebswirtschaftslehre ist äußerst angespannt. Nicht selten begegnet man totaler Ablehnung, weil hinter Management- und Marketing-Ideen ökonomische Sparmaßnahmen vermutet werden, die im Gegensatz zu publizistischen Zielen stehen (vgl. Meckel 1999: 19 f.).[40] Die Haltung vieler Redakteure ist jedoch aus drei Gründen nicht zielführend:

- Erstens weil Ökonomie und Journalismus keine Gegensätze darstellen, sondern sich gegenseitig bedingen: „Die wirtschaftliche Seite eines Verlags ist bestimmt nicht alles. Aber ohne Sicherung der Wirtschaftlichkeit ist alles nichts." (Schulte-Hillen 1994: 78; vgl. Quinn 2007: 19; Meckel 1999: 84)
- Zweitens umfassen betriebswirtschaftliche Prinzipien nicht ausschließlich Finanzen, sondern auch Qualität und deren Kontrolle. Redaktionsmanagement ist ein notwendiges Mittel zur Erreichung des Ziels publizistischer Qualitätssicherung (vgl. Meckel 1999: 20 f.; Ruß-Mohl 1994: 24).
- Drittens ist das bisherige Konzept redaktioneller Führung nicht ausreichend, basiert es doch häufig nur auf dem irrationalen „Bauchgefühl" des Chefredakteurs, das am Ende nichts weiter ist als Erfahrungswissen über das Zielpublikum (vgl. Meier 2004: 96; Weichler 2003: 35). Funktioniert die Führung nicht mehr wie gewünscht, wird kein Konzept geändert, sondern einfach der Chefredakteur gewechselt: „Diese[s] in den Medien beobachtbare Verfahren ist in seiner Qualität nur mit den Trainerwechseln in der Fußball-Bundesliga zu vergleichen." (Weichler 2003: 36)

Um mehr Sicherheit, schnelleren und dauerhaften Erfolg sowie journalistische Qualität zu generieren, ist neben dem ohne Frage wichtigen Bauchgefühl zusätzlich eine strategische, publikumsorientierte Planung unverzichtbar (vgl. Meier 2003: 257; Weichler 2003: 36; Mast 1997: 8 f.). Wegen dieser zentralen

---

[40] Nicht ganz unschuldig daran dürfte die zunehmende Liberalisierung der Medienmärkte sein, die in der Vergangenheit zu Wettbewerbsverschärfungen und damit höherem Kostendruck in den Verlagen geführt hat (vgl. auch Meckel 1999: 24 f.).

Bedeutung ist das strategische Management Aufgabe des obersten Führungspersonals. Geschäftsführung und Chefredaktion müssen zusammenarbeiten und einen Ausgleich zwischen ökonomischen und publizistischen Zielen schaffen (vgl. Schneider 2007: 26; Meckel 1999: 22).

Verortung der Arbeit im theoretischen Kontext

Die meisten Arbeiten zur redaktionellen Organisation basieren auf der betriebswirtschaftlichen Managementlehre – da sie problemlos auf die Medienbranche übertragbar ist (vgl. Killebrew 2005: 87). Verfolgt werden in erster Linie strukturorientierte Ansätze, deren zentrale Konzepte u.a. Hierarchie, Regeln, Rollen und Ziele sind. Insbesondere bei der Frage der Implementierung crossmedialer Arbeitsweisen rücken aber auch immer stärker symbolische oder Human-Ressource-Ansätze in den Fokus (vgl. Killebrew 2005: 85, 88). Die vorliegende Arbeit versteht sich in dieser Tradition primär struktureller, aber auch für andere Ideen offener Modelle.

Organisation als Teilbereich des Redaktionsmanagements

Redaktionsmanagement umfasst viele verschiedene Aufgaben. In der bekanntesten Einteilung unterscheidet Meckel (vgl. 1999: 22) vier Teilbereiche:
- Personalmanagement
- Kostenmanagement
- Redaktionelles Marketing
- Redaktionelle Organisation

Sie alle sind eng miteinander verbunden, ebenso wie mit den verwandten Themen Qualitäts- und Wissensmanagement, die Meckel separat neben dem Redaktionsmanagement anordnet. Typologien anderer Autoren sind recht ähnlich strukturiert, erfassen lediglich Teile dieser vier Bereiche (vgl. Altmeppen 2000 a: 41; Ruß-Mohl 1994: 24) oder gewichten sie etwas anders.[41] Als Grundlage für diese Untersuchung eignet sich jedoch Meckels Einteilung besonders. Denn ihre Typologie erlaubt eine Fokussierung auf die redaktionelle Organisation. Wegen der engen Verflechtungen wäre es zwar weder sinnvoll noch machbar, die anderen Aspekte vollkommen zu ignorieren. Sie werden aber nur am Rande dort eingearbeitet, wo sie Auswirkungen auf die betrachtete Ebene haben.

---

[41] So streicht etwa Weichler (vgl. 2003: 37 f.) den Bereich Organisation, fügt Technikmanagement als eigenständigen Aspekt hinzu und sieht Qualitätsmanagement als Unterpunkt von Redaktionsmanagement.

Strategische Planung

Die Arbeit beschäftigt sich also innerhalb des Redaktionsmanagements mit der Konzeption und Umsetzung neuer Organisationsstrukturen für die Videoproduktion. Solch eine strategische Planungsaufgabe umfasst nach Kotler/Keller/ Bliemel (vgl. 2007) insgesamt acht Schritte (siehe Abbildung 6).

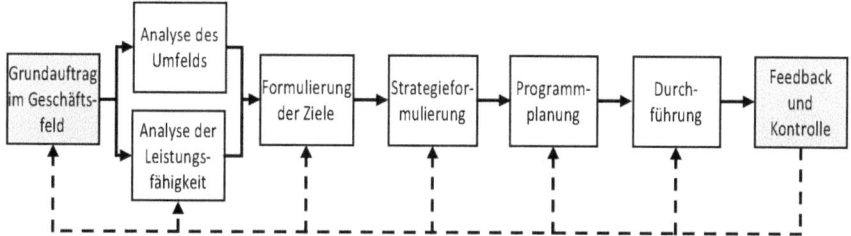

Abbildung 6: Schritte der strategischen Planung, Quelle: Kotler/Keller/Bliemel (vgl. 2007: 108)

Der Grundauftrag lautet im vorliegenden Fall Videos zu produzieren. Jedes Unternehmen muss dazu eine Analyse durchführen, sowohl der eigenen Ressourcen, als auch der marktlichen Perspektiven in Bezug auf Kunden, Branchenstruktur und Umfeld des Unternehmens (vgl. Garcia Aviles et al. 2008: 12; Maier 2000: 67 ff.). Die Überlegungen sind stark vom Einzelfall abhängig und im Rahmen dieser Arbeit nicht verallgemeinerbar anzustellen. Abstrakt analysiert werden können aber die Chancen und Risiken der Innovation selbst (Kapitel 3.1), deren Ausnutzung bzw. Vermeidung Herausforderung und Messlatte für die anschließenden Schritte ist. Denn nun folgen die Formulierung von Zielen und Strategien und letztlich die Planung der Maßnahmen, hier also der Organisationsstrukturen. Die Möglichkeiten, die sich Unternehmen hierbei bieten, werden in den Kapiteln 3.2 und 3.3 diskutiert. Die konkrete Umsetzung in Form verschiedener Modelle wird dann im empirischen Teil betrachtet.

3.1 Chancen und Risiken crossmedialer Aktivitäten

„[…] European media companies have learned that transforming from a mono-media to a multimedia structure is full of opportunities but also barriers and challenges." (de Aquino et al. 2002: 5)

Wie praktisch jede unternehmerische Entscheidung ist auch die Frage, ob oder wie man sich crossmedial engagiert, zweischneidig. Hinter jeder Option warten

verlockende Chancen darauf genutzt zu werden, andererseits schrecken drohende
Risiken ab. Fraglich ist, ob in der Praxis diese beiden Seiten sachlich betrachtet
und gegeneinander abgewogen werden. Denn die Gründe, aus denen sich Unternehmen in Crossmedia-Aktivitäten stürzen, sind häufig Mischungen verschiedener Hoffnungen, Motive und Strategien (vgl. hierzu und zum Folgenden Stark/
Kraus 2008: 307; Spachmann 2003: 226; Neuberger 2002 b: 115; Popp/ Spachmann 2000: 140). Sie sind den Verantwortlichen nur teilweise bewusst und flie-
ßen daher oft nur diffus in die Entscheidungsfindung ein. Selbst logisch gegen-
sätzliche Ideen werden nicht als unvereinbar wahrgenommen. Viele Medienma-
nager scheinen lediglich einem Trend nachzulaufen bzw. das vage Gefühl heranzuziehen, man verliere andernfalls den Anschluss (vgl. Lowrey 2004; siehe Kapitel 1.1). Diese Hysterie wurzelt zu einem Teil darin, dass von vielen Seiten
propagiert wird, es gebe keine Alternativen.[42] Auch wenn solch fatalistische
Einschätzungen sicher übertrieben sind, es gibt einen faktischen Kern. Aus dem
betriebswirtschaftlichen Konzept der Opportunitätskosten[43] folgt, dass immer
auch überlegt werden muss, welche Schwierigkeiten aus der Nullalternative
folgen können, der Entscheidung gegen die Nutzung bestimmter Alternativen
(vgl. Lehr 1999: 28). Strategien und Strukturen müssen folglich so ausgelegt
sein, dass sie möglichst viele Vorteile realisieren und möglichst wenige Risiken
bergen. Dazu ist es im Folgenden unumgänglich, die Chancen und Probleme
genau zu betrachten, die aus crossmedialen Tätigkeiten entstehen können.

3.1.1 Kategorisierung crossmedialer Chancen

Die wissenschaftliche Debatte zu diesem Aspekt fällt damit auf, nicht trenn-
scharf zu arbeiten, sondern die Diffusität und Vagheit der Praktiker zu übernehmen und Vorteile, Nachteile, Chancen, Risiken und Probleme von Crossmedia
unsystematisch zu betrachten und zu vermengen. Beobachtete Details aus Fallstudien werden ohne Einordnung in einen größeren Kontext diskutiert und selten
in Verbindung mit Erkenntnissen anderer Studien gesetzt. Das Ergebnis ist eine
unsortierte Sammlung verschiedenster Argumente.

Ordnung verspricht hier die betriebswirtschaftliche Managementlehre, die
Motive und Chancen crossmedialer Aktivitäten theoriegeleitet acht Kategorien

---

[42] Vier von fünf Medien-Topmanagern hielten bereits 2002 Crossmedia für eine entscheidend wichtige Strategie (vgl. Müller-Kalthoff 2002: 19), da ein Zurück zu Zeiten ohne Konvergenz nicht mehr
möglich sei (vgl. etwa Jakubetz 2008: 12; World Editors Forum 2008 b: 116 f.; Quinn 2005 b: 2).
[43] Für eine Definition vgl. etwa Wöhe/Döring 2008: 943.

zuordnet (vgl. Welge/Al-Laham 2008: 593).[44] Unterscheidet man diese acht nun zusätzlich noch in rückwärts gewandte/defensive und vorwärts gerichtete/ offensive Motive,[45] erhält man folgende übersichtliche Typologie[46]:

- *Rückwärts gewandte Motive*
  - Abhängigkeit vom Ursprungsmarkt reduzieren, in diesem Fall also von der regionalen Tageszeitungsbranche
  - Abhängigkeit von Lieferanten reduzieren
  - Sinkender Nachfrage entgegenwirken
  - Unstabiler Bedarfslage (zyklischen Schwankungen) entgegenwirken
  - Wettbewerb mit starken Konkurrenten im Ausgangsmarkt ausweichen
- *Vorwärts gerichtete Motive*
  - Diversifikation als Kapitalanlage: Gewinne reinvestieren
  - Diversifikation als Expansionsstreben: Machtpositionen ausbauen
  - Ausnutzung von Synergie-Effekten

Im Folgenden sollen nun die Ergebnisse der empirischen Studien der Medienforschung den genannten Kategorien zugeordnet und betrachtet werden.

Von den fünf zu unterscheidenden rückwärts gewandten Motiven werden drei in der relevanten Konvergenzliteratur überhaupt nicht genannt: Die Abhängigkeit von Lieferanten zu reduzieren, zyklischen Nachfrageschwankungen entgegen zu wirken oder dem Wettbewerb mit zu starken Konkurrenten auszuweichen, scheinen für die Unternehmen keine Beweggründe für Crossmedia zu sein.[47] Deutlich betont wird allerdings der Beweggrund, *rückläufiger Nachfrage entgegenzuwirken*. Denn unstreitig wächst die Substitutionsbedrohung und sinken die Auflagen von Tageszeitungen drastisch und damit auch ihre Einnahmen – oder wie Haagerup (2006) es bildlich ausdrückt: „dropping like a piano thrown from a penthouse" (vgl. auch Quinn 2007: 26; 2005 b: 41; Müller-Kalthoff 2002: 19; siehe Kapitel 2). Das hat – verschärft durch die Besonderheit Anzeigen-

---

[44] Welge/Al-Laham (vgl. 2008) nennen diese Kategorien allgemein für Diversifikationsstrategien. Da es sich bei Crossmedia-Aktivitäten eindeutig um Diversifikation handelt (siehe Kapitel 3.2.3), ist eine Übertragung der Kategorien problemlos möglich.

[45] Erstere dienen der Abwehr von existierenden oder drohenden Gefahren, letztere der Ausnutzung möglicher Vorteile und dem Erschließen neuer Erlösquellen (vgl. auch Sjurts 2002: 2).

[46] Möglicherweise überraschend ist, dass Kostenreduzierung kein genannter Aspekt ist. Hin und wieder fällt der Begriff in der Konvergenzdebatte, doch er kann hier nicht als rationales Argument gelten. Denn Crossmedia als Diversifikationsstrategie allgemein und die Videoproduktion bei deutschen Zeitungen im Speziellen dient nicht dazu, Geld zu sparen (siehe Kapitel 3.2.3).

[47] Allerdings ist dies auch nicht überraschend. Denn Lieferanten sind im Zeitungsmarkt eher schwach im Verhältnis zu den Verlagen. Zyklische Nachfrageschwankungen sind durch das ausgeprägte Abonnementgeschäft gering. Und weil die crossmedialen Aktivitäten hier immer noch marginale Umsätze erwirtschaften im Vergleich zum Stammgeschäft, sind sie als Maßnahme, um Konkurrenz zu entgehen, untauglich.

Auflagen-Spirale[48] – zu einer wirtschaftlich prekären Situation für die Zeitungen geführt, der sie nun entkommen wollen (vgl. Matthes 2006: 37). Doch monomediale Strategien sind zur Erlössicherung in diesem Fall ungeeignet, weil ein einziger Teilmarkt bei zunehmender Fragmentierung nicht mehr ausreicht bzw. Unsicherheit erhöht; deshalb soll durch Einstieg in neue Branchen die *Abhängigkeit vom Ausgangsmarkt reduziert* werden (vgl. Quinn 2007: 26; Matthes 2006: 39; Criado/Kraeplin 2003: 434; Müller-Kalthoff 2002: 19; Sjurts 2002: 2, 15).

Auch im Bereich der vorwärts gerichteten Motive spielt ein Argument in der Praxis keine Rolle: Gewinne zu reinvestieren wird offenbar nicht als Motiv für crossmediales Engagement von Tageszeitungen gesehen, was angesichts sinkender Erlöse in der Branche auch nicht überrascht. Durchaus im Kalkül der Verantwortlichen liegt allerdings das Ziel, die *Machtposition des Unternehmens* vor allem im lokalen Markt auszubauen (vgl. Quinn 2005 b: 68). Die Fantasien gehen sogar soweit, dass sich Zeitungen durch Online-Videos die Herrschaft vom derzeit dominierenden Medium Fernsehen zurückerobern könnten (vgl. World Editors Forum 2008 b: 117). Die mit Abstand größte Rolle unter den vorwärts gerichteten Motiven für Konvergenz spielt jedoch die Ausnutzung von Synergie-Effekten. Sie erfordern deshalb eine gesonderte, eingehendere Betrachtung im folgenden Kapitel.

3.1.2 Synergie-Effekte

Die Realisierung von Synergien ist Hauptgrund und größte Hoffnung bei horizontaler Diversifikation (vgl. etwa Saltzis/Dickinson 2008: 219; Stark/Kraus 2008: 307; Welge/Al-Laham 2008: 595 f., 600; Deuze 2004: 144; Sjurts 2002: 2). Denn sie sichert den etablierten Medien wie Zeitungen im Online-Videomarkt Wettbewerbsvorteile, besonders im Vergleich mit neuen Konkurrenten, die sich ausschließlich im Internet bewegen (vgl. Brüggemann 2002: 53). Synergien haben aber auch in anderer Hinsicht eine besondere Bedeutung für diese Arbeit. Während die übrigen genannten Chancen bei jeder Form crossmedialen Engagements genutzt werden, sind sie weniger davon abhängig, ob, sondern *wie* produziert wird. Je nach gewählter Strategie (siehe Kapitel 3.2) und Struktur der Videoaktivitäten (siehe Kapitel 3.3) werden verschiedene Effekte unterschiedlich stark genutzt (vgl. auch Doppler/Lauterburg 2008: 48). Verkürzt gesagt lassen sich die Vorteile von Organisationsformen vor allem am Grad der

---

[48] Durch die Dualität des Medienmarktes (Endkunden- und Werbemarkt) führen weniger Rezipienten zu weniger Einnahmen, das wiederum zu einer Verschlechterung der Leistung und das zu noch weniger Rezipienten (vgl. Maier 2000: 62).

Nutzung von Synergie-Effekten ablesen. Sie sind eine entscheidende Größe bei der Bewertung der Modelle.

Zur Definition und Erklärung von Synergien werden gerne exemplarische Formeln herangezogen wie $1 + 1 = 3$ (vgl. etwa Wöhe/Döring 2008: 201). Sie sollen veranschaulichen, dass durch Bündelung verschiedener Kräfte in einem Unternehmen deren Gesamtleistung größer ist als die Summe der einzelnen Teile (vgl. Meyer 2005: 150). Im vorliegenden Fall meint es also die Verknüpfung von Aspekten der Videoproduktion mit denen von Print- oder Online-Produktion. Der Prozess des Zusammenwirkens wird dabei Synergie, sein Ergebnis Synergie-Effekt genannt (vgl. Welge/Al-Laham 2008: 454). Sie wirken dabei immer in beide Richtungen, also nicht nur auf das neue, sondern auch die etablierten Medien (vgl. Brüggemann 2002: 53). Synergien entstehen nicht von selbst, sie müssen bewusst gesteuert und gefördert werden (vgl. Maier 2000: 87). Und ihr Ergebnis ist – obgleich die Formel oben es suggeriert – nicht zwingend positiv. Sie können zum Vor-, aber auch zum Nachteil gereichen (vgl. auch Welge/Al-Laham 2008: 455; Brüggemann 2002: 53).

Synergien lassen sich zunächst differenzieren in planbare und nicht planbare (vgl. Meyer 2005: 151; Brüggemann 2002: 53). Erstere können zudem entlang der Wertschöpfungskette kategorisiert werden (vgl. auch Welge/Al-Laham: 600 f.). Bei Medienunternehmen sind dabei folgende primäre Aktivitäten zu unterscheiden (vgl. etwa Schneider 2007: 61):[49]

- Produktion
    - Inhaltsgenerierung (Einkauf/Eigenproduktion)
    - Inhaltskonfektionierung (Redaktion)
- Distribution
- Marketing
    - Business-to-Consumer-Marketing (Endkundenmarketing)
    - Business-to-Business-Marketing (Werbekundenmarketing)

Neben diesen primären existieren auch unterstützende Aktivitäten wie Management, Personalführung oder Controlling und Finanzen. Anhand dieses Kategoriensystems (siehe Abbildung 7) lassen sich im Folgenden die in empirischen Untersuchungen beschriebenen Synergien bei der crossmedialen Produktion strukturiert betrachten.

---

[49] Brüggemann (vgl. 2002: 54) sortiert Synergie-Effekte hingegen drei Kategorien zu. Diese bilden keinen Gegensatz zum vorgestellten Modell, sondern sortieren die gleichen Elemente lediglich anders: Sein Angebotsverbund integriert die Ebenen Inhaltsgenerierung, -konfektionierung und Distribution, die Ebene des Marketing teilt er in Nachfrage- und Kommunikationsverbund. Für diese Arbeit wird aber der in der Betriebswirtschaftslehre gängigeren Einteilung nach der Wertschöpfungskette gefolgt.

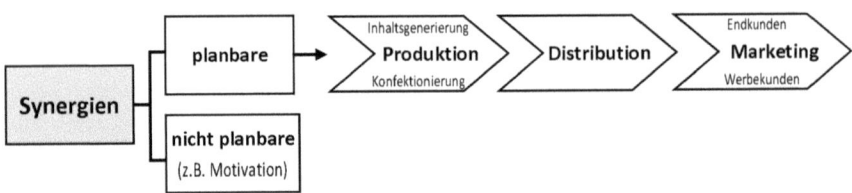

Abbildung 7: Kategorisierung von Synergien, eigene Darstellung

Synergien auf der Produktionsebene:
- Gemeinsame Nutzung technischer Ressourcen: Redaktionstechnik, Räumlichkeiten und Services (z. B. Archiv) können gemeinsam effektiver ausgenutzt werden (vgl. Garcia Aviles et al. 2008: 4; Dupagne/Garrison 2006: 245; Brüggemann 2002: 54).
- Gemeinsame Verhandlungen: Beim Einkauf von Material steigen Volumen und Verhandlungsmacht, die Verhandlungskosten sinken (vgl. Schneider 2007: 63).
- Informationsaustausch: Damit alle Redaktionen über maximale Informationen verfügen, müssen Journalisten Recherchen und Ideen teilen (vgl. Matthes 2006: 55).
- Materialaustausch: Rohmaterial oder fertige Beiträge können getauscht, mehrfach verwertet oder gemeinsam generiert werden, was zu Kostenvorteilen bzw. höherer Wertschöpfung führt (vgl. Garcia Aviles et al. 2008: 4; Brüggemann 2002: 54; Stark/Kraus 2008: 307; Matthes 2006: 55).
- Transfer von Sach- und Fachwissen: Kompetenzen und Spezialwissen der beteiligten Journalisten können redaktionsübergreifend aufgebaut und abgerufen werden (vgl. Schneider 2007: 64; Brüggemann 2002: 54). Mögliche Talente von Mitarbeitern für jeweils andere Medien können genutzt werden, etwa eine gute Bildschirmpräsenz von Print-Reportern (vgl. Strupp 2000; Matthes 2006: 47).
- Multimedialer Einsatz von Journalisten: Wenn die Beschäftigten über die Fähigkeiten verfügen, können sie je nach Bedarf in verschiedenen Medien eingesetzt werden, evtl. sogar als Multimedia-Journalisten[50]. Das erhöht die Flexibilität und führt besonders in Extremsituationen (z. B. Breaking News) zu einer besseren Ausnutzung der personellen Ressourcen (vgl. Matthes 2006: 47; de Aquino 2002: 8).
- Multimediales Erzählen: Redakteure können für ein Thema die Ausspielkanäle nutzen, die sich am besten eignen, was zu journalistisch besseren

---

[50] Für eine Diskussion möglicher Vor- und Nachteile von Multimedia-Journalisten siehe Kapitel 3.3.

Produkten führen soll. Die jeweiligen Vorteile sollen dazu kombiniert und ihre Schwächen kompensiert werden[51] (vgl. Matthes 2006: 41 ff.; Quinn 2005 b: 16; Brüggemann 2002: 8; de Aquino 2002: 8; Meier 2002 a: 131). *Synergien auf der Distributionsebene*: Potentiale ergeben sich v. a. durch die immer weiter verschmelzenden Technologien (z. B. Internet und Mobilfunk) – wobei Printprodukte hier ausgenommen sind (vgl. Schneider 2007: 65).

Synergien auf der Ebene des Endkundenmarketing:
- Transfer von Marke und Image: Internet-Auftritt und Videoproduktion sollen das Image der Zeitung vor allem beim jüngeren Publikum stärken (vgl. Popp/Spachmann 2000: 140). Anders herum kann das gute und vertrauenswürdige Image der Printmarke langfristige Wettbewerbsvorteile für crossmediale Produkte generieren (vgl. Schneider 2007: 29, 65; Matthes 2006: 47; Sjurts 2002: 17; Brüggemann 2002: 54).[52]
- Cross Promotion: Durch gegenseitige Verweise und Bewerbung sollen alle beteiligten Medien von verkaufsfördernden Effekten und Reichweitensteigerung profitieren (vgl. etwa Stark/Kraus 2008: 307; Quinn 2005 a: 32; 2005 b: 16; Thelen 2002: 16).
- Komplementärer Newsflow: Die konvergierenden Medien eines Hauses leiten durch eine entsprechende Aufbereitung und z. B. Cross Promotion die Rezipienten zu einer vollständig komplementären Nutzung an. Im Mittelpunkt stehen die Bedürfnisse der Kunden (vgl. Matthes 2006: 52 f.; Bulla 2002; Strupp 2000; siehe Kapitel 3.3).[53]

Synergien auf der Ebene des Werbekundenmarketing ergeben sich durch multimediale Werbepakete: Aus einer gemeinsamen Vermarktung von Werbeflächen/-zeit ergeben sich Angebotsvorteile. Denn damit wird aus einer Hand der steigende Bedarf an crossmedialer Werbung gedeckt, mit der fragmentierte Pub-

---

[51] Problematisch ist jedoch, dass entgegen der Ansicht von Praktikern die Vor- und Nachteile der Einzelmedien gar nicht eindeutig bestimmt sind. Neuberger (vgl. 2003 b: 44 ff.) beklagt schon für die Zeitung, dass es zwar viele theoretisch gestützte Listen, aber kaum belastbare empirische Erkenntnisse gibt, welche positiven und negativen Aspekte tatsächlich von den Nutzern wahrgenommen und honoriert werden. Ähnliches gilt auch für andere Medien und sogar verschärft für das Internet, wo im Wesentlichen nur aus dem technischen Potential geschlossen wird (vgl. Neuberger 2003 b: 56). Darüber hinaus ist ebenfalls noch nicht ausreichend erforscht, welche Wirkungen multimediale Aufbereitung hat, ab wann bspw. der Nutzer überfordert ist (vgl. etwa Kiousis 2006: 350).

[52] Praktisch sollen die Marken verknüpft werden z. B. durch das Abbilden des Print-Schriftzugs online und der Internetadresse im Seitenkopf der Zeitung, aber auch schlicht durch Verwendung des gleichen Namens für alle Produkte gemeinsam (vgl. Roth 2005: 153 f.).

[53] Bucy (vgl. 2003) hat Hinweise gefunden, dass auch die Glaubwürdigkeit von Medien (TV und Online) von Nutzern höher bewertet wird, nachdem sie beide konsumiert hatten anstatt nur eines. Allerdings bedarf dieser Zusammenhang einer weiteren Untersuchung, wie Bucy selbst betont, wegen der geringen Fallzahl und weil die Glaubwürdigkeitsforschung im Bereich Cross- und Multimedia bislang noch sehr uneinheitlich ist (vgl. auch Kiousis 2006: 350).

lika noch zu erreichen sind (vgl. Garcia Aviles et al. 2008: 4; Schneider 2007: 66; Müller-Kalthoff 2002: 23). Zudem sinken die Verhandlungskosten.

Synergien außerhalb der primären Wertschöpfungskette zeigen sich vor allem bei Wissenstransfer: Die Erfahrungen aus einer Branche können für verschiedene, sekundäre Funktionen zumindest teilweise in den neuen Markt übertragen werden, etwa im Bereich des Managements (vgl. Brüggemann 2002: 54).

Alle vorgenannten Aspekte sind vom Management durch Strategien und Strukturen relativ genau steuerbar. Daneben wirken beim Zusammenführen verschiedener Medien jedoch auch Kräfte, die *nicht planbar* sind. Zu diesen Synergie-Effekten zählen zum Beispiel Innovationen wie neue Geschäftsideen oder Verfahrenstechniken, die aus der Kooperation unterschiedlicher Bereiche entstehen, aber auch die Motivation der Mitarbeiter (vgl. Meyer 2005: 151). Über diesen letzten Punkt muss intensiv gesprochen werden. Denn wie bei allen Synergien kann sich Motivation positiv entwickeln.[54] Doch weitaus häufiger und heftiger werden in der Literatur negative Reaktionen der Beschäftigten beschrieben. Das kann zu massiven Problemen für das gesamte Projekt führen, wie in den folgenden Kapiteln ausführlich zu diskutieren ist.

3.1.3 Probleme und Risiken von Crossmedia

„Somit gibt es durchaus Wege aus der Isolation der Vertriebskanäle. Die Hindernisse sind aber zahlreich und schwer überwindbar, weshalb auch in Zukunft Synergiepotential ungenutzt bleiben wird – zum Schaden journalistischer Qualität und entgegen betriebswirtschaftlicher Vernunft." (Brüggemann 2002: 137)

Die Lehre aus dieser düsteren Einschätzung von Brüggemann kann nicht Resignation sein, sondern muss darin liegen, besonders aufmerksam die Hindernisse crossmedialer Aktivitäten zu untersuchen. Ein erster wichtiger Schritt ist dabei ihre Systematisierung. Schneider (vgl. 2007: 3) richtet sich nach der betriebswirtschaftlichen Einteilung in sach- und personenbezogene Probleme.

Bei den *sachbezogenen Problemen* werden folgende Dimensionen beschrieben (vgl. etwa Quinn 2007: 26; Matthes 2006: 60; Stevens 2002 b; Stone 2002):
- rechtlich, z. B. Einschränkungen bei Fusionen
- technisch, etwa fehlende multimediale Content-Management-Systeme

---

[54] Aus Fallstudien ist bekannt, dass einigen Printjournalisten die Präsenz auf Fernsehschirmen und die damit verbundene Bekanntheit gefällt bzw. anders herum es Fernsehreporter genießen, durch Zeitungsartikel mehr journalistisches Prestige zu bekommen (vgl. Dupagne/Garrison 2006: 247 f.; Quinn 2005 b: 16; Singer 2004: 12; Healy 2002; Gentry 1999). Reporter gaben auch an, sich durch multimediale Fähigkeiten besser auf dem Arbeitsmarkt aufgestellt zu fühlen (vgl. Singer 2004: 7).

- finanziell, vor allem die oftmals zu niedrig eingeschätzten Kosten und die schleppende Vermarktung von Online- und Videowerbung (vgl. Quinn 2007: 20; Matthes 2006: 60; Stone 2002)[55]
- organisatorisch, bspw. fehlende gemeinsame Räumlichkeiten, stark voneinander abweichende Produktionszyklen, Konferenzstrukturen und Deadlines sowie unterschiedliche Hierarchien, Produktionsanforderungen oder auch medienspezifische Begrifflichkeiten (vgl. Quinn 2007: 20, 26; Matthes 2006: 66 f.; Silcock/Keith 2006: 616; Meyer 2005: 189; Meier 2002 b: 203)

Die sachbezogenen Probleme stellen zwar Hindernisse dar, sind letztlich aber in den meisten Fällen planbar und mit Hilfe von Zeit, Geld und Konzepten auch lösbar (vgl. Lehr 1999: 28). Sie definieren folglich aber einige Rahmenbedingungen für redaktionelle Organisationsmodelle (siehe Kapitel 3.3).

Weit schwerwiegender sind die *personenbezogenen Probleme* (vgl. Matthes 2006: 60; Meyer 2005: 187; Quinn 2005 b: 47 ff.; Singer 2004: 10; Brüggemann 2002: 48). Der „Faktor Mensch" ist nicht per Konzept veränderbar, sondern hier „können grundlegende Verhaltensannahmen und Handlungsweisen der Mitarbeiter nur inkrementell verändert werden" (Keuper/Hans 2003: 229). Innovationen können nicht gegen den Willen der Journalisten implementiert werden, sondern nur mit ihnen zusammen (vgl. Mast 1997: 22). Denn noch stärker als in anderen Branchen hängt Erfolg in Medienunternehmen von den Beschäftigen ab, weil ihre Motivation und Kreativität dort stark mit Produktivität und Qualität korreliert (vgl. Killebrew 2005: 101 ff.; Keuper/Hans 2003: 231; Weichler 2003: 104). Bei den Redakteuren kann Ablehnung entstehen – mit dramatischen Folgen für Konvergenzprozess und Betrieb.[56] Deshalb bedarf dieser Aspekt einer gesonderten, ausführlichen Betrachtung.

3.1.4 Widerstände gegen Crossmedia

Widerstand der Mitarbeiter gegen Innovationen ist als Konflikt zu verstehen (vgl. hierzu und zum Folgenden Hauschildt/Salomo 2007: 178; Killebrew 2005: 89). Es ist die Inkonsistenz von zwei Verhaltensweisen: Das Management verlangt Wandel, bestimmte Beschäftigte wollen Erhalt und Sicherheit. Die Intensität des Konflikts hängt vom wahrgenommenen Ausmaß der Veränderungen ab.

---

[55] Auch weil die Werbeflächenvermarkter wegen der deutlich geringeren Umsätze in diesen Märkten nicht stark interessiert sind, besonders wenn sie auf Provisionsbasis arbeiten (vgl. Gordon 2003: 67).
[56] Sinkende Motivation kann bspw. zu schlechterer Qualität oder der Abwanderung von Mitarbeitern führen (vgl. Huang et al. 2003: 176; Daniels/Hollifield 2002: 676).

Auch hier kann wieder auf bereits existierende Kategorien der Betriebswirt-schaftslehre, genauer des Innovationsmanagements zurückgegriffen werden. Danach sind analytisch verschiedene Dimensionen zu unterscheiden, die der genaueren Beurteilung von Widerständen dienen und vor einer zu eindimensio-nalen Betrachtung warnen (vgl. Hauschildt/Salomo 2007: 179 ff.): Art (z. B. aktiv/passiv, offen/verdeckt), Zeitpunkt (zu Beginn/Ende/während des Projekts), Ort (bspw. innerbetrieblich/extern), Ansatzpunkte (gegen das ganze Projekt/ Teile), Ziele (verhindern, verzögern oder verformen), Personen[57] und Motive. Alle Aspekte bieten interessante Diskussionsfelder. Doch ist für den in dieser Arbeit gelegten Fokus auf die Organisation vor allem der innerbetriebliche Wi-derstand wichtig und hierbei im Speziellen die Motive, bieten sie doch Ansatz-punkte für Lösungsstrategien.

Sie lassen sich grob in Wissensbarriere und Willensbarriere teilen (vgl. Hauschildt/Salomo 2007: 43). Erstere beruht meist auf der nicht ausreichenden Kommunikation der Veränderungen (vgl. Doppler/Lauterburg 2008: 337; Matthes 2006: 63). Die Mitarbeiter wissen dann nicht im Detail, was auf sie zukommt, weshalb sie sich übergangen oder gekränkt fühlen und Ängste vor den Neuerungen entwickeln (vgl. auch Matthes 2006: 62; Weichler 2003: 122). Ne-ben dem reinen Nicht-Wissen gibt es innerhalb dieser Kategorie allerdings noch drei weitere Ebenen: Nicht-Verstehen, Nicht-Können und Nicht-Glauben. Sie bedeuten, dass die Beteiligten entweder intellektuell nicht in der Lage sind, Not-wendigkeit und Logik der Maßnahmen zu begreifen (vgl. Hauschildt/Salomo 2007: 43, 190 f.), dass sie nicht über die erforderlichen multimedialen Fähigkei-ten verfügen (vgl. de Aquino 2002: 7) oder dem Management die vorgebrachten Erklärungen nicht glauben, sondern andere Gründe hinter den Maßnahmen ver-muten wie Kosteneinsparungen oder Abbau von Arbeitsplätzen (vgl. Doppler/ Lauterburg 2008: 337; Matthes 2006: 63; Singer 2004: 15; Stevens 2002 b). Komplexer ist die Willensbarriere. Denn erstens sind die auf dieser Ebene vorge-brachten Argumente teils nur vorgeschoben und verschleiern die wahre Ab-sicht,[58] oder es werden Nebenkriegsschauplätze eröffnet anstatt gegen die Inno-vation selbst vorzugehen (vgl. Hauschildt/Salomo 2007: 179, 191). Zweitens gibt es viele verschiedene Beweggründe, die zur ablehnenden Haltung führen:[59]

---

[57] Besonders zu beachten ist, ob Einzelne oder Gruppen agieren. Denn Gruppen verstärken Wider-stand durch verschiedene Mechanismen (vgl. Hauschildt/Salomo 2007: 191 ff.). In vielen Ländern sind Gewerkschaften und Betriebsräte als starke Gruppen gegen Crossmedia aktiv, weil sie die höhere Arbeitsbelastung betonen (vgl. Quinn 2007: 26; de Aquino et al. 2002: 11; Healy 2002).

[58] So halten einige Autoren die Argumente von kollidierenden Grundwerten zwischen verschiedenen Mediengattungen für nicht stichhaltig und vermuten andere z. B. machtpolitische Gründe dahinter (vgl. Dupagne/Garrison 2006: 247 f.; Brüggemann 2002: 124 ff.; Fee 2002).

[59] Die folgende Liste erhebt nicht den Anspruch auf Vollständigkeit, sondern gibt lediglich die in der Literatur genannten Gründe wieder (vgl. Hauschildt/Salomo 2007: 192).

Eher unbewusste Gründe
- Natürlicher Konservatismus: Menschen meiden evolutionär bedingt Gefahr. Da jede Veränderung Risiken birgt, führt das tendenziell zu Ablehnung (vgl. Matthes 2006: 62; Killebrew 2005: 130 ff.; Daniels/Hollifield 2002: 662).
- Konservative Vorprägungen: Manche Personen haben sehr starre Denkmuster, neue Wege fallen ihnen schwer (vgl. Hauschildt/Salomo 2007: 193).
- Erfolgsarroganz: Erweist sich ein Verhalten als erfolgreich, wenden es Menschen weiter an, was in der Einstellung enden kann, nichts ändern zu müssen (vgl. Doppler/Lauterburg 2008: 127; Hauschildt/Salomo 2007: 192 f.).
- „Not invented here"-Einstellung/NIH-Syndrom: Die Innovation wird abgelehnt, weil sie nicht selbst entdeckt und vorgeschlagen wurde (vgl. Doppler/Lauterburg 2008: 105; Hauschildt/Salomo 2007: 196; Deuze 2004: 145).

Eher bewusste Gründe
- Weltanschaulich: Die Neuerung widerspricht eigenen Grundwerten.[60]
- Sachlich: Mitarbeiter halten den Wandel für nicht gut bzw. andere Probleme für wichtiger (vgl. Hauschildt/Salomo 2007: 192).
- Machtpolitisch: Die Innovation greift eigene Macht oder Budgets an, respektive die der eigenen Abteilung/Gruppe (vgl. Hauschildt/Salomo 2007: 192).[61]
- Persönliche Nachteile: Negative Auswirkungen auf den Einzelnen, bei Konvergenz bspw. in Form von Mehrarbeit, größerem Zeitdruck oder schlechteren Jobchancen, wenn derjenige nicht die Fähigkeiten für crossmedialen Journalismus besitzt (vgl. Saltzis/Dickinson 2008: 224; Matthes 2006: 62; Singer 2004: 11; Huang et al. 2003: 175 f.; Stevens 2002 b; Gentry 1999).[62]
- Persönliche Abneigungen: Der Mitarbeiter findet denjenigen unsympathisch, der hinter der Innovation steht (vgl. Hauschildt/Salomo 2007: 192).

---

[60] Bspw. bemängeln Journalisten häufig, Konvergenz verletze Qualitätsansprüche zugunsten von Multimedia (vgl. Gentry 1999).

[61] Nach Ansicht von Meier (2002 c: 92) sind es bei Zeitungen vor allem die „Fürstentümer", die Ressorts, die Wandel deshalb fundamental entgegenstehen.

[62] Der Nachteil kann auch schlicht darin liegen, dass Journalisten sich bei der Berufswahl für ihr Lieblingsmedium entschieden haben, sich dort verwirklichen und nicht für andere Medien arbeiten möchten (vgl. Hammond/Petersen/Thomsen 2000: 24).

Besonders gefährlich sind die unbewussten Gründe, denn sie führen zu Fehlreaktionen: Tatsachen werden verdrängt, vergessen, übersehen oder verzerrt (vgl. Hauschildt/Salomo 2007: 193). In dem Glauben sich zu verteidigen, agieren Mitarbeiter so, dass sie der Firma schaden und ihre Jobs gefährden (vgl. Killebrew 2005: 89).

Im Fall von Journalisten und technischen Innovationen ist zudem eine spezielle Ablehnung festzustellen, die über das normale Maß anderer Berufsgruppen hinausgeht (vgl. Deuze 2004: 144). In der Literatur wird als Grund dafür meist die *journalistische Kultur*[63] genannt. Sie sind sozialisiert und können theoretisch auch verändert, ersetzt oder mit anderen fusioniert werden (vgl. Quinn 2005 b: 47 ff.). Genau das ist bei Konvergenz notwendig (vgl. Matthes 2006: 70; Daily/ Demo/Spillman 2003: 14). Doch in der Praxis zeigt sich, dass journalistische Kulturen mehr noch als jene in anderen Branchen äußerst resistent sind gegen Wandel (vgl. Matthes 2006: 71; Fee 2002). Als Gründe dafür werden genannt (vgl. etwa Matthes 2006: 71 f.; Silcock/Keith 2006: 617 ff.; Killebrew 2005: 95; Deuze 2004: 144; Singer 2004: 10): das Alter der Strukturen[64], die unterschiedlichen Grundwerte der Mediengattungen, die Ungleichheit zwischen verschiedenen Redaktionen etwa in Bezug auf Bezahlung, Status oder Spezialisierungsgrad, die Stereotype[65], das Wettbewerbsdenken (Probleme der Zusammenarbeit mit vorherigen Konkurrenten), die individualistische Natur von Journalisten[66] und Routinen. Besonders dieser letzte Punkt ist für Organisation wichtig. Journalisten haben sehr feste Programme und Abläufe entwickelt, weil der Gegenstand ihrer Arbeit unvorhersehbar und komplex ist (vgl. Weichler 2003: 103). „Immer wieder wird eine andere Sau durchs Dorf getrieben, aber sie nimmt immer den gleichen Weg." (Hohlfeld/Meier/Neuberger 2002: 11) Das hilft Redakteuren, das tägliche Nachrichtenchaos zu bewältigen, steht gleichzeitig aber Veränderungen entgegen (vgl. Meier 2002 c: 91; Popp/Spachmann 2000: 142).

---

[63] Darunter werden im Allgemeinen Werte, Strukturen, Routinen, Programme und Betriebsklima einer Redaktion verstanden, die sich von Unternehmen zu Unternehmen und vor allem von Mediengattung zu Mediengattung unterscheiden (vgl. Matthes 2006: 69 f.; Killebrew 2005: 91 f.).

[64] Bei Zeitungen sind z. B. grundlegende Ressortstrukturen über 100 Jahre alt (vgl. Meier 2002 c: 91).

[65] Journalisten betrachten Kollegen anderer Mediengattungen oft abschätzig. Printjournalisten halten TV für oberflächlich, Onliner für schlechter ausgebildet. TV-Journalisten halten die Print-Kollegen für schwerfällig und langweilig (vgl. Matthes 2006: 71; Meyer 2005: 311; Gordon 2003: 66).

[66] Sie sind schwierige Mitarbeiter, die zwar sie eine hohe Motivation mitbringen, im Gegenzug aber Freiraum für ihre Selbstverwirklichung benötigen (vgl. Killebrew 2005: 87; Weichler 2003: 104 f.; Meckel 1999: 93). Sie lehnen deshalb Eingriffe von außen ab, die ihre Autonomie beschneiden, wie Zwang des Managements sich zu verändern, ihre Quellen zu teilen oder im Team zu arbeiten und Kompromisse zu schließen (vgl. Matthes 2006: 60; Meier 2002 c: 106).

3.1.5 Maßnahmen zur Überwindung von Widerständen

Die genannten Widerstände stellen ernsthafte Bedrohungen für das Innovationsprojekt und die Firma insgesamt dar – es ist also entscheidend für den Erfolg, sie mit begleitenden Maßnahmen, dem Change Management, zu überwinden oder zumindest abzumildern (vgl. Daily/Demo/Spillman 2003: 14; Keuper/Hans 2003: 229). Die geplanten Veränderungen selbst, Chancen und Risiken sowie das eigene Unternehmen mit seiner journalistischen Kultur müssen genau analysiert werden, um Problembereiche zu identifizieren und Gegenstrategien planen zu können (vgl. Killebrew 2005: 94).[67] Die Verantwortlichen dürfen deshalb während des gesamten Prozesses Kritik nicht ignorieren, sondern müssen sie wahr- und ernst nehmen, gut zuhören und den Mitarbeitern auch den Eindruck vermitteln, dass sie gehört werden (vgl. Quinn 2005 b: 219).[68] Und selbst wenn die Argumente gegen die Innovation nicht logisch oder stichhaltig sind, muss man sich mit ihnen auseinandersetzen (vgl. Hauschildt/Salomo 2007: 192).

In der Literatur, insbesondere in den Fallstudien, finden sich etliche konkrete Schritte gegen Widerstände, die auf allen Ebenen ansetzen. Allerdings muss es bei der strategischen Organisationsplanung und -umsetzung weniger darauf ankommen, Symptome zu behandeln, sondern vielmehr die Ursachen zu bekämpfen. Deshalb werden im Folgenden jene Maßnahmen wiedergegeben, die an den Motiven ansetzen, der Wissens- und Willensbarriere.[69]

Maßnahmen gegen die Wissensbarriere

In vielen Arbeiten als wichtigster Faktor genannt ist Kommunikation. Denn Informationen über Innovationen und Wandel reduzieren im Vorfeld und während des Prozesses Unsicherheit und Ängste bei den Mitarbeitern, räumen falsche Gerüchte aus und erhöhen die Akzeptanz (vgl. Quinn 2005 b: 206 ff.; Keuper/Hans 2003: 234; Lawson-Borders 2003: 94; Lehr 1999: 83).[70] Entschei-

---

[67] Für eine Betrachtung, wie Widerstände – besonders komplexe und versteckte Varianten – entdeckt werden können, vgl. etwa Doppler/Lauterburg 2008: 338 f.

[68] Institutionalisierbar ist das beispielsweise über regelmäßige Mitarbeitergespräche und anonymisierte Befragungen (vgl. Keuper/Hans 2003: 234).

[69] Andere Aspekte, die wichtig, aber für den Fokus der Arbeit nicht entscheidend sind, wie der konstruktive Umgang mit Widerständen, individualpsychologische Ebenen oder die Nutzung von Promotoren bzw. „early adopters" zur Umsetzung der Maßnahmen und der Diffusion der Innovation im Unternehmen werden aus Platzgründen hier nicht behandelt; siehe dazu bspw. Doppler/Lauterburg 2008: 340 ff., 435 ff.; Hauschildt/Salomo 2007: 212 ff.; Killebrew 2005: 94, 128; Lin 2004.

[70] Etliche Autoren betonen, es bedürfe bei Crossmedia einer regelrechten Aufmerksamkeits-Kampagne im Unternehmen, die nicht einfach Informationen zur Verfügung stellt, sondern zum Ziel hat, das Wissen jedem Mitarbeiter so zu vermitteln, dass er versteht, warum die Veränderungen

dend für Konvergenz sei weder Technik noch Geld, sondern ein Umdenken der Journalisten; dass sie begreifen, nicht im Zeitungsdruckgeschäft zu sein, sondern im Informationsgeschäft (vgl. Haagerup 2006). Und das Management sollte Konvergenz vorleben, Worte und Taten übereinstimmen lassen (vgl. Garcia Aviles et al. 2008: 12; Quinn 2007: 28; 2005 b: 24). Doch nicht nur die Kommunikation mit der Führung, auch jene zwischen den Mitarbeitern verschiedener Medien sollte bewusst gefördert werden (vgl. Silcock/Keith 2006: 621; Lehr 1999: 83). Das hilft, Wissenslücken zu schließen und birgt auch erhebliches Potential zur Lösung anderer Widerstände, z. B. die Möglichkeit, Know-how auszutauschen gegen die Barriere des Nicht-Könnens oder gegenseitiges Verständnis zu fördern gegen Stereotype auf der Ebene des Nicht-Wollens.[71] Bei aller Bedeutung von Kommunikation mahnt Haagerup schließlich aber auch an: Es darf nicht dazu führen, dass jahrelang nur geredet wird, sondern es muss parallel auch umgesetzt werden („Just do it!"; Haagerup 2006).

Gegen das Motiv des Nicht-Glaubens hilft nur Vertrauen. Das ist durch kurzfristige Maßnahmen kaum herzustellen. Möglich sind Beteuerungen, evtl. auch eine schriftliche Fixierung, um Misstrauen zu zerstreuen. Letztlich muss sich das Management aber durch ehrliche Informationspolitik, gelebte Werte und loyales Verhalten über längere Zeit Vertrauen verdienen (vgl. Matthes 2006: 64; Killebrew 2005: 133 f.).

Deutlich einfacher und schneller ist hingegen das Problem des Nicht-Könnens, also fehlender Fähigkeiten der Mitarbeiter, zu lösen – über intensive Aus- und Fortbildung in einem lernfreundlichen Betriebsklima (vgl. Quinn 2007: 28 f.; 2005 b: 24; Dupagne/Garrison 2006; Matthes 2006: 73 f.; Singer 2004). Das ist aber in der Praxis häufig aus finanziellen Erwägungen nicht die Regel (vgl. etwa Stevens 2002 b).

Maßnahmen gegen die Willensbarriere

Die Willensbarriere ist am schwersten abzubauen, weil sie nicht durch Erklärungen oder Beteuerungen zu lösen ist (vgl. Doppler/Lauterburg 2008: 337). Hier werden im Wesentlichen vier verschiedene Ansätze vorgeschlagen:
- Partizipation: Die Mitarbeiter werden in die Planung und Gestaltung des Wandlungsprozesses einbezogen und so vom Problem zum Teil der Lö-

---

notwendig sind und was sie auch für Vorteile mit sich bringen (vgl. Haagerup 2006; Silcock/Keith 2006: 622; Quinn 2005 b: 202; Brüggemann 2002: 133; Daniels/Hollifield 2002: 662; Gentry 1999).

[71] Zur Umsetzung werden teils auch professionelle Vermittler zwischen den Redaktionen (Multimedia-Manager) oder institutionalisierte Schnittstellen (Multimedia-Desks) empfohlen, die Kooperation koordinieren und fördern (vgl. Matthes 2006: 67 f.; Singer 2004: 14 f.).

sung gemacht. Dadurch werden vor allem die unbewussten Motive entkräftet, insbesondere das NIH-Syndrom (vgl. Matthes 2006: 64; Daniels/ Hollifield 2002: 662).

- Kooperation: Immer wenn im Konvergenzprozess journalistische Kulturen aufeinanderprallen, die als unvereinbar wahrgenommen werden, kann praktische Kooperation der Redakteure verschiedener Medien helfen. Bei einer engen Zusammenarbeit werden Stereotype abgebaut, Gemeinsamkeiten betont und Unterschiede in den Hintergrund gedrängt (vgl. Quinn 2007: 28; Singer 2004: 10; Meier 2002 c: 107).[72]

- Verringerung der Nachteile: Eine große Rolle bei Widerständen spielen machtpolitische und persönliche Nachteile. Lösungen können darin liegen, diese zu verringern (etwa durch Änderungen am Konzept), aber auch als Ausgleich neue Vorteile zu schaffen. Gratifikationsmodelle werden hier eingesetzt, die Mitarbeit an Konvergenz belohnen – finanziell, hierarchisch über Beförderungen oder auch ideell, indem Engagement offen gelobt wird (vgl. Haagerup 2006; Matthes 2006: 64; Quinn 2005 b: 215; Lawson-Borders 2003: 95; Weichler 2003: 124). Eine finanzielle Kompensation für Crossmedia finden Mitarbeiter wichtig, in der Praxis erfolgt sie aber selten (vgl. Singer 2004: 12; Huang et al. 2003: 183; Healy 2002; Stevens 2002 b).

- Ausüben von Macht: Ein in der Konvergenzliteratur praktisch nicht erwähntes, aber nach allen Erfahrungen der Betriebswirtschaftslehre sicher häufig eingesetztes Mittel zur Überwindung der Willensbarriere ist die Ausübung von Macht (vgl. Hauschildt/Salomo 2007: 44). Hierarchischer Druck verstärkt natürlich das Gefühl des Zwanges bei den Mitarbeitern mit Folgen für ihre Motivation, kann mit seinen Sanktionsmöglichkeiten jedoch äußerst schnell sichtbare Ergebnisse produzieren.

Ungewissheit der Wirkung

Umstritten ist in der wissenschaftlichen Debatte, inwieweit Maßnahmen des Managements tatsächlich helfen, Widerstände zu überwinden. Daniels/Hollifield bspw. kommen in einer Fallstudie zum Ergebnis, dass Lösungsstrategien, die den hier vorgestellten glichen, kaum Wirkung zeigten: „[...] from the standpoint of media managers, organizational change is a losing proposition." (Daniels/ Hollifield 2002: 675) Es ist offenkundig weitere Forschung notwendig. Mut machen kann, dass die meisten Journalisten zwar Vorbehalte gegen die derzeitige Praxis,

---

[72] Hilfreich bei der Realisierung sind geeignete, gemeinsame Räumlichkeiten, um Kooperation und Begegnung zu vereinfachen (vgl. Quinn 2007: 28).

kaum aber gegen die Idee von Konvergenz äußern (vgl. Singer 2004: 17). Und selbst Daniels/Hollifield (vgl. 2002: 676) beschreiben, dass die negativen Einstellungen der Mitarbeiter zu den Veränderungen selbst schnell weichen – allerdings bleiben sie bezogen auf Jobzufriedenheit und Management lange erhalten.

3.2 Redaktionelle Strategien

3.2.1 Zum Strategiebegriff

Im klassischen Verständnis[73] werden Strategien definiert als „ein geplantes Maßnahmenbündel der Unternehmung zur Erreichung ihrer langfristigen Ziele"[74] (Welge/Al-Laham 2008: 16). Für den Erfolg der Firma sind sie insbesondere in Zeiten des Wandels unerlässlich (vgl. Garcia Aviles et al. 2008: 12; Daniels/ Hollifield 2002: 661). Wichtig ist zudem, dass sie kontinuierlich betrieben werden: „Finden Innovationen erst dann statt, wenn Ressortleiter nach jahrzehntelanger Arbeit in den Ruhestand gehen, kann dies in den Augen der Leser zu spät sein." (Mast 1997: 19) Strategien sollten dafür institutionalisiert und evtl. schriftlich fixiert werden. Das heißt aber nicht, dass sie für alle Zeiten festgelegt sind, sondern sie müssen situationsgerecht angepasst werden.[75]

Generell sind Medienhäuser sehr gut durch strategisches Management auszurichten. Abgesehen von einigen wenigen äußeren Konstanten (institutionelle, ökonomische oder gesellschaftliche) sind die meisten Bestandteile des Betriebs änderbar, auch die wichtigen Aspekte Redaktionsorganisation und publizistische Konzepte (vgl. Meier 2004: 96; Spachmann 2003: 215).

Der wünschenswerte Fall, dass Unternehmen prophylaktisch, also planend agieren, ist in dieser Branche jedoch nach wie vor die Ausnahme. Sie handeln meist reaktiv, wenn Veränderungen stattgefunden haben – im Fall des Internet so spät, dass sich dort bereits mächtige Marktführer gebildet hatten (vgl. Boczkowski 2004 a: 173; Altmeppen 2000 a: 43). Mögliche Erklärungen sind die schlechte Planbarkeit und große Unsicherheit von Ereignissen in der Medienbranche sowie die hohen Risiken, die dort mit unternehmerischen Entscheidungen verbunden sind (vgl. Altmeppen 2000 a: 43; vgl. Maier 2000: 66).

---

[73] Für eine Betrachtung der Entwicklung des Begriffs und Diskussion des klassischen Strategieverständnisses in Abgrenzung zu neueren Ansätzen vgl. Welge/Al-Laham 2008: 15 ff.
[74] Original mit gefettetem Satz, der hier aus Formatierungsgründen nicht erhalten wurde.
[75] Zum Beispiel kann wie beim Vorgehen „back to basics" (de Aquino et al. 2002: 4) eine vormals auf Diversifikation angelegte Strategie nach Fehlschlägen abgeändert werden auf das Ziel der Rückbesinnung auf das Kerngeschäft.

Gewarnt werden muss vor einer zu einseitigen Betrachtung (vgl. hierzu und zum Folgenden Schneider 2007: 1). In den 1980er Jahren ging man noch davon aus, dass Strategien immer positive Auswirkungen haben, allein schon durch ihre Formulierung. Heute weiß man aber, dass sie oftmals nicht erfolgreich sind, sogar negativ wirken können – weil entweder eine falsche gewählt oder aber eine richtige schlecht umgesetzt wurde (Implementierungslücke). Besonders der zweite Grund wiegt schwer, da es bislang an Instrumenten zur Umsetzung von Strategien in der Medienbranche fehlt bzw. diese zurzeit für jeden Einzelfall entwickelt werden müssen.

Die Implementierungslücke zeigt, wie wichtig das Zusammenspiel von Unternehmensstrategie und -struktur ist. Doch gibt es dazu konträre Thesen:

- „Structure follows Strategy", der Leitsatz von Alfred D. Chandler, wonach zunächst Strategien entwickelt und daran die Strukturen ausgerichtet werden müssen (vgl. Meier 2002 c: 108; 2004: 95).
- Strategie folgt Struktur, der Umkehrschluss (vgl. Schneider 2007: 59).
- Je nach Fall bestimmt die Strategie die Struktur oder anders herum (vgl. Maier 2000: 89).
- Strategie und Struktur bedingen sich gegenseitig in einem Kreislauf (rekursive Konstitution), da Strategien auf Grundlage von Strukturen entworfen werden, ihrerseits aber die Strukturen verändern (vgl. Altmeppen 2000 a: 41).

Bislang konnte sich keine Sichtweise abschließend durchsetzen. Doch bei einer grundlegenden Neuausrichtung eines Geschäftsbereichs, wie im Fall von Crossmedia / Videoproduktion von Zeitungen, ist zumindest davon auszugehen, dass die Struktur auf Grundlage der Strategie maßgeblich verändert wird (vgl. Maier 2000: 89). Auch deshalb sind beide Aspekte ausführlich zu diskutieren.

3.2.2 Ziele der Strategien von Medienunternehmen

In Medienunternehmen existieren grundsätzlich zwei Zielgrößen: Marktperformance und journalistische Qualität (vgl. Stark/Kraus 2008: 307; Meckel 1999: 22). Strategien müssen folglich immer gleichzeitig betriebswirtschaftliche Effizienz ebenso wie publizistische Effektivität anstreben (vgl. Weichler 2003: 128). Beide sind miteinander verbunden und beeinflussen sich gegenseitig, stellen aber häufig auch Gegensätze dar (vgl. Meckel 1999: 22). Deshalb wird im Zuge von Crossmedia und Konvergenz von einem Geschäfts- und einem Journalismusmodell gesprochen, die sich gegenüberstehen (vgl. Garcia Aviles et al. 2008: 4; Quinn 2007: 19; 2005 b: 17). Beim ersten erhoffen sich viele Manager Synergie-Effekte und eine höhere Produktivität durch den Einsatz flexibler Multimedia-

Journalisten (vgl. Saltzis/Dickinson 2008: 221; Quinn 2007: 20).[76] Beim zweiten hingegen wird die Chance auf einen besseren Journalismus gesehen durch Multimedia-Storytelling (siehe Kapitel 2.4 und 3.1).

Die besondere Herausforderung von Strategien in der Medienbranche liegt also darin, die beiden Modelle in Einklang zu bringen, respektive zu optimieren – was sicher nicht einfach, aber möglich und für die Zukunft des Journalismus entscheidend ist (vgl. Quinn 2005 a: 30; 2005 b: 18; Keuper/Hans 2003: 67). Gleichzeitig müssen Strategien, besonders im Fall von Crossmedia und Videoproduktion, noch einen weiteren wichtigen Aspekt berücksichtigen: Sie müssen so gut wie möglich die in Kapitel 3.1 beschriebenen Probleme vermeiden und gleichzeitig die Chancen nutzen. Denn besonders durch Synergien haben etablierte Unternehmen erhebliche Vorteile gegenüber neuen Anbietern (vgl. Quandt 2005: 416; Brüggemann 2002: 36).

3.2.3 Crossmedia als Diversifikations- und Wachstumsstrategie

Crossmedia-Strategien sind „[...] *Diversifikationsentscheidungen* von Medienunternehmen, die als Zielbranche *andere Medienteilmärkte* fokussieren [...]"[77] (Sjurts 2002: 3 f.). Aus den Erfahrungen bei der Einführung des Privatfernsehens und des Internet lässt sich schließen, dass sie offenbar für ein typisches Reaktionsschema etablierter Verlage beim Aufkommen neuer Medien stehen (vgl. Sjurts 2002: 13):

- Zunächst reagieren sie mit einer unverwandt horizontal intermediären Diversifikation, also dem Eintritt in die neu entstandenen Konkurrenzmärkte als Anbieter, um sie durch „ökonomische Inbesitznahme zu ‚bändigen'" (Neuberger 2002 b: 113).
- Nach einer Konsolidierungsphase folgt dann eine unverwandte intermediär vertikal rückwärts gerichtete Diversifikation, also das Auftreten als Produzenten von Inhalten für die neue Branche, beispielsweise durch Syndication[78].

An ihrer Eigenschaft als Diversifikationsstrategie wird schon deutlich, dass crossmediale Engagements nicht auf Reduzierung von Kosten, sondern auf Wachstum ausgelegt sind (vgl. Matthes 2006: 49; Quinn 2005 b: 16). Zwar generieren sie ökonomische Vorteile durch höhere Produktivität und Synergie-Effekte, doch gleichen sie die erheblichen Mehrkosten der neuen Geschäftsberei-

---

[76] Heftige Kritik daran kommt von Arbeitnehmervertretern, die eine Ausbeutung der Journalisten befürchten (vgl. Deuze 2003: 213).
[77] Kursiver Satz im Original vorhanden.
[78] „Content Syndication" ist der An- und Verkauf von medialen Inhalten (vgl. Meier 2002 b: 198 ff.).

che für Personal und Technik nicht aus (vgl. Quinn 2007: 25; 2005 b: 16 ff.; Matthes 2006: 50). Bezogen auf die Videoproduktion von Tageszeitungen ist die Funktion als Wachstumsstrategie sogar noch deutlicher zu erkennen, da es hier nicht – wie beispielsweise im gängigen US-Modell – um die Fusion bestehender Redaktionen geht, sondern der Bereich Bewegtbild in Ergänzung zur bisherigen Struktur vollständig neu aufgebaut wird.

3.2.4 Ebenen von Crossmedia-Strategien

Höchst unterschiedliche Crossmedia-Strategien können je nach Unternehmen zum Erfolg führen, da individuelle Faktoren und lokale Dynamiken die Auswirkungen bestimmter Maßnahmen stark beeinflussen (vgl. Saltzis/Dickinson 2008: 219; Meyer 2005: 154). Folglich gibt es kein Patentrezept für alle Medienhäuser, sondern jede Redaktion muss ihren eigenen Weg finden (vgl. Meier 2002 c: 108). Dazu müssen verschiedene Strategiekonzepte auf unterschiedlichen Ebenen zu einem schlüssigen Gesamtkonzept zusammengefügt werden. Sie werden im Folgenden vor dem Hintergrund der Videoproduktion bei regionalen Tageszeitungen diskutiert.

Am Beginn der Überlegungen steht die Frage, ob die crossmedialen Aktivitäten überhaupt als eigenständiges, strategisch ausgerichtetes Angebot eingesetzt werden sollen oder lediglich instrumentell zur Bewerbung des Printprodukts.[79] Eng damit zusammen hängt die Entscheidung, ob die Strategie defensiv oder offensiv ausgelegt sein soll, also der Verteidigung der alten Marke oder dem Start neuer Projekte dient (vgl. Brüggemann 2002: 37). Je nach Wahl stehen die rückwärts gewandten Motive und Chancen oder die vorwärts gerichteten im Fokus (siehe Kapitel 3.1). Beide vorgenannten Entscheidungen haben zudem erhebliche Implikationen für die Frage, ob eine Imitationsstrategie verfolgt, also so lange abgewartet werden soll, bis andere den Weg geebnet haben, oder ob innovativ agiert werden soll (vgl. auch de Aquino et al. 2002: 4). Letzteres birgt zwar potentielle Wettbewerbsvorteile, erzeugt aber gleichzeitig auch höhere Kosten und Risiken.[80] Nach diesen allgemeinen Überlegungen müssen Strategien auch auf den konkreten Ebenen Angebot und Produktion entwickelt werden.

---

[79] Im Fall des Online-Journalismus bspw. war diese zweite Variante direkt nach dem Start die bevorzugte Strategie von Printmedien, bis sie sich ab Ende der 1990er Jahre dann zunehmend in Richtung strategischer Ausrichtung orientierten (vgl. Meyer 2005: 158 f.; Fantapié Altobelli 2002: 10).
[80] Für eine Diskussion der Vor- und Nachteile von Innovation/Imitation vgl. Kotler/Keller/Bliemel 2007: 1128.

Ebene des Angebots

Für die Betrachtung der Angebotsseite bietet die Betriebswirtschaftlehre zwei unterschiedliche Sichtweisen (vgl. Meffert/Burmann/Kirchgeorg 2008: 5 f.; Brüggemann 2002: 38 f.):
- Marktorientierter Ansatz: Konkurrenz und Kunden werden analysiert, um sich nach Bedürfnissen und Wettbewerbsvorteilen auszurichten.
- Ressourcenbasierter Ansatz: Die Stärken des eigenen Unternehmens werden betrachtet, um neue Angebote danach zu entwerfen. Durch seine Fokussierung auf Vorhandenes betont er stärker Synergiepotentiale.

Im Fall eines marktorientierten Vorgehens werden zudem in der Regel die Wettbewerbsstrategien nach Porter (vgl. 2000: 37) herangezogen:
- Kostenführerschaft: Produkte zum günstigsten Preis anbieten
- Differenzierung: Produkte mit einmaligen Qualitäten anbieten
- Konzentration auf Schwerpunkte: Produkte für ein spezielles Marktsegment anbieten, dort wiederum unterteilt in Kostenführerschaft und Differenzierung

Allerdings entfällt im Internet und damit auch bei der Web-Videoproduktion die Option der Kostenführerschaft, da alles bereits gratis verfügbar ist (vgl. Brüggemann 2002: 38 f.). Es bleiben folglich einzig die Differenzierungsstrategien, also bestimmte Qualitäten für den Gesamtmarkt oder bestimmte Segmente anzubieten, die so bei niemand anderem erhältlich sind.

Ebene der Produktion

Grundsätzlich sollen bei Crossmedia mindestens zwei Redaktionen miteinander verbunden werden, entweder indem eine speziell für den Konvergenzprozess neu gegründet wird oder durch die Zusammenarbeit bereits bestehender. Dabei ist zu klären, wie die Verbindung gestaltet sein soll. Da eine reine Mehrfachverwertung bei der Videoproduktion von Zeitungen nicht möglich ist, bleiben folgende Optionen (vgl. auch Meyer 2005: 162 ff.; Spachmann 2003: 222 ff.; Neuberger 2002 b: 114 f.):
- Autonomie: Die Redaktionen arbeiten vollkommen unabhängig voneinander. Theoretisch entstehen so wenig Widerstände, weil die Produktion nicht verschmolzen werden muss, aber auch wenig Synergien.
- Komplementarität: Die Redaktionen kooperieren – was Synergien ermöglicht, aber auch Widerstände hervorrufen kann.
- Integration: Die Redaktionen werden verschmolzen, was theoretisch die heftigsten Widerstände auslöst, jedoch maximale Synergien verspricht

Unabhängig davon ist bei einer Entscheidung für Komplementarität oder Integration zu beschließen, wie viel Druck zur Mitarbeit auf die Beschäftigten ausgeübt werden soll. Nach Killebrew (vgl. 2005: 108 ff.) ergeben sich die Möglichkeiten:

- Zwang: Alle müssen teilnehmen, was mutmaßlich eine hohe Innovationsgeschwindigkeit, aber auch eine Verstärkung der Widerstände provoziert.
- Evolution: Konvergenz wird als verbindliches Fernziel genannt, die Teilnahme ist zunächst freiwillig, was deutlich mehr Zeit erfordert, theoretisch jedoch Widerstände abmildert.[81]
- Balance: Die Einführung der Innovation wird in mehrere Schritte zerlegt, die überschaubare, aber erzwungene Veränderungen mit sich bringen und von Phasen der Routinisierung/Entspannung unterbrochen werden. Die Auswirkungen dieses Modells sind mutmaßlich zwischen den anderen anzusiedeln.

Die Kunst besteht nun darin, mit Entscheidungen auf den diskutierten Ebenen eine konsistente und für das Unternehmen und seine Situation möglichst optimale Gesamtstrategie zu erstellen. Bei aller Bedeutung sind die richtigen Grundsätze dabei nicht das einzig Wichtige. Denn verschiedene Strategien können dasselbe Ziel formulieren. Doch je nach gewähltem Weg dorthin variieren Anzahl und Art der Probleme und Chancen (vgl. Killebrew 2005: 108 ff.). Es kommt folglich nicht nur auf das Ziel an, sondern auch auf die Umsetzung und damit auch auf die Organisationsstrukturen.

3.3 Redaktionelle Organisation crossmedialer Aktivitäten

Entgegen der Ansicht vieler Redakteure und der frühen US-Forschung der 1970er Jahre ist Journalismus nicht von individuellen Entscheidungen geprägt, sondern – so zeigt es die neuere Forschung – von Organisation und Routinen. Mitarbeiter können weniger als Individuen, sondern vielmehr durch Status und Rolle im System beschrieben werden (vgl. Meckel 1999: 60 ff).

Organisation wird in dieser Arbeit im Wesentlichen funktional begriffen als Management zur Neuorganisation der Videoproduktion respektive Reorganisation der gesamten Redaktionsstrukturen.[82] In diesem Sinn ist es ein „Hilfsmittel zur Erreichung unternehmerischer Zielsetzungen" (Schulte-Hillen 1994: 80; vgl.

---

[81] Der Erfolg einer letztlich vollständigen Durchdringung des Unternehmens mit der Innovation ist aber davon abhängig, dass die Freiwilligen positive Erfahrungen machen (vgl. Singer 2004: 11 ff.).
[82] Selbst wenn eine Autonomie der Videoproduktion angestrebt wird, ist sie nie isoliert zu betrachten, sondern hat immer auch Folgen für die anderen Redaktionen (vgl. Boczkowski 2004 a: 178).

auch Brüggemann 2002: 48). Die Strategie muss in konkrete Handlungsanwei-
sungen übersetzt und Abläufe, Aufbau und Ressourcen müssen festgelegt bzw.
verteilt werden (vgl. Schneider 2007: 58; Maier 2000: 89). Besonders in Zeiten
des Wandels ist es dabei wichtig, klare und straffe Strukturen zu schaffen, um
Unsicherheiten bei den Mitarbeitern zu vermeiden, die durch Crossmedia noch
komplexer gewordene journalistische Arbeit zu ermöglichen und steuerbar zu
halten (vgl. Meier 2002 c: 107; Müller-Kalthoff 2002: 25; Meckel 1999: 60).
    Da verschiedene Strategien zu sehr unterschiedlichen Organisationsmodellen
führen können (siehe Kapitel 3.2), wird hier nicht ein einzelnes System hergeleitet. Stattdessen werden basierend auf der betriebswirtschaftlichen Lehre und
Erkenntnissen zum Redaktionsmanagement die vorhandenen Alternativen mit
ihren Vor- und Nachteilen vorgestellt.
    Eine gute Umsetzung der Unternehmensziele hängt dabei kaum ab von Tech-
nologie, Standort oder Geld (vgl. de Aquino 2002: 2). Aus mehr finanziellen
Mitteln entsteht nicht unbedingt mehr journalistische Qualität (abnehmender
Grenznutzen; vgl. Ruß-Mohl 1994: 23). Vielmehr kommt es auf gute Ideen und
Konzepte an.[83] Die Güte von Organisation misst sich deshalb an seiner Effektivi-
tät, das gewählte Ziel zu erreichen, und an seiner Effizienz (vgl. Schulte-
Zurhausen 2005: 5).

3.3.1 Einkauf von Leistungen

„Make or buy" – mit dieser knappen Formel bringt man im angelsächsischen
Raum eine zentrale organisatorische Fragestellung auf den Punkt: Welche Aktivitäten der Wertschöpfungskette sollen bzw. können im Unternehmen selbst
gemacht werden und welche sollen bzw. müssen eingekauft werden (vgl. Maier
2000: 84)? Grundsätzlich kann praktisch jeder Schritt ausgegliedert werden.
Allerdings sind die Auswirkungen auf die interne Organisation, die Herstellungs-
und Koordinationskosten sowie auf die Machtverhältnisse in Beschaffungs- und
Absatzmärkten nicht zu unterschätzen (vgl. Altmeppen 2000 a: 52; Maier 2000:
85). In der Praxis eingesetzt werden für Crossmedia verschiedenste Modelle
zwischen vollständig interner Produktion und weitreichender Auslagerung[84]
(vgl. Schmid 2008: 18; Maier 2000: 85).
    Vorteile des Einkaufs sind hohe Flexibilität, gute Kostenkontrolle und höhere
Video-Kompetenzen der externen Produzenten im Verhältnis zur Zeitung, was

---

[83] Natürlich sind Machbarkeit und Bezahlbarkeit im Anschluss wichtige Fragen, die jedoch nur Dauer
oder Umfang des Projekts bestimmen, nicht seine generelle Richtung (vgl. de Aquino 2002: 2).
[84] Schmid (vgl. 2008: 18) beschreibt ein Modell, in dem die Zeitungsredaktion nur die Themen
festlegt, die Videoproduktion dann ausschließlich von TV-Sendern/Produktionsfirmen erledigt wird.

letztlich zu einem höheren professionellen Standard führen kann (vgl. Schmid 2008: 18; Altmeppen 2000 a: 52; Maier 2000: 85). Dem stehen jedoch folgende Nachteile gegenüber: aufwändigere Schnittstellen (lange Wege, komplizierte Absprachen), schlechtere Einfluss- und Kontrollmöglichkeiten, Verlust von Synergiepotentialen (z. B. der Sachkompetenzen der Zeitungsredakteure), evtl. eine geringere Ausrichtung auf Online-Bedürfnisse (Produktion nach TV-Standard) sowie eine potentiell geringere Identifikation der Zeitungsjournalisten mit den Videos (vgl. Schmid 2008: 18; Altmeppen 2000 a: 52). Intern produziert werden sollte deshalb immer dann, wenn die Leistungen oft gebraucht werden, eine hohe Spezifität und große strategische Bedeutung haben, was in der Regel etwa auf die Produktion aktueller Nachrichten zutrifft (vgl. Altmeppen 2000 a: 52; Maier 2000: 85).

3.3.2 Ablauforganisation

Für die weitere Betrachtung wird auf eine übliche Differenzierung der betriebs-wirtschaftlichen Managementlehre in Deutschland zurückgegriffen (vgl. dazu auch Schneider 2007: 59; Meier 2004: 97):
- Ablauforganisation (horizontaler Aufbau)
- Aufbauorganisation (vertikaler Aufbau)

Beide betrachten dasselbe Objekt, die Organisationsstruktur. Es handelt sich lediglich um zwei verschiedene Sichtweisen, eine analytische Unterscheidung. Die Ablauforganisation definiert, wann wer was macht (vgl. Weichler 2003: 128). Sie ist in Medienunternehmen möglichst genau festzulegen. Weil nur dann, wenn alle Schritte koordiniert sind, letztlich ein einheitliches Produkt entsteht, dem der Rezipient nicht anmerkt, dass es von vielen unterschiedlichen Menschen erstellt wurde (vgl. Meckel 1999: 68).

Wertschöpfungskette, Multimedialität, Themenvielfalt

Die Schritte des Herstellungsprozesses werden, wie in Kapitel 3.1 bereits be-schrieben, in Form einer Wertschöpfungskette abgebildet. Schneider (vgl. 2007) entwirft sie für Medienunternehmen mit den Stufen Inhaltsgenerierung, -konfektionierung, Distribution, B2C- und B2B-Marketing. Nun ergeben sich bei Konvergenz allerdings mehrere, für die meisten Tageszeitungen mit Web-TV also mindestens drei parallele Ketten für Zeitung, Online und Video. Die Tätig-keiten innerhalb der verschiedenen Stufen gleichen oder ähneln sich teils, können sich aber auch deutlich unterscheiden.[85] Zudem wird der Produktionszyklus nicht nur für ein Thema, sondern für viele verschiedene Themen unterschiedlicher Ressorts durchlaufen. Es entsteht eine Konstruktion mit drei Dimensionen (siehe Abbildung 8).

Abbildung 8: Wertschöpfungskette, eigene Darstellung auf Basis von Schneider (vgl. 2007: 63)

Horizontale Differenzierung

Nun ist es natürlich möglich, dass *ein* Mitarbeiter *alle* diese Prozesse ausführt, also in allen Themengebieten für alle Medien alle Arbeitsschritte (oder zumindest jene der journalistischen Ebenen Inhaltsgenerierung und -konfektionierung). Das Ergebnis ist eine vollständige horizontale Zentralisierung mit dem Vorteil der Vermeidung jeglicher Schnittstellen respektive Koordinationsprobleme (vgl. Schneider 2007: 60; Schulte-Zurhausen 2005: 225 ff.). Da die moderne Gesellschaft und der mediale Produktionsprozess aber äußerst komplex sind, differenzieren sich Medien meist horizontal aus, was zu Spezialisierungsvorteilen führt, da ein Spezialist eine Tätigkeit theoretisch besser ausführen kann als ein Generalist (vgl. Schneider 2007: 60; Brüggemann 2002: 49; Meckel 1999: 69). Die Differenzierung kann dabei auf allen drei Ebenen erfolgen, also prozeduraler, thematischer und medialer. Die Herausforderung liegt darin, das Gleichgewicht zu finden zwischen zu viel Aufteilung mit gravierenden Koordinationsproblemen auf der einen Seite und zu viel Zentralisierung mit einer nicht ausreichenden Spezialisierung auf der anderen (vgl. Schneider 2007: 60; Meckel 1999: 69).

---

[85] So werden etwa nachrichtliche Informationen, wenn auch in unterschiedlicher Menge, für alle drei Medien benötigt, Bewegtbilder aber nur für die Videoproduktion.

In deutschen Print-Redaktionen ist trotz zunehmender Veränderungen nach wie vor eine prozedurale Integration üblich (ein Redakteur betreut ein Thema von der Vorrecherche bis zur Endproduktion), in den USA hingegen ist Differenzierung weit verbreitet (Trennung von Reporter, Editor, Layouter) (vgl. Meier 2004: 103; Meckel 1999: 70). Auf thematischer Ebene ist in beiden Ländern ein dezentralisiertes System die Regel, die Teilung in Ressorts und innerhalb dieser ggf. weiter in Spezialgebiete (vgl. Meckel 1999: 73).[86] Allerdings gibt es hier in jüngerer Zeit einen Gegentrend steigender Zentralisierung, weil strikte Ressortgrenzen durch die Schnittstellenproblematik die Behandlung komplexer Themen (z. B. Globalisierung) erschweren, zu Dubletten oder anders herum auch dem Vergessen eines Themas führen können (vgl. Meier 2004: 103; Meier 2002 c: 95; Meckel 1999: 73).[87]

Vollständige horizontale Zentralisierung: Video- und Multimediajournalisten

Zwei Modelle extremer horizontaler Zentralisierung haben in den vergangenen Jahren für heftige Diskussionen gesorgt. Zunächst der Videojournalist (VJ), der für das Fernsehen alle Produktionsschritte und häufig auch verschiedenste Themenbereiche bearbeitet (prozedurale und thematische Zentralisierung; vgl. auch Meckel 1999: 74). Noch einen Schritt weiter geht der Multimedia- bzw. Backpack-Journalist. Abfällig auch „Inspector Gadget", „Platypus" oder „eierlegende Wollmilchsau"[88] genannt, soll er in seiner ausgeprägtesten Form in allen Themenbereichen alle Produktionsschritte für alle Medien umsetzen (thematische, prozedurale und mediale Zentralisierung, vgl. Daily/Demo/Spillman 2003: 11; Meier 2002 b: 201). Aus technischer Sicht steht diesen Typen von Journalisten nichts im Weg, da das Equipment einfacher zu bedienen, kleiner, leichter und günstiger geworden ist (vgl. Streich 2008: 8 f.; Quinn 2007: 22; Matthes 2006:

---

[86] „Allgemein gilt: Je größer eine Redaktion ist, desto schärfer sind die Journalisten fachlich spezialisiert [...]." (Meier 2004: 97)

[87] Deshalb werden zunehmend Ressorts zusammengelegt, per Rotation Redakteure zum besseren Verständnis getauscht, Projektteams aus Mitarbeitern verschiedener Themengebiete zusammengestellt oder Newsdesks eingerichtet (vgl. Meier 2006: 204; 2004: 103; 2002 c: 98 f.; Meckel 1999: 73).

[88] Alle drei sind Wesen, die über ungewöhnlich multiple Eigenschaften oder Fähigkeiten verfügen, die jedoch nicht zu ihrem Vorteil gerieren. „Inspector Gadget", eine Zeichentrickfigur, die „einen unbeholfenen, geistesabwesenden und weltvergessenen Polizeiinspektor" darstellt, „mit verschiedenen in seinen Körper eingebauten Geräten, sogenannten Gadgets" (vgl. Wikipedia 2009). „Platypus" ist die englische Bezeichnung des Schnabeltiers, ein Säugetier, das jedoch Eier legt und wohl als tollpatschig aussehend beschrieben werden kann. „Eierlegende Wollmilchsau" ist eine umgangssprachliche Metapher für Objekte oder Wesen, die unrealistisch viele Eigenschaften in sich vereinen sollen, symbolisiert durch die Kombination der Vorteile der Nutztiere Kuh, Schaf, Huhn und Schwein.

76; Gordon 2003: 69). Sie kommen weltweit zum Einsatz, z. B. bei New York 1, der BBC oder öffentlich-rechtlichen Sendern in Deutschland, bleiben jedoch insgesamt gesehen deutlich in der Minderheit (vgl. Sehl 2008: 177; Quinn 2007: 22; Matthes 2006: 76).

In etlichen Aufsätzen und Studien sind Video- und Multimediajournalisten bereits untersucht worden. Die zahlreichen darin genannten Argumente pro und contra lassen sich jedoch erwartungsgemäß in das bereits bekannte Schema einordnen: Die extreme Zentralisierung führt im Wesentlichen zu ausgeprägten Vorteilen einer Produktion ohne Schnittstellen, im Detail:

- Lückenlose Planung: Umsetzung und Kontrolle aller Schritte durch einen einzigen Journalisten (vgl. Saltzis/Dickinson 2008: 222).
- Höhere Authentizität/persönlichere Berichte, da Informationsverluste an Schnittstellen entfallen (vgl. Tossuti 2008: 263; Mischel 2004: 95).
- Synergien, da Informationen nur einmal erfasst werden müssen, aber für verschiedene Medien abgerufen werden können (vgl. Matthes 2006: 80).
- In Abgrenzung zu einem mehrköpfigen Kamerateam ist der allein arbeitende Video-/Multimediajournalist zudem flexibler (z. B. durch weniger Gepäck) und verursacht geringere Kosten bei Reisen oder Fehlschlägen (vgl. Quinn 2007: 23; Mischel 2004: 95; de Aquino et al. 2002: 8 f.).[89]

Die Nachteile gehen vor allem auf eine geringere Spezialisierung zurück:

- Die spezifischen Fähigkeiten in einem Medium nehmen zugunsten von generellen in allen ab (vgl. Saltzis/Dickinson 2008: 222).
- Generalisten sind als Einzelkämpfer in bestimmten Situationen eingeschränkt[90] und benötigen mehr Zeit als mehrere Spezialisten.
- In der Folge leidet die Qualität – besonders unter Zeitdruck (vgl. Saltzis/ Dickinson 2008: 221 f.; Quinn 2007: 23; Mischel 2004: 98).

Hinzu kommt Kritik an der derzeitigen Praxis: Den meisten Journalisten fehlen die nötigen Kenntnisse und Fähigkeiten, doch Fortbildungen sind die Ausnahme (vgl. Quinn 2007: 22). Zudem droht eine Überlastung der so eingesetzten Mitarbeiter, weil teils die Produktionsmenge eines Teams nun von einer einzigen Person erledigt werden soll (vgl. Matthes 2006: 80; Mischel 2004: 95).

Ob nun Vor- oder Nachteile überwiegen, darüber wird seit Jahren so heftig gestritten, wie um kaum einen anderen Punkt bei Crossmedia (vgl. etwa Quinn 2007: 22; Matthes 2006: 77 f.).[91] Die Kritiker argumentieren, dass Journalisten

---

[89] Ob durch diese Journalistentypen auch generell Produktionskosten gespart werden können, ist hingegen fraglich, da sie zwar pro Stunde günstiger sind als ein Team, für die gleichen Tätigkeiten aber mehr Zeit benötigen (vgl. Mischel 2004: 97).

[90] Z. B. müssen sie im Interview auf Technik und Inhalt achten (vgl. Saltzis/ Dickinson 2008: 222).

[91] Es kommt sogar zu erbitterten Redeuellen auf Konferenzen und in Fachzeitschriften. Exemplarisch ist der Schlagabtausch von Martha Stone und Jane Stevens (vgl. Stevens 2002 a; Stone 2002).

die geforderten Aufgaben zeitlich und inhaltlich nicht in adäquater Qualität leisten könnten (vgl. Meier 2002 b: 201; Riefler 2002: 76; Stone 2002). Das Modell wird verurteilt als rein ökonomisch getriebene Entwicklung zu Lasten von Mitarbeitern und Produkten (vgl. etwa Saltzis/Dickinson 2008: 221; Stone 2002). Die Verfechter hingegen meinen, Backpack-Journalisten hätten durchaus einen – sogar entscheidenden – Qualitäts- bzw. Spezialisierungsvorteil: Sie seien Spezialisten für Multimedia-Storytelling, das zunehmend an Bedeutung gegenüber den Einzelmedien gewinne (vgl. Stevens 2002 a). Deshalb sei die Arbeit nach diesem Modell zukünftig so selbstverständlich wie heute jene mit Computern: „In a few years, backpack journalists will not only be the rule, they'll rule." (Stevens 2002 a) Andere Stimmen, insbesondere unabhängige Untersuchungen in Deutschland, kommen letztlich zu einem pragmatischen Urteil: Video- und Multimedia-Journalisten gehören bereits fest zum Produktionsalltag und sind für spezifische Aufgaben geeignet, in denen sie ihre Stärken ausspielen können (z. B. Situationen, in denen ein großes Team eher stören würde); sie werden Spezialisten aber in absehbarer Zeit nicht verdrängen, sondern weiterhin nur als Minderheit ergänzen (vgl. Sehl 2008: 177; Tossuti 2008: 263; Matthes 2006: 82; Mischel 2004: 98). Unklar ist aber, ob das auch für die Videoproduktion von Zeitungen im Internet gilt, da hier möglicherweise andere Ansprüche an Qualität und Kostenstruktur gestellt werden (vgl. World Editors Forum 2008 c: 127 f.).

Als Alternative zu den Generalisten sehen viele Autoren das medienübergreifende Team. Spezialisten für die verschiedenen Ausspielkanäle einer Redaktion sollen nach Themenbereichen oder Projekten gruppiert zusammenarbeiten. So könnten sie die Vorteile der Differenzierung nutzen, die Schnittstellenprobleme durch die enge Verzahnung jedoch auf ein Minimum reduzieren: „The team is more important than the lone wolf reporter because teams produce better multimedia reporting." (Quinn 2005 a: 32; vgl. Meier 2002 b: 202) Auch das verlangt von Journalisten neue Fähigkeiten, zwar nicht für mehrere Medien zu produzieren, doch aber ihre Logik zu verstehen und für sie planen zu können (vgl. Matthes 2006: 82).

Abschließend muss konstatiert werden, dass die Frage, ob nun Spezialisten oder Generalisten in Zukunft die Branche bevölkern, offenkundig noch nicht ausreichend erforscht und zum jetzigen Zeitpunkt nicht zu beantworten ist bzw. möglicherweise so pauschal auch gar nicht beantwortet werden kann (vgl. auch Criado/Kraeplin 2003: 449). Keine der beiden Varianten kann daher bei der Betrachtung der Videoproduktion von vornherein ausgeschlossen werden, sondern beide müssen im Kontext gesamter Strategien im Detail empirisch analysiert werden.

Zeitliche Strukturen und Routinisierung des Produktionsablaufs

Die Ablauforganisation klärt – wie oben definiert – nicht nur *wer was* macht, sondern auch *wann* er es tut: „Der Erscheinungsrhythmus eines Mediums bestimmt wesentlich die zeitlichen Strukturen und Arbeitsweisen einer Redaktion." (Meier 2004: 100) Bei Crossmedia entstehen deshalb Probleme aus den höchst unterschiedlichen Zyklen und Tagesabläufen der beteiligten Redaktionen (vgl. Radü 2009: 62; Meier 2004 100 f.).[92] Die Lösung kann nach Meier (vgl. 2004: 101) nur sein, die unterschiedlichen Temporalstrukturen weiter parallel zu führen, lediglich Schnittstellen so zu setzen, dass sie harmonisch ineinander greifen.

Journalismus ist zwar in Bezug auf immer neue Themen ein abwechslungsreicher Beruf, nicht aber in Bezug auf den Arbeitsablauf, der sehr stark durch Routinen geprägt ist (siehe auch Kapitel 3.1.4). Ihren Vorteilen, den Mitarbeitern Sicherheit und dem Produkt Verlässlichkeit zu geben (vgl. Meier 2004: 95; Weichler 2003: 130), steht der Nachteil eingeschränkter Kreativität gegenüber: „Zu routinierte Produkte werden schnell langweilig, zu kreative Produkte sind häufig nicht verlässlich genug." (Weichler 2003: 130) Zudem ist der Arbeitsprozess in Medienunternehmen aufgrund der Unvorhersehbarkeit der Nachrichtenereignisse nicht wie am Fließband bis ins letzte Detail zu formalisieren oder im laufenden Betrieb zu kontrollieren (vgl. Brüggemann 2002: 50; Altmeppen 2000 a: 48). Es muss folglich ein Gleichgewicht gefunden werden zwischen Routine und kreativem Freiraum bzw. Eigenverantwortung des Einzelnen.

3.3.3 Aufbauorganisation

Sie ist das Gerüst für die Organisation der Arbeit (vgl. Weichler 2003: 128). Aus der definierten Strategie ergeben sich bestimmte Funktionen bzw. zu erledigende Sachaufgaben. Diese werden jedoch nicht direkt konkreten Mitarbeitern zugeordnet, sondern es werden – von den Individuen abstrahiert – Stellen geschaffen, die sie übernehmen. Je nach Umfang und Bedarf kann eine Stelle mehrere Funktionen oder auch mehrere Stellen können eine Funktion übernehmen (vgl. Weichler 2003: 128; Meckel 1999: 65 f.).[93] Für das Personalmanagement bedeutet das letztlich, dass die konkreten Mitarbeiter mit ihren Qualifikationen später

---

[92] So prallt der tägliche Rhythmus der Zeitung auf die sekundenschnelle Aktualisierung rund um die Uhr beim Online-Portal oder auch die nur wenige Minuten dauernde Produktionszeit von Meldungen beim Radio auf die Stunden, die für die Erstellung eines TV-Berichts notwendig sind.
[93] Besonders für die neuen Anforderungen crossmedialer Arbeit empfehlen einige Autoren explizit, ganz neuartige Stellen und damit Berufsbilder zu schaffen z. B. Channel-Manager o.ä. (vgl. etwa Fleischhacker 2004: 231 ff.).

auf diese Stellen passen müssen, nicht anders herum. Allerdings ist das die theoretische Idealsituation und praktisch eigentlich nie zu verwirklichen, da vorhandene Beschäftigte versorgt werden müssen oder aufgrund von Zeit- oder Personalmangel nicht die passende Besetzung gefunden wird (vgl. Weichler 2003: 129 f.; Meckel 1999: 66). Doch bietet gerade die bei Zeitungen vollständig neu aufzubauende Videoproduktion große Chancen, diesem Ideal nahe zu kommen.

Vertikale Differenzierung

Analog zum Ablauf ist die Aufbauorganisation ebenfalls stark geprägt durch die Frage nach Differenzierung, in diesem Fall nur vertikaler, also Hierarchien. Sie haben vor allem zwei Funktionen: Die horizontal aufgeteilten Prozesse und arbeitsteiligen Stellen zu koordinieren sowie Ziele und Entscheidungen im Unternehmen zu kommunizieren und umzusetzen (vgl. Meckel 1999: 75). Wie viel Hierarchie gut und ab wann es zu viel ist, lässt sich auch hier nicht allgemein beantworten. Einmal mehr muss ein Gleichgewicht gefunden werden. Denn einerseits bietet vertikale Differenzierung klare und schnelle Entscheidungsstrukturen und Leistungsanreize für Mitarbeiter (Möglichkeit der Beförderung; vgl. Meckel 1999: 80). Andererseits kann sie in zu ausgeprägter Form auch Kommunikationswege zu ihrem Nachteil verlängern. Geringe vertikale Differenzierung führt außerdem zu Machtzuwachs auf den unteren Ebenen, was Beschäftigte beflügeln, aber auch ängstigen kann (vgl. Meckel 1999: 80). Üblicherweise sind Hierarchien in Medienunternehmen straff und eindeutig angelegt, zudem eher flach gehalten (vgl. Brüggemann 2002: 49).

Besondere Bedeutung kommt bei Konvergenz der Rolle der Chefredaktion zu, denn es kann für alle Kanäle eine oder für jeden eine eigene zuständig sein. Theoriegeleitet scheint eine gemeinsame Führung sinnvoller zu sein, da andernfalls unterschiedliche Interessen und Zuständigkeiten Konflikte verursachen können und Synergiepotential ungenutzt bleibt (vgl. Brüggemann 2002: 130 ff.). Allerdings dürfte das Ausmaß der Probleme von der gewählten Strategie und Umwelteinflüssen abhängen. Eine empirische Untersuchung dieses Aspekts existiert m. W. bislang nicht, die Frage ist also abschließend nicht zu beurteilen.

Hierarchien werden mit ihren formalen Entscheidungsstrukturen und Kommunikationsbeziehungen üblicherweise als Liniensysteme dargestellt.[94] Es existieren drei grundlegende Modelle: Einlinien-, Mehrlinien und Matrix-System.

---

[94] „Die Verbindungen der arbeitsteilig gebildeten Stellen einer Abteilung mit den übergeordneten Leitungsstellen werden allgemein als **Linien** bezeichnet, wobei die in einer Hierarchie von oben nach unten laufenden Linien die Wege für Anordnungen, die von unten nach oben verlaufenden Linien die Wege für Mitteilungen und Meldungen beinhalten." (Schulte-Zurhausen 2005: 250)

Einlinien-System

Sehr weit verbreitet in deutschen Medienunternehmen ist das Einlinien-System. Es ist als Pyramide mit einfachen, direkten Beziehungen konzipiert (siehe Abbildung 9). Vorteil sind die eindeutigen und dadurch effizienten Zuständig- und Verantwortlichkeiten, die Zeit und Nerven sparen, gut überschaubar und kontrollierbar sind (vgl. Schulte-Zurhausen 2005: 252; Meier 2004: 98; Weichler 2003: 130; Meckel 1999: 78). Nachteile sind erstens immer längere und schwerfälligere Wege, je ausgeprägter die Hierarchie wird, da Querverbindungen fehlen und Zwischeninstanzen nicht übersprungen werden können (vgl. Schneider 2007: 70). Zweitens führt das System zu einer schlechten Koordination zwischen den Ressorts, bezogen auf Wissen, Informationen und Personal, so dass je nach Nachrichtenlage Abteilungen über- oder unterbesetzt sind, Dubletten entstehen oder Themen vergessen werden können (vgl. Weichler 2003: 130). Und drittens nimmt die Arbeitsbelastung von unten nach oben stark zu, bis zur Überlastung (vgl. Schneider 2007: 70): Aufgaben werden so umfangreich und komplex, dass sie nicht mehr von einer Person bewältigt werden können – sie lassen sich gleichzeitig aber nicht auf mehrere Stellen aufteilen, sondern müssen bei einer entscheidenden gebündelt werden (z. B. Chefredakteur) (vgl. Meckel 1999: 81).

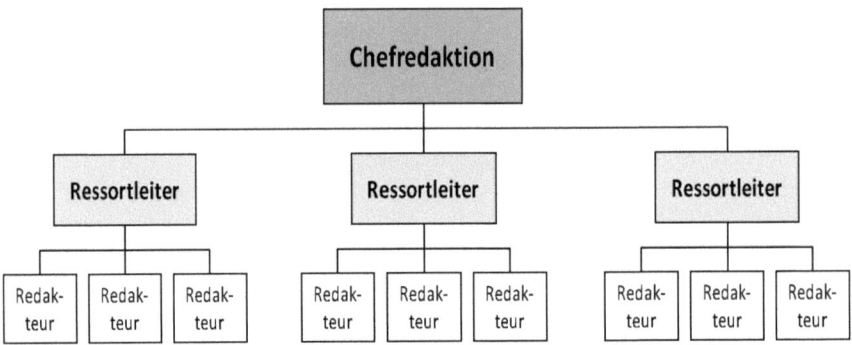

Abb. 9: Einlinien-System, eigene Darstellung auf Basis von Schierenbeck/Wöhle (vgl. 2008: 138)

Um dieses letzte Problem in den Griff zu bekommen und das Einlinien-System zu verbessern, werden zwei Varianten diskutiert: *Stabs- und Schnittstellen.* Erste haben in der Regel keine eigene Entscheidungskompetenz, sondern sollen die übergeordnete Ebene durch Beschaffung und Auswertung von Informationen sowie Planung und Beratung unterstützen (z. B. in Form eines Redaktionsmanagers, der Teamarbeit und Austausch zwischen den Ressorts koordiniert; vgl.

Meier 2004: 99). Sie sind jedoch selten in Medienunternehmen implementiert bzw. nur für nicht-journalistische Funktionen (z. B. PR, Justiziariat; vgl. Meckel 1999: 79). So genannte Schnittstellen (Interfaces) sind mit eigener hierarchischer Macht ausgestattet und werden zur Reduzierung von Komplexität zwischen den vorhandenen Ebenen installiert (z. B. Producer, die einzelne Projekte leiten; vgl. Meckel 1999: 81 ff.).

Mehrlinien-System

Im Mehrlinien-System ist *eine* untergeordnete Stelle mit *mehreren* übergeordneten verbunden, sie erhält also je nach Zuständigkeit Anweisungen von verschiedenen Seiten (siehe Abbildung 10). In der journalistischen Praxis etwa werden Ressorts aufgelöst und die auf bestimmte Themen spezialisierten Redakteure arbeiten je nach Bedarf für unterschiedliche Bereiche (z. B. kann der Umweltredakteur für die Politik-, Wirtschafts- und Wissenschaftsseite schreiben; vgl. Meier 2004: 99; Meckel 1999: 78). Im Vergleich zum Einlinien-System bietet dieses Modell mehr Koordination innerhalb der Ebenen (flexibler Personaleinsatz, Wissensaustausch, Vermeidung von Dubletten). Allerdings entsteht großer Abstimmungsbedarf, um widersprüchliche Anweisungen zu vermeiden. Erfolge und Misserfolge sind schwer zuzuordnen und es drohen Konflikte zwischen den übergeordneten Stellen um Zuständigkeiten (vgl. Schulte-Zurhausen 2005: 252; Meier 2004: 99). Das kann für Medien, die häufig unter Zeitdruck arbeiten, zum Problem werden (vgl. Meckel 1999: 78).

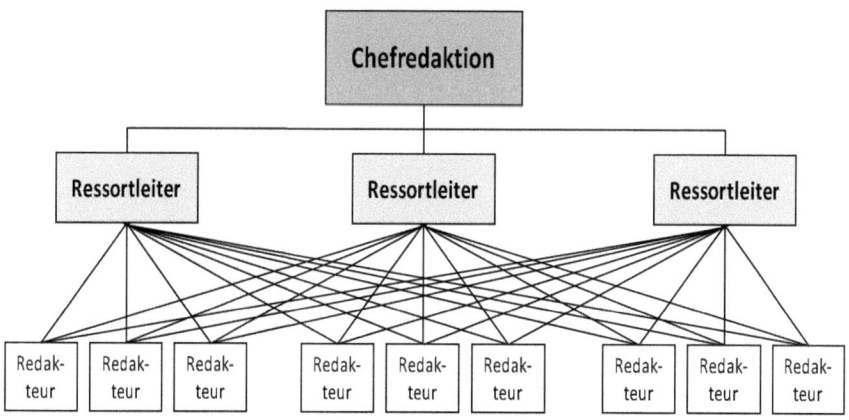

Abb. 10: Mehrlinien-System, eigene Darstellung auf Basis von Schierenbeck/Wöhle (vgl. 2008: 138)

Matrix-System

Das Matrix-System ist eine Sonderform des Mehrliniensystems (vgl. Schulte-Zurhausen 2005: 253): Hier ist *eine* untere Ebene genau *zwei* oberen unterstellt, die meist unterschiedliche Dimensionen der Aufgaben repräsentieren. Zum Beispiel kann ein Vorgesetzter für das Medium (Sachaufsicht), ein anderer für das Ressort verantwortlich sein (Fachaufsicht) (vgl. Meckel 1999: 79 f.; siehe Abbildung 11). Das System soll horizontale Ausdifferenzierung unterstützen und sie besser mit der hierarchischen Aufteilung verbinden, um etwa Technik wie auch Inhalte besser betreuen zu können (vgl. Schneider 2007: 71). Die Nachteile der Mehrlinienorganisation wirken aber auch hier, wenngleich abgemildert durch die klare Trennung der Vorgesetzten in die verschiedenen Dimensionen. Die Eignung dieses System für die Branche ist allerdings umstritten.[95]

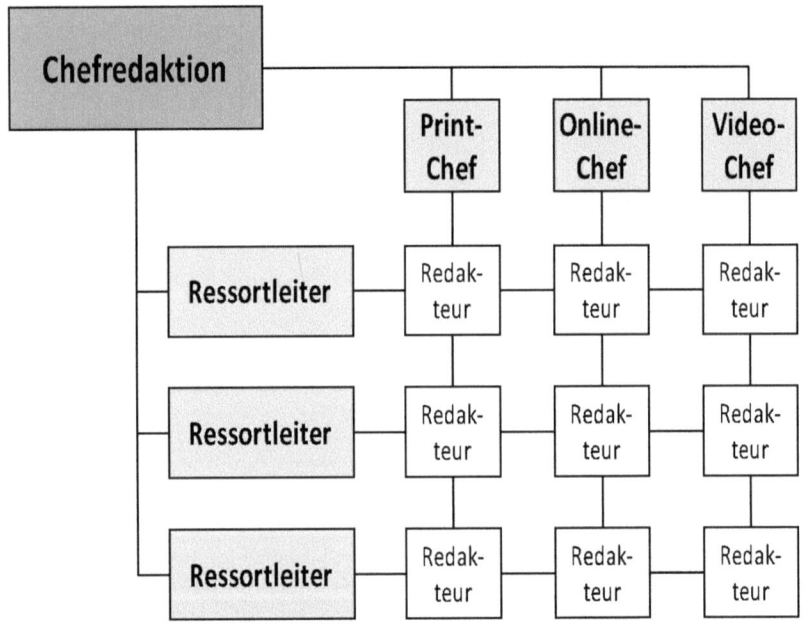

Abb. 11: Matrix-System, eigene Darstellung auf Basis von Schierenbeck/Wöhle (vgl. 2008: 141)

---

[95] So verteufelt Schulte-Hillen (1994: 82) das System: „Deshalb weg mit der Matrix! Sie ist schlimm genug in normalen Unternehmen; gefährlich und völlig unangebracht ist sie in unserem Metier." Schneider (vgl. 2007: 73) hingegen empfiehlt sie vor dem Hintergrund der zunehmenden Komplexität durch Crossmedia ausdrücklich.

Konferenzen und Newsdesk-Konzepte

Ein nicht zu unterschätzendes Element der Aufbauorganisation sind Redaktions-
konferenzen. Sie haben die wichtige Funktion, für direkte Kommunikation und
Koordination zwischen den Stellen und Ebenen zu sorgen. So helfen sie etwa
Doppelarbeit oder thematische Dubletten im Produkt zu vermeiden (vgl.
Weichler 2003: 132).

Vor dem Hintergrund crossmedialer Arbeit noch stärker als zuvor wird aber
die vermittelnde Wirkung von Konferenzen als nicht mehr ausreichend erachtet.
Neue Redaktionsformen setzen immer stärker auf eine gemeinsame Planung und
intensive Absprache. Zentraler Bestandteil vieler Konzepte ist der Newsdesk, der
als eine Art ständige Redaktionskonferenz fungiert: Vertreter verschiedener
Ressorts, Ausspielkanäle oder Funktionen sitzen hier zusammen, um Themen
und Medien gemeinsam zu koordinieren (vgl. etwa Jakubetz 2008: 35 f.; Meier
2006: 209 f.).

3.3.4 Arbeitsumfeld

Wie gut crossmediale Arbeit funktioniert hängt nicht nur von geeigneter Strate-
gie und Umsetzung in formale Organisationsstrukturen ab. Auch die informelle
Ebene, ein adäquates Umfeld, hat großen Einfluss auf die Leistungsfähigkeit der
Mitarbeiter und damit Konvergenz-Projekte (vgl. Weichler 2003: 129; Meckel
1999: 86). In der Literatur werden vor allem zwei Dinge betont:
- Kompatible und einfach zu bedienende Technik, unter anderem …
  - Redaktionssysteme, die alle Medialitäten verarbeiten können
  - moderne Content-Management-Systeme für Online-Medien[96]
- Ein geplantes und gefördertes Wissensmanagement mit digitalen Archi-
  ven, Terminkalendern und Recherchetools, die es jedem Redaktionsmit-
  glied ermöglichen, auf die Ergebnisse aller anderen zuzugreifen (vgl.
  Quinn 2007: 28; 2005 b: 15; Meier 2004: 107 f.; 2002 b: 210).

Intensiv wurde in den vergangenen Jahren auch über die Zusammenhänge
bestimmter baulicher Merkmale der Redaktionsräume mit inhaltlichen Aspekten
der Organisation diskutiert z. B. das Niederreißen von Wänden – auch der Vor-
gesetztenbüros, um Kooperation und Ansprechbarkeit baulich zu fördern, das
Schaffen einer individuell gestaltbaren, angenehmen Atmosphäre, um Kreativität
anzuregen und die Integration von Nachrichtenstudios o. Ä. in den Newsroom,
um eine Nähe aller Journalisten zu allen Medien zu schaffen (vgl. etwa Meier

---

[96] Für einen Überblick über Vorteile und notwendige Eigenschaften von Content-Management-
Systemen in integrierten Redaktionen vgl. Meier 2002 b: 189.

2006: 210; 2002 c: 91; Nafria 2006: 28 f.).[97] Zusätzlich liefert die Ergonomie wichtige Erkenntnisse, welche Bedingungen – ganz unabhängig von Konvergenz – am Arbeitsplatz idealerweise gegeben sein sollten (z. B. Möbel, Luft, Licht, Geräuschkulisse; vgl. Meckel 1999: 86). Und einige Firmen haben mit Räumlichkeiten, die unter all diesen Aspekten neu gestaltet wurden, bereits positive Erfahrungen gemacht (vgl. Meier 2006: 214 ff.).

---

[97] Debattiert wurde auch, ob physische Räume überhaupt noch notwendig sind, da technisch einer rein virtuellen Redaktion nichts mehr im Weg steht, in der Reporter von überall auf der Welt produzieren ohne gemeinsam an einem Ort anwesend zu sein (vgl. Pawlofsky 2003; Meier 2002 b: 208).

4 Zusammenfassung und Schlussfolgerungen für die empirische Arbeit

In den beiden großen Kapiteln des Theorieteils wurde das betrachtete Themenfeld aufgespannt, systematisiert und somit einer genaueren Erkundung zugänglich gemacht. Hier werden die gewonnenen Erkenntnisse kurz zusammengefasst und – wo notwendig – als Basis für die empirische Untersuchung in Beziehung zueinander gesetzt und konkretisiert.

4.1 Videoproduktion bei Tageszeitungen als Konvergenz

Zunächst ist eine genaue Einordnung des Phänomens Web-TV bei Tageszeitungen gelungen. Es handelt sich um einen Teilbereich von Konvergenz, die als „Zusammenwachsen von vorher getrennten Medienformen und Technologien" (Brüggemann 2002: 17) bezeichnet werden kann. Hervorzuheben sind dabei zwei Charakteristika: Es handelt sich bei Konvergenz und daher auch der Videoproduktion von Zeitungen um innovative Entwicklungen, die weitreichende Veränderungen und Folgen mit sich bringen. Und sie sind beide nicht zwingend an das Internet gebunden, das sich zwar als ideale Plattform für crossmediale Bestrebungen und „Katalysator" des Prozesses herausgestellt hat, jedoch nicht in eine rein kausale Beziehung zu ihnen gesetzt werden kann. Es zeigt sich vielmehr, dass Konvergenz aus mehreren, weiter zu untergliedernden Ebenen besteht, die alle miteinander und mit anderen gesellschaftlichen Großtrends in komplexen Wechselwirkungen stehen. Die hier betrachtete Redaktionsorganisation der Bewegtbildangebote von Tageszeitungen ist dabei auf der Ebene Crossmedia und dort im Bereich strukturelle redaktionelle Konvergenz zu verorten.

Der Prozess der Medienkonvergenz und damit auch Web-TV ist komplexer als häufig dargestellt. Er verläuft nicht zwingend linear auf einen absehbaren Endpunkt hin, sondern entwickelt sich dynamisch in Abhängigkeit von individuellen Faktoren des Marktes und Unternehmens. Sie sind allgemein kaum näher zu bestimmen, sondern ergeben sich aus den spezifischen Strukturen, Zielen, Werten und der Umwelt der Firmen. Von daher sind auch bei den Modellen redaktioneller Organisation deutliche Unterschiede je nach Verlag zu erwarten, die nicht einfach verschiedene Stufen auf dem Weg zu bspw. vollständiger Integration darstellen, sondern grundlegend andere Antworten auf die Herausforderungen der Bewegtbildproduktion in Printmedien.

4.2 Videoproduktion als Organisationsaufgabe

Die betriebswirtschaftliche Managementlehre hat sich mit ihrer klaren Systematik als ideale Grundlage für die Einordnung der Erkenntnisse vieler Teildisziplinen erwiesen. Durch sie ist es gelungen, strukturiert die Möglichkeiten und Determinanten aufzuzeigen, die sich für die Organisation der Videoproduktion bei regionalen Tageszeitungen ergeben. Anhand der Chancen und Risiken crossmedialer Aktivitäten wurden klare Anforderungen und Ziele für Strategien und damit verbundene Organisationsmodelle hergeleitet: Synergien so weit wie möglich zu realisieren und neue Ressourcen sparsam einzusetzen (ökonomische Effizienz), gleichzeitig Probleme und Widerstände aber so gut es geht zu verhindern, um die Potentiale der Redaktion in vollem Umfang nutzen zu können (publizistische Effektivität). Beide Seiten stehen sich aber zumindest partiell entgegen. Deshalb muss ein Gleichgewicht zwischen ihnen gefunden werden. Aufgabe des empirischen Teils ist, zu prüfen, wie weit die unterschiedlichen, untersuchten Modelle in der Lage sind, dies zu leisten.

Strategie und Struktur stehen in einem komplexen Wechselverhältnis. Ob eines das andere oder beide sich gegenseitig bedingen, ist nach wie vor umstritten. Fest steht für das Web-TV-Angebot von Zeitungen aber, dass bestimmte strategische Überlegungen eindeutige Implikationen für Organisationsmerkmale haben. Grundlegend ist zunächst zu klären, ob überhaupt selbst produziert werden soll. Denn es lassen sich drei Optionen unterscheiden, die jedoch durchaus auch gleichzeitig umsetzbar sind:

- Verwendung nicht-exklusiver Inhalte, die meist angekauft werden von Agenturen oder Produktionsfirmen, aber auch kostenfrei zur Verfügung gestelltes Material sein können (z. B. Promotion-Filme).[98]
- Kooperation mit einem Partner, der über Videos verfügt. So gelangt das Zeitungshaus an Bewegtbildangebote, bietet dem jeweils anderen im Gegenzug ebenfalls Vorteile bspw. Informationen.
- Erstellung exklusiver, eigener Clips: Diese Variante ist in aller Regel die teuerste, verspricht aber auch die größten Gewinnmöglichkeiten (vgl. auch Chainon 2008: 132). Umsetzbar ist sie innerhalb der Redaktion oder auch durch einen Dienstleister.[99]

---

[98] Interessant hieran ist das meist professionelle Produktionsniveau, problematisch das Fehlen von Exklusivität, da es eine Kernkompetenz der Online-Videoproduktion ist (vgl. Schmid 2008: 11).
[99] Denn wie in Kapitel 3.3 erläutert, können alle Produktionsschritte auch eingekauft werden.

Der Fokus dieser Arbeit liegt ausschließlich auf dem dritten Bereich. In der ersten empirischen Teilstudie wäre eine Erhebung aller drei Varianten jedoch hilfreich, um ihre Anteile und damit Bedeutung einschätzen zu können.

Innerhalb der Eigenproduktion ist eine Reihe weiterer strategischer Entscheidungen zu treffen: ob eine bestehende Videoproduktion genutzt oder der Bereich der Bewegtbilderstellung neu aufgebaut werden soll,[100] ob man andere imitieren oder selbst Innovationen entwickeln will, ob Videos defensiv zur Verteidigung der Printmarke oder offensiv als neues Geschäftsfeld verstanden werden. Auf der Angebotsseite kann die Strategie ressourcen- oder marktorientiert entwickelt werden. Für die Videoproduktion von Tageszeitungen werden dabei vor allem zwei Trends diskutiert: Regionalisierung und Aktualität. Eine Fokussierung des Angebots auf regionale, lokale oder hyper-lokale Inhalte ist vorteilhaft, weil sie einerseits die vorhandenen Stärken und das Image vor Ort nutzt (Ressourcenansatz), andererseits auch auf dem Markt Erfolg verspricht, da diese Inhalte stark nachgefragt werden und die Zeitung im Zweifel zum exklusiven Anbieter für Videos im lokalen Raum avanciert (Marktansatz im Sinn einer Konzentrationsstrategie auf regionale Teilmärkte; vgl. Schmid 2008: 11; World Editors Forum 2008 b: 117).[101] Schlagwort der Aktualitätsdebatte ist „Long-Tail". Es bezeichnet Inhalte, die zeitungebunden sind und über Monate nicht veralten (z. B. Porträts, Reportagen, Comedy oder Serien). Es wird zwar damit gerechnet, dass sie wegen des fehlenden aktuellen Bezugs nicht von vielen Nutzern pro Tag angeschaut werden, dafür aber dauerhaft auf der Seite verbleiben können und so auf Dauer eine erhebliche Anzahl Klicks sammeln (vgl. Schmid 2008: 12).[102] Da Nutzerstudien fehlen, ist unklar, ob mehr oder weniger Regionalisierung bzw. Long-Tail erfolgversprechender ist (vgl. World Editors Forum 2008 b: 120). Wegen der großen Auswirkungen dieser strategischen Entscheidungen sollte für beide Varianten im empirischen Teil festgestellt werden, wie häufig sie verfolgt werden.

---

[100] Denn auch in Deutschland besitzen einige Verlage bereits TV-Sender oder Produktionsfirmen und können wie im US-Modell agieren. Dadurch ergibt sich bspw. weitaus stärker die Problematik aufeinanderprallender journalistischer Kulturen, Hürden der Videotechnik hingegen dürften geringer ausfallen.

[101] Zudem nimmt der Trend zur Regionalisierung im Internet aus diesen Gründen auch unabhängig vom Videoangebot seit Jahren zu (vgl. etwa Haeming 2008; Roth 2005: 58; Balow 2000).

[102] Vorteile sind die bessere Planbarkeit und daraus folgend Vermarktung, weil Werbekunden für im Vorhinein feststehende Inhalte einfacher gewonnen werden können, und zudem der Aufbau einer flächendeckenden Videostruktur für Breaking News entfallen kann (vgl. Schmid 2008: 11). Kritiker bemängeln, dass Ressourcen der Tageszeitungen ignoriert werden, deren Stärke in der aktuellen Berichterstattung liege. Deshalb setzen einige Blätter sogar auf eine extreme Gegenvariante und senden von wichtigen Ereignissen live (z. B. de Telegraaf; vgl. World Editors Forum 2008 b: 120).

4.3 Modelle der Redaktionsorganisation

Im Folgenden wird darauf verzichtet, die weiteren Überlegungen zu Strategie und Organisation einzeln zusammenzufassen. Stattdessen werden als Basis für die empirische Modellbildung drei Systeme des Redaktionsaufbaus vorgestellt, die beides verbinden. Denn in der Konvergenz-Literatur – ob theoriegestützt oder empirisch fundiert – sind fast immer diese drei idealtypischen Modelle das Ergebnis der Forschung. Sie lassen sich nach dem Grad der Integration der Medien beschreiben.

4.3.1 Modell Autonomie

Die Medien werden bewusst getrennt. Eine Zusammenarbeit der Print-, Online- und Video-Redaktionen wird weder organisatorisch noch konzeptionell angestrebt – wenn überhaupt kommt es informell zu sporadischer Kooperation einzelner Redakteure (vgl. Garcia Aviles et al. 2008: 10 f.). Für den konkreten Fall von Videos bei Tageszeitungen sieht Schmid (vgl. 2008: 19) es als ein in der Praxis häufig verwendetes Modell, bei dem meist Videojournalisten in einer separaten Redaktion ihre Beiträge planen und eigenständig umsetzen, teilweise abgestimmt mit den Ressorts.

Das System setzt auf eine maximale mediale Differenzierung, nutzt also potentiell die Vorteile der Spezialisierung (vgl. hierzu und zum Folgenden Schmid 2008: 19; Brüggemann 2002: 55 f.). Da die Aufbauorganisation unabhängig ist von den anderen Medien, kann sie jegliche Form annehmen. Auf unterschiedliche zeitliche Strukturen muss durch die klare Trennung keine Rücksicht genommen werden, ebenso können divergierende journalistische Kulturen einfach nebeneinander bestehen (bleiben). Da eine Beteiligung des Printpersonals nicht notwendig ist, wird dieses Modell insgesamt tendenziell wenige Widerstände erzeugen. Allerdings ist die abgeschottete Videoredaktion häufig sehr klein, was zu deutlich geringerer thematischer und in der Regel auch prozeduraler Differenzierung führt – mit den Nachteilen von Generalisten in diesen Bereichen (vgl. Schmid 2008: 19). Synergien können nur sehr begrenzt in sekundären Bereichen (z. B. Buchhaltung) bzw. im Marketing realisiert werden. Auf der Produktionsstufe entfallen sie mehr oder minder komplett: Es entstehen Doppelstrukturen und die Ressourcen der Zeitung wie das immense Sachwissen der Redakteure werden nicht abgerufen. Eine geeignete Konferenzstruktur respektive Newsdesk-Koordination kann dieses Problem abmildern, jedoch nicht lösen.

4.3.2 Modell Kooperation

In diesem Modell werden die Konvergenzaktivitäten als organisatorisches Werkzeug gesehen, nicht als konzeptionelles Ziel (vgl. Garcia Aviles et al. 2008: 9). Verschiedenste Konzepte werden hierunter gefasst. Bestandteil aller ist jedoch, dass zwar gewisse separate Strukturen für die Medien erhalten bleiben, sie jedoch systematisch miteinander verbunden werden, um über Kooperation einen Mehrwert für alle zu generieren. Für die Zusammenarbeit von zwei bereits bestehenden Redaktionen wird in der Regel das US-Modell beschrieben (vgl. zum Folgenden Matthes 2006: 30 ff., 301; Colon 2000; Strupp 2000; Gentry 1999): Die Journalisten bleiben primär für ihr bisheriges Medium zuständig. Allerdings tauschen sie Informationen, Rechercheergebnisse und Texte intensiv aus. Gemeinsam wird auch die Berichterstattung für Großereignisse wie Olympische Spiele geplant. Zeitungsfotografen erhalten Videokameras und Fernsehteams Fotoapparate, um wechselseitig Material beschaffen zu können. In seltenen Fällen werden auch Redakteure ausgetauscht oder ein Mitarbeiter bereitet eine eigene Geschichte für beide Ausspielkanäle auf. Bei deutschen Tageszeitungen ist es aber sicher nicht selten, dass bislang kein zweites Medium existierte, sondern dass die Videoproduktion als neuer Bereich aufgebaut wird. Auch hier ist natürlich die Schaffung einer separaten Struktur mit kooperativen Verknüpfungen zur Printredaktion möglich. Denkbar sind aber auch andere Varianten der Zusammenarbeit, etwa die Ebene der Inhaltsgenerierung zu integrieren, die Aufbereitung für Video und Print dann aber wieder den jeweiligen Spezialisten zu überlassen.

Beide Varianten brechen die horizontale mediale Differenzierung mehr oder weniger stark auf. Der Grad der prozeduralen Zentralisierung ist nicht näher vorbestimmt, thematisch ist aber mit großer Sicherheit eine stärkere Aufteilung zu erwarten als beim Autonomie-System. Gewisse Spezialisierungen werden hier im Vergleich also eingeschränkt, andere neue ermöglicht. Die Entstehung von Mehrliniensystemen ist in diesem Modell fast zwingend, da Printmitarbeiter im Zuständigkeitsbereich der Videoredaktion und anders herum agieren. Es sind deutliche Synergie-Potentiale durch die Kooperation zu erwarten, vor allem auf der Stufe der Materialgenerierung. Aber auch die Zahl und Intensität der Widerstände könnte steigen. Problematisch ist zudem, dass betreuungsintensive Schnittstellen entstehen. Deshalb kommen (gemeinsamen) Konferenzen und Newsdesks zentrale Bedeutung zu, eventuell ergänzt durch spezielle Multimedia-Koordinatoren, die Zusammenarbeit fördern.

4.3.3 Modell Integration

In diesem Modell wird Konvergenz als organisatorisches und konzeptionelles Ziel verstanden (vgl. Garcia Aviles et al. 2008: 9). Das bedeutet nichts weniger als die Umkehrung der bisherigen Medienlogik, nämlich das „Primat des Inhaltes vor dem Medium" (Spachmann 2003: 218) bzw. die konsequente Ausrichtung nicht länger am Ausspielkanal, sondern an den Bedürfnissen der Nutzer (vgl. Matthes 2006: 54 f.).[103] Im Zentrum steht nach den meisten Entwürfen ein Newsdesk. Hier werden die Themen festgelegt sowie die Medien, für die sie aufbereitet werden sollen. Dann werden geeignete Mitarbeiter ausgewählt, die das übernehmen – entweder ein multimedial arbeitender Journalist (vgl. etwa Garcia Aviles et al. 2008: 8 f.; Quinn 2005 a: 32) oder Teams aus mehreren Spezialisten (vgl. Meier 2004: 106; 2003: 257).[104]

Der hierarchische Aufbau ist als Ein- und auch Mehrliniensystem möglich. Mediale und prozedurale Ausdifferenzierungen sind denkbar, mutmaßlich i. d. R. aber nicht vorhanden, thematisch ist sie durch die Übernahme der Printressorts sehr wahrscheinlich. Es locken also die Vorteile einer Spezialisierung auf Themenbereiche, Doppelstrukturen werden vermieden und große Synergiepotentiale erwartet (vgl. auch Brüggemann 2002: 57). Die gute Aufstellung der Zeitung vor Ort wird genutzt, es kann dezentral schnell auf Ereignisse reagiert werden. Das System funktioniert aber erst, wenn viele oder alle Journalisten mitmachen, was häufig nur über Zwang zu erreichen sein wird. Auch deshalb ist davon auszugehen, dass die Widerstände in diesem Modell am größten sind. Die unterschiedlichen zeitlichen Strukturen müssen nicht nur organisatorisch, sondern auch von jedem Einzelnen koordiniert werden. Von den Beschäftigten werden also deutlich mehr Fähigkeiten in Teamarbeit und Zeitmanagement gefordert. Je nach Variante sind zudem wenigstens Verständnis für die anderen Medien oder auch direkt crossmediale Fähigkeiten bei allen Beteiligten notwendig. Das bedeutet einen hohen Schulungsaufwand und möglicherweise auch Einbußen bei der Qualität (vgl. Schmid 2008: 19).

Die Frage nach dem richtigen Produktionsmodell ist nicht einfach zu beantworten, das zeigen diese Ausführungen und auch Beispiele, die verschiedene

---

[103] Letztlich bedeutet es also, den Rezipienten so zu informieren, wie wann und wo es für ihn am besten ist. Beschrieben wird das häufig anhand von unvorhersehbaren Großereignissen (vgl. Haagerup 2006; Meier 2002 b: 206): Die Breaking News wird schnellstmöglich per SMS verbreitet; das Radio sendet die Nachricht nach wenigen Minuten; das Internet bringt die Geschichte so schnell wie möglich; das Fernsehen berichtet vor Ort; die Zeitung erscheint am nächsten Morgen mit einer Hintergrund-Geschichte; das Internet stellt hinterher alles auf Dauer zum Anschauen zur Verfügung.
[104] Speziell für die Bewegtbildproduktion deutscher Tageszeitungen beschreibt Schmid (vgl. 2008: 18) ein Modell, in dem die Printredakteure schlicht Video als zusätzliche Aufgabe erhalten.

Systeme erfolgreich verwenden.[105] Jedes verfügt über Stärken und Schwächen. Ganz vereinfacht kann gesagt werden, dass mutmaßlich umso mehr Synergie-Effekte wirken, je integrierter das System ist, und umso weniger Widerstände auftreten, je autonomer gearbeitet wird. Deshalb muss sehr genau und unter Berücksichtigung des Einzelfalls abgewogen werden, wo das Optimum, das Gleichgewicht liegt.

4.4 Analyseperspektiven

Das für drei Fallkonstellationen zu tun, ist ein Ziel der nun folgenden empirischen Untersuchung. Grundlegend soll sie die theoretischen Feststellungen prüfen, besonders da ein Teil davon aus Studien stammt, die sich nicht auf den betrachteten Fall der Videoproduktion von Regionalzeitungen in Deutschland bezieht (siehe Kapitel 1.3). Die hier noch einmal zusammengefassten und konkretisierten Erkenntnisse der Literatur stellen folglich die Ordnungsmerkmale zur Strukturierung der Arbeit dar, ermöglichen die Bildung von Kategorien und überprüfbaren Hypothesen. Am Ende steht die Klärung der für Forschung wie Praxis zentralen Frage, ob und wenn ja, wie stark kooperiert oder integriert werden soll (vgl. Nafria 2006).

Wichtig ist jedoch, keine falschen Erwartungen zu wecken. Der Untersuchung liegt ein Verständnis von Konvergenz als komplexem, individuell geprägtem Adaptionsprozess zu Grunde, wie es oben dargestellt wurde. Daher ist nicht mit einer einfachen, eindimensionalen Antwort zu rechnen, die einen bestimmten, quantifizierbaren Integrationsgrad zurückgibt, der für alle Medien empfohlen werden kann. Sondern es sollen Merkmale und Kriterien bei Unternehmen aufgezeigt werden, die mit bestimmten Modellen korrespondieren.

---

[105] Nafria (vgl. 2006) etwa nennt die New York Times als integrierte Redaktion und die Washington Post als Medium mit getrennten Newsrooms, die beide sehr erfolgreich sind.

5 Empirische Teilstudie I: Videoangebote deutscher Regionalzeitungen

Dieses Kapitel soll klären, wie sich das Videoangebot deutscher Regionalzeitungen derzeit gestaltet. Dazu wird zunächst kurz die Entwicklung der Bewegtbild-Inhalte von Printprodukten skizziert (Kapitel 5.1). Im Anschluss wird die Methodik der Teilstudie dargelegt (Kapitel 5.2): die Bildung von Forschungsfragen und Hypothesen (5.2.1), die Bestimmung der zu betrachtenden Forschungsobjekte (5.2.2), die Begründung und Erläuterung des gewählten Instruments Inhaltsanalyse (5.2.3) und die Ermittlung und Überprüfung von Gütekriterien (5.2.4). Im Ergebnisteil (Kapitel 5.3) wird anhand der entwickelten Kategorien nicht-exklusive Inhalte, Kooperation und Eigenproduktion systematisch ein Stand der Entwicklung erhoben. Zudem werden die Hypothesen überprüft und die Erkenntnisse eingeordnet und kurz diskutiert.

5.1 Entwicklung der Angebote

Erste Versuche der Verknüpfung von Zeitungen und Videoprodukten gab es in den USA Mitte der 1990er Jahre.[106] Deutsche Printmedien folgten mit Experimenten einige Zeit später (Spiegel Online z. B. startete 1999 Bewegtbildangebote; vgl. Radü 2009: 60). Trotzdem dauerte es in beiden Ländern noch etliche Jahre, bis sich Web-TV durchsetzte. Haupthindernis waren die geringen Bandbreiten der Internetverbindungen auf Rezipientenseite, weshalb Meier (vgl. 2002 a: 129 f.) noch konstatierte, der beste Ausspielkanal für Multimedia sei die CD-ROM. Nach einer Studie von Roth (vgl. 2005: 134) boten 2002 auch nur 6,3 Prozent der Online-Ableger deutscher Regionalzeitungen Videos an.

Seither haben sich Breitbandverbindungen rasant entwickelt (siehe Kapitel 1.1; vgl. auch Lin 2004: 446; Stone 2002) und ebenso schnell sind die Angebote von Printmedien gewachsen – auch die eigenproduzierten. Während sich in den USA bereits um die Jahrtausendwende mit prominenten Vorreitern[107] das Modell

---

[106] Bspw. stattete die New York Times zu dieser Zeit in einer ersten Welle etwa 80 Printreporter mit kleinen Videokameras aus (vgl. Stevens 2002 a).

[107] Häufig genannt werden etwa die New York Times, das Tampa News Center von Media General oder der Orlando Sentinel (vgl. Quinn 2007: 20; 2005 b: 4; Matthes 2006: 30 ff.).

einer Kooperation zwischen lokalen Zeitungen, Internetportalen und Fernseh-
sendern durchsetzte, war dies schon aufgrund der anderen Marktstruktur mit
deutlich weniger und schwächeren lokalen, privaten TV-Stationen in Deutschland nicht möglich. Schmid (vgl. 2008: 4) geht davon aus, dass die Videoproduktion, die Zeitungen hierzulande dann häufig im Alleingang ohne Partner betrieben, noch 2005 eine Utopie war. Ein Impuls ging aber von der Flash-
Technologie aus, die sich 2006 als Standard etablierte und das zuvor bestehende
Chaos konkurrierender Formate ablöste (vgl. Radü 2009: 60).[108]

Die Zeitungen sind natürlich längst nicht unter sich: Nach Angaben von van
Eimeren/Frees (vgl. 2008: 350) gab es im vergangenen Jahr in Deutschland etwa
700 Portale verschiedenster Anbieter mit Web-TV, zusätzlich eine Reihe von
Video-on-demand-Services und Web-2.0-Plattformen mit von Nutzern generier-
ten Clips. Über die Frage, wie viele der deutschen Zeitungen tatsächlich online
Videos anbieten, herrschte aber noch große Uneinigkeit. Haeming (vgl. 2008)
geht für das vergangene Jahr von 71 Prozent aus, Schmid (vgl. 2008: 4) ermittelte jedoch eine Quote von nur 44,5 Prozent. Klar ist einzig, dass es den Angaben
bislang an Methodentransparenz und Vergleichbarkeit mangelt. Ohne Frage ist
aber Spiegel-Online-Redakteur Jens Radü (2009: 59) zuzustimmen, der feststellt:

> „Die Multimedia-Welle hat selbst die Lokalzeitungen der Republik erreicht. Ob Südkurier,
> Trierischer Volksfreund oder die Ostfriesischen Nachrichten – überall werden Redakteure
> zu Kameramännern und Videoreportern."

5.2 Methodik

5.2.1 Forschungsfragen und Hypothesen

Eine solide Datenbasis zu finden und belastbare Ergebnisse zu produzieren, muss
daher Ziel dieser Teilstudie sein, die – wie in Kapitel 1 definiert – die Frage
beantworten soll, wie sich das Online-Videoangebot deutscher Regionalzeitungen derzeit gestaltet. Das umfasst folgende Aspekte:
- Anzahl der Zeitungen, die überhaupt Videos online anbieten
- Anzahl und Herkunft eingekaufter, nicht-exklusiver Videos (z. B. Agenturen)
- Anzahl der Zeitungen mit Kooperationen
- Anzahl der Zeitungen mit exklusiver, eigener Produktion

---

[108] Das führte teils zu einer Verdopplung der Klickzahlen bei Videos (vgl. Radü 2009: 60).

Zusätzlich sollen Hypothesen geprüft werden, die sich nach Sichtung der Literatur verwandter Forschungsbereiche aufdrängen. So stellt Neuberger (vgl. 2002 b: 116 f.) fest, dass die größten Zeitungen in Deutschland deutlich mehr Geld in ihre Websites investieren und auf eigenständigere Angebote setzen, als die kleinsten und es einen Zusammenhang gibt zwischen Auflage des Printtitels und der Online-Reichweite. Tremayne/Schmitz Weiss/Alves (vgl. 2007: 835) zeigten für den US-Markt, dass die großen Zeitungen Vorreiter von Entwicklungen sind, die dann erst nach und nach auch auf mittlere und kleine Blätter übergreifen. Da es sich auch bei Videos von Printmedien – wie oben gezeigt – um eine Innovation handelt, sind folgende Hypothesen aufzustellen:

H1: Große Zeitungen haben häufiger Videoangebote als kleine.

H2: Große Zeitungen produzieren häufiger eigene Videos als kleine.

Als groß sollen dabei die gelten, deren Auflage im oberen Drittel aller untersuchten Zeitungen liegt, als klein jene, deren Auflage im unteren Drittel rangiert.

5.2.2 Bestimmung der Forschungsobjekte

Ein wesentliches Problem stellt die Bestimmung der zu betrachtenden Forschungsobjekte dar. Denn die deutsche Zeitungslandschaft ist mit 137 Publizistischen Einheiten (PE), 353 Verlagen und 1.529 Ausgaben recht unübersichtlich (vgl. Meier 2007: 143). Die Frage ist, welche dieser Größen herangezogen werden soll – oder vielleicht sogar eine weitere, wie die Zahl der unterschiedlichen Internetportale, die von Zeitungen betrieben werden. Denn schon für Online-Journalismus existieren praktisch noch keine Forschungsstandards, für die Videoproduktion im Internet erst recht nicht (vgl. Quandt et al. 2006). Zudem gibt es m. W. keine Quelle, in der alle Ausgaben, Titel, Verlage, Portale und ähnliches vollständig verknüpft eingetragen sind.

Deshalb wurde für die vorliegende Arbeit zunächst versucht, eine möglichst umfangreiche Basis zu schaffen. Dazu wurden alle Zeitungen in eine Datenbank aufgenommen, die in der Liste der Vollredaktionen von Schütz (vgl. 2007) eingetragen sind. Ergänzt wurden sie zum Einen durch die Titel, die Schmid (vgl. 2008) in der bislang umfangreichsten Betrachtung genannt hat, zum Anderen durch jene, die der Bundesverband Deutscher Zeitungsverleger (BDZV) auf seiner Homepage unter der Rubrik *Zeitungswebsites* auflistet. Daraus ergaben sich 696 Datensätze. Allerdings musste die Liste nun noch um folgende Elemente bereinigt werden[109]: Produkte, die eingestellt wurden, keine Tageszeitung sind (weniger als fünf Erscheinungstage die Woche), die überregional[110] oder an spezielle (Fach-)Publika gerichtet sind, Zeitungen, die nicht deutschsprachig sind, im Ausland erscheinen oder über keine eigene Homepage verfügen[111]. So ergab sich schließlich eine Gesamtheit von 629 Einträgen.

Problematisch an dieser Liste ist, dass sie nicht systematisch aufgebaut ist, Titel und Ausgaben vermischt werden. Deshalb wurden die Elemente in zwei verschiedenen Varianten neu aufbereitet. Zunächst wurden sie auf Grundlage der Publizistischen Einheiten (nach Schütz 2007) zusammengefasst (N_{PE} = 120). Denn zum Einen ist es eine logisch einleuchtende, systematische Struktur. Zum Anderen hat Neuberger (vgl. 2003 a) diese Variante bereits für die Betrachtung von Online-Strategien von Tageszeitungen erfolgreich angewendet. Darüber hinaus wurde noch eine weitere Liste erstellt. Hier war der Grundgedanke, dass häufig mehrere der betrachteten Zeitungstitel gemeinsame Internetseiten mit identischem Videoangebot betreiben. Um dieses faktisch ja nur einmal vorhandene, lediglich öfter vertriebene Produkt nicht mehrfach zu zählen, aber auch nicht unterschiedliche Angebote zusammenzufassen wie im Fall der Publizistischen Einheiten, wurde die Tabelle in identifizierbare Portale strukturiert ($N_{Portale}$ = 233). Da m. E. beide Varianten je nach Auswertungsinteresse Sinn ergeben, werden die Ergebnisse stets für PE als auch Portale angegeben.

5.2.3 Begründung der Forschungsmethode

Um die Forschungsfragen beantworten zu können, mussten Informationen zu allen 643 erfassten Zeitungen erhoben werden.[112] Grundsätzlich eignen sich für die Generierung quantitativer Daten über eine große Menge von Fällen die Methoden[113] der Inhaltsanalyse sowie der schriftlichen oder telefonischen Befragung. Letztlich wurde die Inhaltsanalyse, genauer Frequenzanalyse, gewählt, da sie im Gegensatz zur Befragung nicht reaktiv und hier forschungsökonomisch vorteilhaft ist: geringer Zeitaufwand pro Fall, keine Ausfallquote und freier Zu-

---

[109] Eine Liste der entfernten Titel findet sich ebenso im Anhang wie die Liste der einbezogenen.

[110] Obgleich die Einteilung in regionale und überregionale Zeitungen umstritten ist (vgl. etwa Meier 207: 143), macht eine Trennung aufgrund der unterschiedlichen Redaktionsstrukturen m. E. Sinn.

[111] Teils gab es schlicht keine mit der Zeitung zu assoziierende Internetadresse/URL, teils fand sich darunter nur der Hinweis, dass die Domain derzeit im Auf- oder Umbau befindlich sei.

[112] Auf die Ziehung einer Stichprobe wurde bewusst verzichtet, um mit Hilfe einer Vollerhebung eine möglichst gute und breite Datenbasis für die weiteren Teilstudien zu erhalten.

[113] Im gesamten empirischen Teil wird bewusst darauf verzichtet, die Methodik-Literatur zu referieren. Es erscheint sinnvoller, direkt ihre Anwendung auf den konkreten Fall zu beschreiben (vgl. Sehl 2008: 133). Für eine Betrachtung der genannten Methoden vgl. etwa Kromrey 2006; Klammer 2005.

gang zu den Dokumenten, da es sich um Websites handelt (vgl. auch Klammer 2005: 255 ff.). Um ein standardisiertes Vorgehen zu gewährleisten, wurde eine Kodieranweisung verfasst, die genaue Instruktionen enthält, wie jede Internetseite zu analysieren ist (siehe Anhang).

Kodiert wurde, ob es sich bei der Website um ein eigenständiges oder ein Verbundangebot/Portal zusammen mit anderen Zeitungen handelt[114], ob dort Videos[115] eingesetzt werden und wenn ja, welcher Art sie sind. Unterschieden wurden die drei Kategorien nicht-exklusive Inhalte, Kooperation und Eigenproduktion (durch Mitarbeiter des eigenen Verlags oder durch exklusiven Einkauf von einem Video-Dienstleister). Für den Fall eines nicht-exklusiven Angebots (z. B. Videos von Nachrichtenagenturen) und bei Kooperationen[116] musste die Quelle festgehalten werden. Dort, wo sie bei der Analyse nicht eindeutig zu bestimmen war, wurden die Redaktionen telefonisch kontaktiert, um die Sachlage zu klären. Hier von einem Methodenmix mit einer Befragung zu sprechen würde jedoch angesichts der nur wenige Sätze umfassenden Gespräche, die in der absoluten Minderzahl der Fälle notwendig waren, m. E. zu weit gehen. Es wurde mit nur einem Kodierer gearbeitet, der die Daten direkt in der Computertabelle notierte. Ein Übertragungsprozess entfiel somit. Die Auswertung der Häufigkeiten wurde mit einfachen Summenformeln innerhalb der Datenbank erledigt. Für die Überprüfung der Hypothesen wurden die Fälle in die Statistiksoftware SPSS importiert und dort den notwendigen Tests unterzogen (siehe Ergebnisse).

5.2.4 Gütekriterien

Als Gütekriterien können für diese Untersuchung die Objektivität respektive intersubjektive Nachprüfbarkeit, die Validität und die Reliabilität gelten (vgl. Kromrey 2006: 400 ff.; Klammer 2005: 61 ff.). Nachprüfbar ist das Verfahren aufgrund der ausführlichen Darlegung der theoretischen Grundlagen und des methodischen Vorgehens, einschließlich der Veröffentlichung der Kodieranweisungen im Anhang. Zudem scheint auch die Validität gegeben. Denn erstens wurde bewusst auf eine Stichprobe verzichtet und mit einer Vollerhebung eine Verzerrung der Datenbasis ausgeschlossen. Zweitens konnten bei der Analyse

---

[114] Für diesen Fall wurde auch notiert, um welches Portal es sich handelt und welche anderen Zeitungen daran beteiligt sind.
[115] Zur Operationalisierung wurde die Web-Video-Definition aus Kaptiel 1.2 herangezogen.
[116] Unter Kooperation wird eine Zusammenarbeit der Zeitungs-/Onlineredaktion mit einem externen Partner verstanden, die über reine Geldzahlungen hinausgeht, also z. B. den Austausch von Informationen oder die gegenseitige Bewerbung beinhaltet.

die Originaldokumente/Websites direkt ausgewertet werden, es wurde folglich auch am richtigen Objekt gemessen. Drittens entstanden während der Erhebung keine Probleme bezüglich der Operationalisierung. Grenzfälle, die nicht ins definierte Kategoriensystem einzuordnen waren, traten nicht auf. Schließlich ist die Untersuchung offenbar auch reliabel. Zur Überprüfung wurden während der Erhebung vom Kodierer zehn Websites einige Wochen nach dem ersten Durchgang ein zweites Mal ausgewertet. Die Ergebnisse stimmten exakt überein (Intrakoder-Reliabilität r = 1). Zudem analysierte eine weitere Person diese zehn willkürlich ausgewählten Websites. Bis auf eine Videoquelle, die der zweite Kodierer übersah, stimmten auch hier die Ergebnisse überein (Interkoder-Reliabilität r = 0,98).

5.3 Ergebnisse und Diskussion

5.3.1 Web-Videos allgemein

Die Auswertung der Websites aller erfassten Zeitungen von März bis Mai 2009 ergab, dass nur 77 der 233 von regionalen Tageszeitungen betriebenen Internetportale keine Videos enthalten, eine große Mehrheit von 156 (67%) Web-TV anbietet (siehe Abbildung 12).

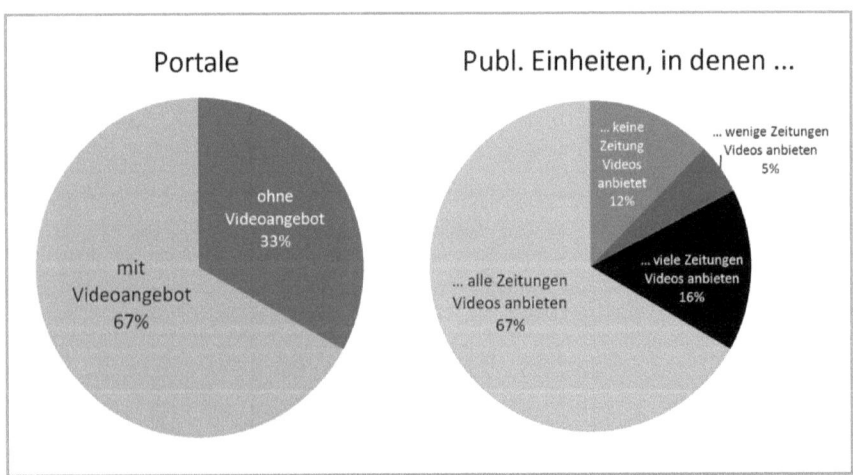

Abbildung 12: Existenz von Videoangeboten, eigene Darstellung

Betrachtet man die Publizistischen Einheiten, ergibt sich noch eine etwas höhere Marktdurchdringung. Hier sind es 80 von 120 Fällen (67%), in denen alle an eine PE angeschlossenen Titel Videos anbieten, bei weiteren 19 ist es noch die Mehrzahl, bei 6 PE die Hälfte oder weniger. Zusammen genommen finden sich also bei 88 Prozent der PE Online-Videos. Nur in 15 Fällen (12%) arbeitet keine der angeschlossenen Zeitungen mit Web-TV.

Unabhängig, welche Betrachtungsweise man vorzieht, sind mindestens zwei Drittel aller Redaktionen deutscher Regionalzeitungen mit Internet-Videos aktiv, nur eine Minderheit folgt dem Trend (bislang) nicht. Die Zahlen kommen der von Haeming (vgl. 2008) genannten (71%) für das vergangene Jahr durchaus nah, liegen aber deutlich über jenen von Schmid (44,5%; vgl. 2008). Aufgrund der unklaren und unterschiedlichen Grundlagen der Untersuchungen ist aber nicht festzustellen, ob das Niveau vom Vorjahr eher gehalten wurde oder ob es einen rasanten Anstieg gab.

5.3.2 Nicht-exklusive Inhalte[117]

Darunter wurden in der Studie, wie oben definiert, Videos verstanden, die nicht exklusiv für die betrachtete Zeitung/das Portal erstellt wurden oder aus einer Kooperation hervorgingen. Es handelt sich also in der Regel um eingekaufte Inhalte von Agenturen oder Produktionsfirmen. Allerdings ist für die Klassifizierung in dieser Kategorie die Höhe des Preises unerheblich, er kann auch Null sein. Das ist vor allem bei Angeboten der Fall, in denen Produzenten den Zeitungen Videos kostenfrei zur Verfügung stellen, jedoch die Werbung im Umfeld selbst vermarkten und so Erlöse generieren. Die Verlage haben zwar den Vorteil, bewegte Bilder gratis zu erhalten, können aber direkt keine Einnahmen daraus erlangen.

Unter den 156 Portalen mit Web-TV nutzen fast neun von zehn (88,5%) nicht-exklusive Videos. Lediglich 11,5 Prozent (18 Fälle) setzen ausschließlich auf Clips aus eigener Produktion oder Kooperationen. Insgesamt konnten 29 verschiedene Quellen nicht-exklusiver Videos identifiziert werden. In der Regel sind es Angebote mit überregionalen oder special-interest-Themen (z. B. Kino, TV, Automobil), die weiteste Verbreitung erreichten jene, die für die Zeitungen kostenfrei zu nutzen sind.

---

[117] Ergebnisse können in diesem und dem darauffolgenden Abschnitt nur für Portale angegeben werden. Denn durch unterschiedliche Angebote von Zeitungen innerhalb der Publizistischen Einheiten war hier keine sinnvolle Auswertung der PE möglich.

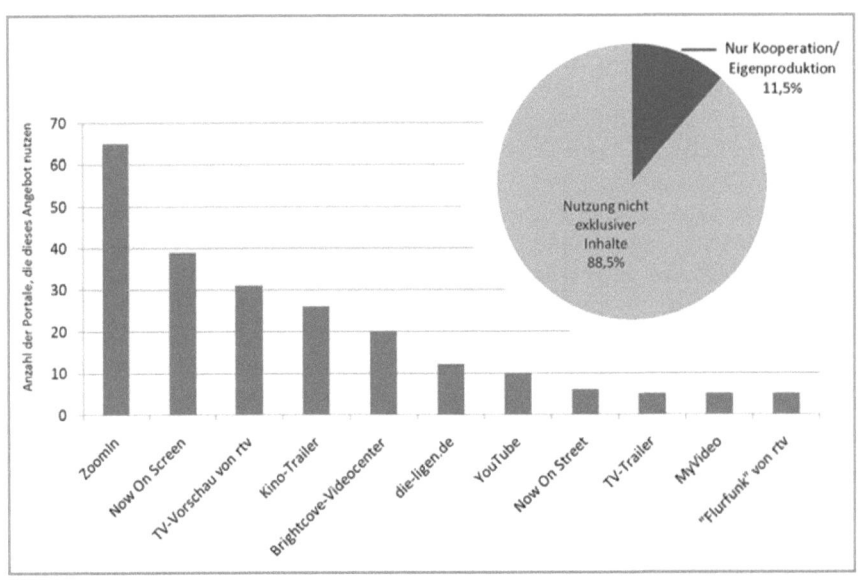

Abbildung 13: Verwendung nicht-exklusiver Inhalte bei Portalen, eigene Darstellung

Das am häufigsten verwendete Angebot sind Videos von ZoomIn. Sie werden bei 65 Portalen eingebunden (41,7% der Fälle mit Web-TV). Die Firma aus den Niederlanden ist der nach eigenen Angaben[118] größte Produzent von Internet-Nachrichtenclips in Europa mit 450 Kunden in zehn Ländern. Die Themen sind überregional mit einem großen Anteil Boulevard. Die Firma setzt auf das oben beschriebene Modell eines kostenfreien Angebots für die beteiligten Zeitungen, in dem ZoomIn selbst aber die Werbung vermarkten darf. Nach demselben Prinzip arbeitet auch das Kinomagazin „Now On Screen" (NOS), das bei 39 Portalen genutzt wird (25%). Mit 31 Nennungen (19,9%) folgt die TV-Vorschau der Programmzeitschrift rtv, ein moderiertes, kurzes Magazin, das täglich drei Fernseh-Tipps vorstellt. Auf Rang vier liegen Trailer für Kinofilme (26/16,7%), an fünfter Stelle das Videocenter von Brightcove (20/12,8%). Dahinter folgen Videos von die-ligen.de (12), YouTube (10), das Automagazin „Now On Street" (6) sowie TV-Trailer, Clips von MyVideo und die TV-Tipps „Flurfunk" ebenfalls von der Programmzeitschrift rtv (jeweils 5 Nennungen). Alle weiteren Quellen wurden bei weniger als fünf Portalen verwendet.[119]

---

[118] http://www.zoomin.tv/site/about.cfm?cid=4&cat=about
[119] Die Auflistung aller 29, teils auch nur von einem Portal verwendeten nicht-exklusiven Videoangebote ist im Umfang dieses Kapitels nicht möglich, sie findet sich aber ausführlich im Anhang.

Bei der Betrachtung der Daten muss allerdings darauf hingewiesen werden, dass besonders dieser Bereich wegen der einfachen Abbestellung bzw. Buchung nicht-exklusiver Inhalte raschen Veränderungen unterworfen ist und die dargestellten Ergebnisse nur für den Zeitraum der Erhebung März bis Mai 2009 als gültig betrachtet werden können. Vor allem gibt es Hinweise darauf, dass sich das Videocenter von Brightcove/OMS[120] allein in den wenigen Monaten seither deutlich weiter verbreitet hat. So notierte der Kodierer bei der Befragung der Eigenproduzenten in der zweiten Teilstudie zehn Redaktionen, die von sich aus den Angaben hinzufügten, dass sie es entweder im Sommer neu eingeführt hätten oder im Herbst einführen wollten.[121] Und nach eigenen Angaben[122] verwenden es seit August 2009 bereits 90 Einzeltitel. Das Videocenter verfolgt ein gänzlich neues Geschäftsmodell, das offenbar für viele Verlage interessant ist: Die Zeitungen zahlen pauschal für das Angebot und zusätzlich für die abgerufene Datenmenge von den Brightcove-Servern. Im Gegenzug erhalten sie die automatisch einlaufenden Clips mit überregionalen und special-interest-Themen (Auto, Kino, DVD), die teils von namhaften Agenturen wie Reuters und AFP geliefert werden, sowie die Technik, um eigene Videos in diesen Player einzubinden. Schließlich erhalten die Zeitungen Anteile an den Erlösen, die OMS mit der Vermarktung über alle Titel hinweg generiert und können eigene Werbung vor selbst eingestellten Inhalten platzieren.

Keine Aussage kann hier gemacht werden, ob sich dieses oder auch andere Angebote externer Produzenten für die Zeitungen finanziell oder in Form weiterer Effekte lohnen. Schmid (vgl. 2008: 7) bezweifelt das, da überregionale Videos wie die von ZoomIn wenig geklickt würden und wie Fremdkörper wirkten. Notwendige Nutzerstudien zu diesem Aspekt existieren m. W. aber nicht, hier wäre weitere Forschung daher dringend erforderlich. Ebenso zur Entwicklung der Produkte: Auch wenn erste Hinweise gegeben werden konnten, ist im Detail unklar, wie die Verbreitung bestimmter Angebote wie des Brightcove-Videocenters abläuft und vor allem, ob sie zu Lasten anderer Anbieter wie ZoomIn geht. Auch das kann in der vorliegenden Arbeit nicht beurteilt und müsste in Längsschnittanalysen betrachtet werden.

---

[120] Es handelt sich um ein noch junges Angebot, das im Herbst 2008 als Kooperation des Werbevermarkters OMS, dem 34 deutsche Verlage angehören, und dem Software-Unternehmen Brightcove gegründet wurde.
[121] Bei den Aufzeichnungen handelt es sich um eine unsystematische Mitschrift. Der Kodierer hatte die Möglichkeit, seiner Meinung nach interessante Äußerungen und Informationen der Befragten separat neben den standardisierten Fragen zu notieren (siehe Kapitel 6.1.3).
[122] http://www.oms.eu/WebObjects/OMS.woa/cms/1002486/Video-News.html

5.3.3 Kooperationen

Kooperationen sind in dieser Studie definiert als Geschäftsbeziehungen, in denen der Verlag für seine Website Videos von einem Partner erhält und diesem – über mögliche Geldleistungen hinaus – etwas zurückgibt. Typische Beispiele sind der Austausch von Beiträgen mit anderen Zeitungen oder die Zusammenarbeit mit lokalen TV-Sendern, die von den Informationen der Printredaktion profitieren, ihr im Gegenzug Clips zur Verfügung stellen. Ausdrücklich nicht unter Kooperationen gefasst – auch wenn sie sich teils selbst so bezeichnen und von Schmid (vgl. 2008: 9) unter dieser Rubrik geführt wurden – werden Modelle, in denen die Gegenleistung für Videos einzig Geld ist, wie bei der Zusammenarbeit von WAZ-Gruppe und WDR.

Obwohl Schmid (vgl. 2008: 9) also eine breitere Definition anlegt, konnte sie im Sommer des vergangenen Jahres deutschlandweit nur neun Kooperationen ausmachen. Sollte diese Zahl tatsächlich valide sein, muss von einem sprunghaften Anstieg gesprochen werden. Denn bei der vorliegenden Erhebung im Frühjahr wurden unter Berücksichtigung der hier verwendeten schärferen Kriterien 43 Fälle identifiziert, das entspricht 27,6 Prozent der Portale mit Videoangebot. Da einige Portale mehrere Kooperationen unterhalten, liegt die Zahl der Partner mit 57 etwas höher. Am häufigsten sind Verbindungen mit anderen Zeitungen (27 Fälle), dahinter rangieren private lokale TV-Sender[123] (15).[124]

5.3.4 Eigenproduktion

Kommen wir schließlich zu der Kategorie, die für den weiteren Fortgang der Arbeit entscheidend ist, der Video-Eigenproduktion[125]. Schmid (vgl. 2008) machte vor einem Jahr 57 Titel aus, die selbst Clips erstellten. Im Erhebungszeitraum März bis Mai 2009 wurden mit 90 Portalen bereits deutlich mehr Fälle gezählt. Mehr als ein Drittel (38,6%) aller Portale deutscher Regionalzeitungen produzieren eigene Videos, bzw. mehr als die Hälfte (57,7%) derer, die überhaupt Bewegtbildangebote auf ihrer Seite haben (siehe Abbildung 14).

Nimmt man die Publizistischen Einheiten als Grundlage der Betrachtung, ist es mehr als ein Drittel (38,3%/46 Fälle), bei denen alle angeschlossenen Zeitungen Videos produzieren. Hinzu kommen 14 Fälle (11,7%), in denen die Mehr-

---

[123] Darunter werden hier stets jene mit Rundfunkverbreitung, aber auch Internet-Sender verstanden.
[124] Es folgen Hobby-Filmer (5 Fälle), öffentlich-rechtliche TV-Sender, private TV-Sportsender, Hochschulen und Internetportale (je 2 Fälle), sowie private lokale Radiosender und Theater (je 1).
[125] Unter Eigenproduktion wird in dieser Arbeit die Erstellung von Videos exklusiv für die Zeitung/ das Portal verstanden, entweder durch eigenes Personal oder einen externen Dienstleister.

zahl und 17 Einheiten (14,2%), in denen die Hälfte oder Minderzahl eigene Clips erstellt. Zusammengenommen existiert folglich in 64,2 Prozent der PE mindestens ein regionales Blatt mit Video-Eigenproduktion.

Unabhängig davon, welche Betrachtung man nun bevorzugt, ist insgesamt festzustellen, dass das Drehen und Schneiden von Bewegtbildern in Zeitungsredaktionen nicht länger ein Sonderfall, sondern bei der breiten Masse der Verlage angekommen ist.

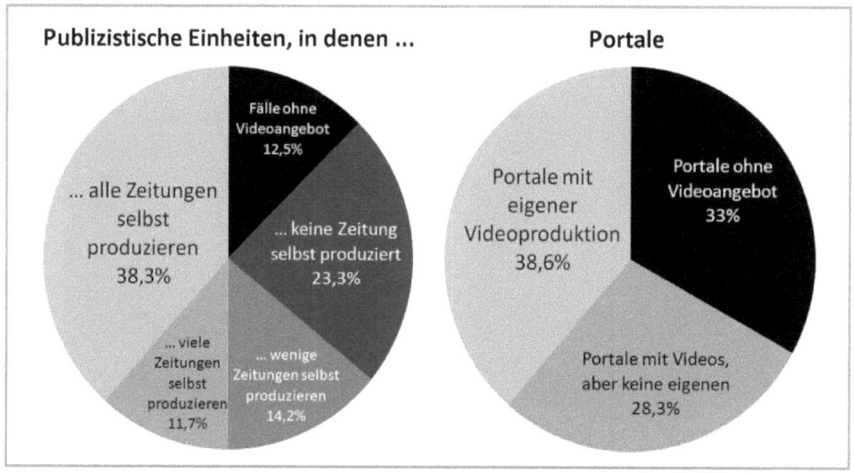

Abbildung 14: Video-Eigenproduktion bei deutschen Regionalzeitungen, eigene Darstellung

5.3.5 Zusammenhang von Auflage und Videoproduktion

Nach der Häufigkeitszählung zur Beantwortung der Forschungsfrage sind nun noch die aufgestellten Hypothesen zum Zusammenhang von Auflage und Videoproduktion zu prüfen. Dazu muss aber zunächst die Auflage bestimmt werden. Im Fall der Publizistischen Einheiten kann auf die Liste von Schütz (vgl. 2007) zurückgegriffen werden, wo sie für alle PE für das dritte Quartal 2006 angegeben ist.[126] Aus den gleichen Daten ist auch für die Mehrzahl der Portale eine sum-

---

[126] Die daraus entnommenen Zahlen sind in zweierlei Hinsicht problembehaftet: Erstens sind sie bereits drei Jahre alt, zweitens ist die verkaufte Auflage nach IVW-Messung, die Schütz (vgl. 2007) zugrunde legt, nicht unumstritten, erlaubt sie doch über Exemplare im sonstigen Verkauf (z. B. Messen oder Fluggesellschaften), die eigenen Zahlen positiv zu beeinflussen (für eine Betrachtung der Reichweitenmessung von Pressetiteln vgl. etwa Heinrich 2001: 219). Beide Einwände wurden

mierte Auflage der zugehörigen Zeitungen zu ermitteln. Lediglich in 13 Fällen konnte sie nicht eindeutig bestimmt werden. Diese wurden deshalb aus der Untersuchung entfernt (die Zahl sinkt damit auf $N_{Portale}$ = 220).

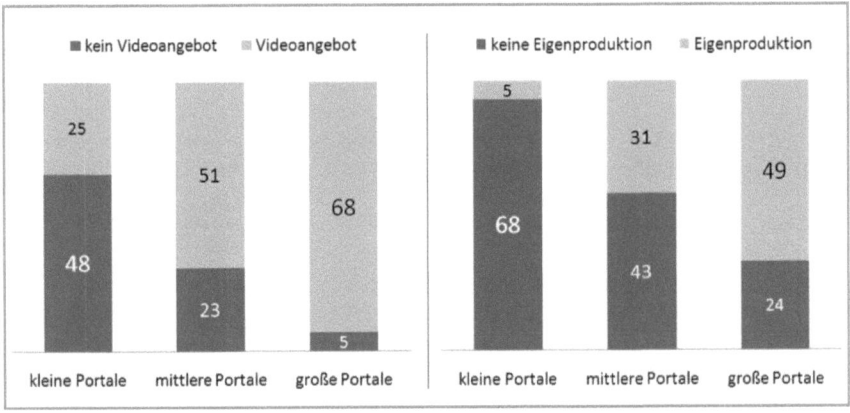

Abbildung 15: Zusammenhang von Größe und Videoangebot bei Portalen, eigene Darstellung

Das Ergebnis der Analyse für H1 ist eindeutig. Bei den Portalen verfügen 68 der 73 größten[127] über ein Videoangebot, von den 73 kleinsten jedoch nur 25 (siehe Abbildung 15).[128] Orientiert man sich an den Publizistischen Einheiten, ist das Resultat nicht ganz so augenfällig, da in der Kategorie „alle zugehörigen Zeitungen bieten Videos an" kleine und große PE gleich stark vertreten sind. Erst die Betrachtung der Kategorie „keine der Zeitungen bietet Videos an" bringt Klarheit, weil dort bei gleichen Erwartungswerten nur eine große, jedoch elf kleinere Einheiten vertreten sind. Sowohl für Portale als auch für PE ist die Hypothese H1 anzunehmen: *Große Zeitungen haben häufiger Videoangebote als kleine Zeitungen.*

---

jedoch reflektiert verworfen. Zum Einen ist der Anspruch an die Exaktheit der Daten in der hier vorzunehmenden, recht groben Einteilung in große, mittlere und kleine Zeitungen nicht so hoch wie bspw. beim Versuch, Verlagserfolge an der Auflagenentwicklung abzulesen. Zweitens wären andere Daten nur mit immensem Aufwand zu ermitteln gewesen, was im Umfang dieser Arbeit nicht zu leisten war.

[127] Wie oben definiert, werden Portale und PE als groß bezeichnet, wenn die Auflage der ihnen zugehörigen Zeitungen im oberen Drittel liegt und als klein, wenn sie im unteren Drittel rangiert. Ermittelt wurden folgende Grenzen: Portale > 65.000 / < 17.000, PE > 159.000 / < 75.000.

[128] Alle Kreuztabellen finden sich vollständig im Anhang.

Abbildung 15 zeigt bereits, dass auch bei der Eigenproduktion, auf die Hypothese H2 zielt, ein Zusammenhang mit der Auflage zu erkennen ist: Von den großen Portalen erstellen 49 selbst Clips, von den kleinen lediglich fünf. Bei den Publizistischen Einheiten ist das Ergebnis erneut komplexer (siehe Tabelle 1). Denn in der Kategorie „alle Zeitungen produzieren eigene Videos" sind bei gleichen Erwartungswerten sogar etwas mehr kleine Anbieter zu finden als große. Andererseits sind 55 Prozent der Kleinen in der Kategorie „keine der Zeitungen produziert Videos" zu finden. Bei den Großen sind es hingegen nur 22,5 Prozent. Die kleinen PE besetzten vor allem die Extreme. Eine mögliche Erklärung ist, dass sie in vielen Fällen nur aus einer Zeitung bestehen, die entweder Videos produziert oder auch nicht –die Zwischenkategorien also überhaupt nicht erreichen kann. Über alle Daten der Kreuztabelle ist zwar ein leichter Trend zugunsten der Großen zu erahnen, das Ergebnis ist jedoch so uneindeutig, dass die Hypothese H2 für PE zunächst abzulehnen ist. Es gilt nur: *Große Portale produzieren häufiger eigene Videos als kleine Portale.*

	keine Zeitung produziert eigene Videos	Minderheit der Zeitungen prod. Videos	Mehrheit der Zeitungen prod. Videos	alle Zeitungen produzieren eigene Videos
kleine PE	22	3	0	15
mittlere PE	12	5	3	20
große PE	9	9	11	11

Tabelle 1: Zusammenhang von Größe und Eigenproduktion bei PE, eigene Darstellung

In dieser Studie war nicht zu klären, was der Grund für den in drei von vier Analysen bestätigten Zusammenhang ist und vor allem, was für mögliche Folgen sich daraus ergeben: Ob es sich um einen normalen Diffusionsprozess handelt, in dem die Großen nur die Vorreiter sind, oder ob der Unterschied dauerhaft bestehen bleibt und in Zukunft – wenn Videos evtl. wettbewerbsentscheidend werden – zu einer Konzentrationswelle führen kann. Eine Untersuchung dieser Aspekte wäre sicher lohnend.

6 Empirische Teilstudie II:
Redaktionelle Organisation der Videoproduktion

Auf Grundlage der erfolgreichen ersten empirischen Teilstudie sind nun die 90 Portale deutscher Regionalzeitungen bekannt, die eigene Videos produzieren bzw. dies zum Zeitpunkt der Erhebung von März bis Mai 2009 getan haben. Dieses Kapitel baut darauf auf. Ziel ist, die Produktionsmodelle zu erforschen und Aussagen darüber machen zu können, welche der in Kapitel 3 theoretisch bereits dargelegten Organisationsoptionen in welchen Kombinationen praktisch tatsächlich eingesetzt werden. Dazu wird zunächst das methodische Vorgehen erläutert (Kapitel 6.1): die Bildung von Forschungsfragen (6.1.1), die Bestimmung der Forschungsobjekte (6.1.2), die Begründung der eingesetzten Forschungsmethode telefonische Befragung und Erläuterung ihrer Umsetzung (6.1.3) sowie die Definition und Überprüfung von Gütekriterien (6.1.4). Die Ergebnisse der Untersuchung werden vorgestellt und diskutiert (Kapitel 6.2), bevor daraus schließlich idealtypische Produktionsmodelle abzuleiten sind (Kapitel 6.3), die die Basis für die dritte empirische Teilstudie bilden.

6.1 Methodik

6.1.1 Forschungsfragen

Da zu diesem Themenfeld m. W. bislang keine Daten existieren, war ein von Hypothesen geleitetes Vorgehen nicht sinnvoll. Besser geeignet schien die Formulierung einer Reihe von Forschungsfragen. Sie sind in drei Bereiche unterteilt:

Art und Umfang der Produktion, wodurch gewisse Rückschlüsse auf die gewählte Video-Strategie möglich sind:
- Wie viele Videos werden pro Woche im Schnitt selbst produziert?
- Was wird produziert: welche Themen, welche Formate und wie aktuell?
- Werden auch Werbevideos produziert?

Organisationsmerkmale:
- Wird intern oder extern durch einen Dienstleister produziert?

Bei interner Produktion:
- Welche Personengruppen sind wie intensiv an der Produktion beteiligt?
- Wurden die Beteiligten für die neuen Aufgaben geschult?
- Gibt es eine prozedurale Differenzierung?
- Welche Quellen für Videomaterial werden genutzt?
- Gibt es eine thematische Differenzierung?
- Wie ist die Produktion in die Aufbauorganisation integriert?

Bei externer Produktion:
- Gibt es eine wirtschaftliche Verflechtung von Zeitung und Dienstleister?
- Wie gestaltet sich die Beziehung zum Dienstleister in Bezug auf den Einfluss der Redaktion auf Inhalte und die Weitergabe von Informationen?

Geplante Zukunft der Produktion:
- Soll das Videoangebot gleich belassen, ausgebaut oder verringert werden?

6.1.2 Bestimmung der Forschungsobjekte

Auch die zweite empirische Untersuchung wurde als Vollerhebung konzipiert, um eine solide Datenbasis zu schaffen und mögliche Verzerrungen einer Stichprobe von vornherein auszuschließen.[129] Es sollte außerdem gewährleisten, für den dritten Teil der Studie aus *allen* vorhandenen Fällen jene auswählen zu können, die den idealtypischen Modellen tatsächlich am nächsten kommen. Untersuchungseinheiten waren folglich alle 90 identifizierten, eigenproduzierten Videoangebote der Portale deutscher regionaler Tageszeitungen.

6.1.3 Begründung der Forschungsmethode

Da die meisten formulierten Forschungsfragen nicht durch Analyse von Dokumenten beantwortet werden konnten und Beobachtungen forschungsökonomisch nicht sinnvoll waren, blieb nur das Mittel der Befragung.[130] Angesichts der großen Zahl der Fälle und der Fokussierung der Untersuchung auf die Ermittlung von Fakten empfahl sich zudem eine weitgehende Standardisierung der Methode.[131] Eine persönliche Befragung war aus praktischen Gründen nicht umsetzbar,

---

[129] Zu den möglichen Problemen einer Stichprobenauswahl vgl. Diekmann 2009: 373.

[130] Wie schon in Kapitel 5 begründet, wird auf das separate Referieren der Methodenliteratur verzichtet und nur die Anwendung auf den konkreten Fall beschrieben. Für eine ausführliche Darstellung und Diskussion der Methode der Befragung vgl. Mayer 2008. Für einen Vergleich der drei Forschungsmethoden siehe etwa Komrey 2006: 395.

[131] Zu den Vor- und Nachteilen der Standardisierung vgl. etwa Diekmann 2009: 439.

eine mit geringem Aufwand mögliche schriftliche wurde hingegen nach reiflicher Überlegung nicht verwendet. Denn auch wenn Diekmann (vgl. 2009: 437) erläutert, dass durch geeignete Motivationsmaßnahmen die klassisch sehr geringe Rücklaufquote dieser Methode erhöht werden kann, war sie doch bei vergleichbaren Untersuchungen zum Online- oder Videojournalismus mit in der Regel zwischen 30 bis 60 Prozent zu schwach, um dem oben formulierten Anspruch auf Vollständigkeit gerecht zu werden (vgl. etwa Lowrey 2004; Spachmann 2003; Neuberger 2002 c). Deshalb fiel die Wahl letztlich auf die erheblich aufwändigere, aber im Schnitt höheren Rücklauf versprechende, standardisierte, telefonische Befragung. Als Erhebungseinheiten wurden die für die Videoproduktion verantwortlichen Personen definiert.

Bei telefonischen Befragungen hat sich der Einsatz computergestützter Systeme bewährt, weil im Vergleich zu gedruckten Bögen kein weiterer Übertragungsprozess notwendig ist, somit Kosten und Zeit gespart und Eingabefehler minimiert werden (vgl. Klammer 2005: 227). Da dem Autor keine teure, professionelle Befragungssoftware zur Verfügung stand, entschied er sich, die notwendigen Oberflächen auf Basis des Datenbankprogramms Microsoft Access selbst zu programmieren. Nach der Fertigstellung wurde das System anhand von 30 systematisch konzipierten Testfällen auf die korrekte Kodierung der Ergebnisse hin überprüft. Zwei dabei gefundene Fehler wurden bereinigt. Anschließend wurde der computergestützte Fragebogen einem Pretest unterzogen. Da es sich um eine Vollerhebung handelt, war es nicht möglich, diesen mit einem Video-Verantwortlichen durchzuführen und er erfolgte stattdessen mit zwei Printjournalisten. Beide waren allerdings mit dem Videoproduktionsmodell ihrer Zeitung vertraut. Der Pretest führte dazu, dass zwei Formulierungen genauer gefasst sowie einige Fragen umgestellt wurden. Am grundsätzlichen Gehalt wurde hingegen nichts verändert.

Der digitale Fragebogen besteht aus sechs Abschnitten:[132]

a) Ermittlung formaler Daten bspw. Name und Funktion der Interviewten

b) Operationalisierung der Forschungsfragen aus dem Komplex *Art und Umfang der Eigenproduktion*: ob sie nach der Definition dieser Arbeit vorliegt, wie viele eigene Videos pro Woche erstellt werden und wie viel Prozent davon im Schnitt Long-Tail- bzw. aktuelle Produkte sind. Die dabei verwendeten Formate werden mit Hilfe vordefinierter Kategorien abgefragt.[133] Gleiches gilt für die Themen, bei denen sowohl klassische Ressorts als auch Special-Interest-Themen berücksichtigt sind. Die Differenzierung ersterer in lokal, regional und überregional soll zudem einen Einblick geben, inwieweit bei der Videoproduktion eine Strategie der Re-

---

[132] Der vollständige Fragebogen findet sich im Anhang.
[133] Diese wurden auf Basis der verwendeten Literatur gebildet.

gionalisierung verfolgt wird.[134] Ergänzt werden die standardisierten Kategorien um eine offene Antwortmöglichkeit, in der die Interviewten weitere Themen oder Formate nennen können.[135] Anschließend wird abgefragt, ob auch Werbevideos für Unternehmen erstellt werden und ob die Eigenproduktion redaktionell intern oder extern durch einen Dienstleister erfolgt. Auf dieser Grundlage differenziert das Programm, ob im Folgenden Teil C, D oder beide vorgelegt werden.

c) Operationalisierung der *Organisationsmerkmale bei interner Produktion*. Zunächst werden die Mitarbeitergruppen abgefragt, die an der Erstellung der Videos beteiligt sind, wiederum nach festen Kategorien mit der Option, weitere zu benennen. Für jede genannte werden dann auf einer eigenen Seite ermittelt: Anzahl der Beschäftigten dieser Gruppe, hierarchische Ansiedlung, durchschnittliche Arbeitszeit pro Person und Woche für die Videoproduktion, TV-Vorerfahrungen, ausgeführte Arbeitsschritte und ob sie dafür geschult wurden[136]. Zum Abschluss dieses Teils folgt eine Seite, auf der weitere Quellen für Videomaterial angegeben werden sollen, die thematische Differenzierung abgefragt und das hierarchische Organisationsmodell erfasst wird.[137]

d) Operationalisierung der *Organisationsmerkmale bei externer Produktion*. Abgefragt werden der Name des Dienstleisters, ob der Verlag wirtschaftlich an ihm beteiligt ist und in wie weit er mit den Zeitungsredakteuren zusammenarbeitet (ob sie Themenauswahl und Inhalte bestimmen und mit Ideen, Informationen und Sachwissen die Produktion unterstützen).

e) Abfrage von Kooperationen; was jedoch nicht direkt der Auswertung dient, da in diesem Kapitel nur die Eigenproduktion betrachtet wird. Vielmehr sollen mögliche Missverständnisse aufgedeckt werden. Wird ein Sachverhalt beschrieben, der eigentlich unter die Rubrik „Dienstleister" fallen würde – was durchaus einige Male während der Befragungen vorkam – können die Angaben hierzu korrigiert werden.

---

[134] Lokal wurde operationalisiert als Themen, die nur einen Teil des Verbreitungsgebiets der zugehörigen Zeitungen betreffen, regional als jene, die das gesamte Verbreitungsgebiet betreffen und überregional als die, die nicht im Verbreitungsgebiet spielen und deren Relevanz darüber hinausgeht.

[135] Zur Funktion offener Kategorien, die Standardisierung durchbrechen vgl. Diekmann 2009: 438.

[136] Die abgefragten Arbeitsschritte sind: Drehredaktion, Kameraführung, Tonassistenz, Schnittredaktion/Beitragstext, Videoschnitt, Vertonung. *Ja* wird kodiert, sobald ein Mitarbeiter dieser Gruppe den Arbeitsschritt ausführt / eine Fortbildung dafür erhalten hat.

[137] Allerdings erscheint es wenig sinnvoll direkt Kategorien wie Einlinien-/Mehrliniensystem abzufragen, da diese Termini nicht bei allen Befragten als bekannt vorausgesetzt werden können. Stattdessen werden mehrere Fragen gestellt, deren Antworten in Summe das Organisationsmodell aufzeigen (gemeinsame/getrennte Chefredaktion, redaktionelle Ansiedlung der Videoproduktion, verantwortlicher Vorgesetzter sowie eine freie Beschreibung der Hierarchie-Strukturen).

f) Operationalisierung der Frage zur *geplanten Zukunft der Produktion*. Die Interviewten sollen angeben, ob bei ihnen bis Ende 2010 eine Veränderung der Videoangebote avisiert ist, differenziert nach eigenen und nicht-exklusiven Inhalten.

Neben den stark standardisierten Antworten im Fragebogen notierte der Interviewer handschriftlich besondere Vorkommnisse während des Gesprächs, wichtige Äußerungen oder Probleme. Die Erkenntnisse aus diesen Aufzeichnungen wurden mit in die Auswertung einbezogen. Bei der Betrachtung der Ergebnisse muss zudem berücksichtig werden, dass nur der aktuelle Stand des Produktionsmodells am jeweiligen Tag der Befragung untersucht wurde. Die Daten bilden weder den heutigen Stand ab, noch jenen, der zum Zeitpunkt der ersten empirischen Teilstudie vorherrschte.[138] Sie sind nur ein Schlaglicht auf einen sich schnell verändernden Markt.

6.1.4 Gütekriterien

Für telefonische Befragungen sind die Kriterien Objektivität, Reliabilität und Validität heranzuziehen (vgl. Diekmann 2009: 437). Die Objektivität ist als hoch einzustufen, da die starke Standardisierung die Möglichkeiten individueller Beeinflussung begrenzt (vgl. auch Mayer 2008: 89). Reliabilität scheint ebenfalls gegeben. Zwar ist hier kein systematischer Test durchgeführt worden. Während der drei Fallstudien, die im nächsten Kapitel vorgestellt werden, befragte der Autor aber noch einmal andere Mitarbeiter als jene, die die telefonische Variante bereits mitgemacht hatten. Grundgedanke war, die Ergebnisse dieser drei, für die Untersuchung besonders wichtigen Portale noch einmal abzusichern. Die Daten der beiden Befragungen je Zeitung stimmten bis auf marginale Details überein.[139] Da es sich um den gleichen Fragebogen – wenn auch ausgedruckt und in einer anderen Situation verwendet – und denselben Interviewer handelt, kann von einer akzeptablen Reliabilität ausgegangen werden. Damit wurde gleichzeitig auch festgestellt, dass in diesen drei Fällen die Angaben der ersten Person stark mit denen der zweiten übereinstimmten. Es kann also von einer gelungenen, eindeutigen Operationalisierung ausgegangen werden. Da zudem eine Vollerhebung durchgeführt und somit eine Verzerrung durch Stichproben ausgeschlossen wurde, scheint auch die Validität der Ergebnisse gegeben.

---

[138] So gaben einige Befragte von sich aus an, dass sich an ihrem Videoproduktionsmodell gerade etwas verändert habe oder bald verändern werde.

[139] Abweichend war in einem Fall die Angabe der Wochenarbeitszeit einer Personengruppe um eine Stunde und in einem anderen die Schätzung der Zahl der Printredakteure der Zeitung um 5 Personen.

6.2 Ergebnisse und Diskussion[140]

Die Befragung der 90 identifizierten Portale mit Eigenproduktion erfolgte im Zeitraum Juli bis Anfang September 2009. Dabei wurde festgestellt, dass eines sein Angebot eingestellt hatte (Saarbrücker Zeitung) und drei ihre Produktion gemeinsam koordinieren, weshalb in dem Fall nur der Verantwortliche eines Portals interviewt wurde. Somit reduziert sich die Zahl der angestrebten Interviews um drei auf 87. Lediglich bei drei Zeitungen davon wurde eine Teilnahme an der Untersuchung verweigert, 84 Fälle wurden erfolgreich kodiert. Das entspricht einer Rücklaufquote von 96,6 Prozent, was selbst für telefonische Befragungen außergewöhnlich hoch ist.[141] Umso mehr rechtfertigt das den bewusst gewählten, höheren Aufwand der Methode (siehe Kapitel 6.1.3). Und es bestätigt den Anspruch, dass die Ergebnisse praktisch die gesamte Landschaft der eigenproduzierenden Portale widerspiegeln.

6.2.1 Umfang und Art der Produktion

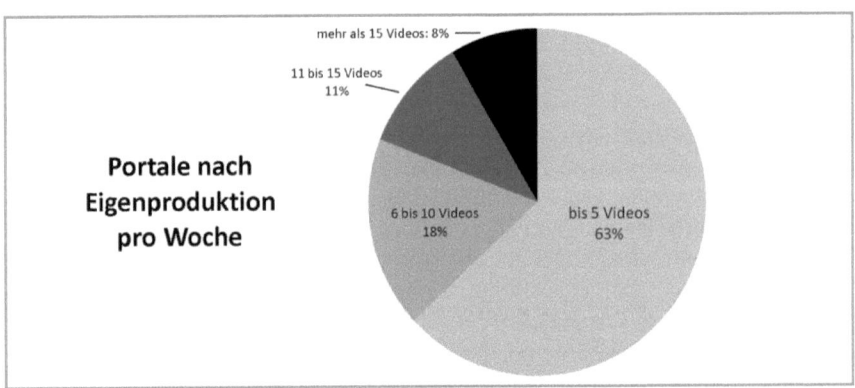

Abbildung 16: Umfang der Eigenproduktion, eigene Darstellung

---

[140] Da es sich bei einigen Daten um Firmeninterna handelt, wurde den Befragten eine vollständige Anonymisierung zugesichert. Deshalb findet sich keine Liste mit Einzelergebnissen im Anhang und die Ergebnisse werden ausschließlich als kumulierte Angaben vorgestellt.

[141] Als Gründe für diesen Wert kommen in Frage: die Möglichkeit der Befragten, nicht sofort teilnehmen zu müssen, sondern einen Telefontermin zu vereinbaren; die Funktion der Interviewten, die meist dem mittleren Management angehörten, weshalb sie im Schnitt mutmaßlich weniger Anfragen zur Teilnahme an Studien erhalten als bspw. Mitglieder der Chefredaktion; die Zusicherung der Anonymisierung bei Veröffentlichung; sowie das große Interesse der Befragten am Thema, das etliche z. B. durch intensive Nachfragen zu Ergebnissen am Ende des Telefonats ausdrückten.

Pro Woche werden bei den 84 befragten deutschen Regionalzeitungen insgesamt 535 selbst produzierte Videos online gestellt, durchschnittlich also 6,4 pro Portal (Median: 5). Die Bandbreite ist dabei enorm: Der geringste Wert liegt bei 0,25 Videos pro Woche, der höchste bei 27. Hauptsächlich handelt es sich um aktuelle Beiträge. Im Schnitt sind nur gut ein Viertel (27,1%) Long-Tail-Angebote.

Formate

Bei den Formaten wird der klassische, gebaute Beitrag am intensivsten eingesetzt. Bis auf ein Portal verwenden ihn alle. Vor allem wird er begleitet durch Off-Kommentare (75 Portale/89,3%). Moderierte Formen mit einem Reporter vor der Kamera finden sich in 59 Fällen (70,2%). Deutlich seltener ist die unkommentierte Variante, bei der Bilder nur zu Musik oder dem Originalton laufen (38/45,2%). Zu den fünf meistgenutzten Formaten, die mit großem Abstand vor den restlichen liegen, gehören zudem Straßenumfragen (52 Nennungen), Serien (49), Interviews (46) und Porträts (43).[142]

Nur selten eingesetzt werden humoristische und kommentierende Formate sowie mehrthematische Sendungen oder Nachrichtenblöcke. Über die Gründe kann hier nur gemutmaßt werden. Im Fall von Glosse, Satire und Comedy mag es die aufwändige Entwicklung und Produktion sein.[143] Im Fall der kommentierenden Formate und moderierten Sendungen könnte es daran liegen, dass sie sich im Grunde nicht gut für die Videoaufbereitung eignen, weil es auf das gesprochene Wort und weniger auf das Bild ankommt (vgl. Schmid 2008: 12). Im Gegensatz zum Fernsehen kann das Online-Medium hier auf die Aufbereitung als Audiodatei oder Text ausweichen.

Themen

Die klassischen Ressorts werden von den meisten Anbietern bei der Videoproduktion abgedeckt. Schaut man sich ihren Zuschnitt an, dominieren klar die lokalen und regionalen Bezüge. Sie machen zusammen 94,2 Prozent der Nen-

---

[142] 14 Portale nannten zudem Formate, die nicht in die standardisierten einzuordnen waren und deshalb als weitere Varianten der Liste hinzuzufügen sind: Blogs/ Videokolumnen (3 Nennungen), Veranstaltungshinweise (3), Pressekonferenzen von Sportvereinen in voller Länge (2) sowie Wettervorhersage, Themenvorschau (Printjournalisten stellen die Themen der Zeitung von morgen vor), Reportagen, Live-Übertragungen wichtiger Ereignisse, fiktionale Serie und Single-Börse (je 1).
[143] Mindestens ein Portal löst dieses Problem aber durch simple Zweitverwertung: Outtakes, also Schlamassel bei der Produktion der normalen Clips, werden zu Pannenvideos aneinander geschnitten. (Die Information gab der Befragte zusätzlich, als er nach der Kategorie Comedy gefragt wurde.)

nungen aus. Und selbst bei den Portalen, die angeben, auch überregionale Themen zu behandeln, wurden vom Interviewer allein vier Fälle notiert, in denen die
Befragten von sich aus erwähnten, dass diese immer lokal herunter gebrochen
würden, z. B. in Form von Straßenumfragen. Insgesamt ist also eine klare Regionalisierung der eigenproduzierten Videos festzustellen (siehe Abbildung 17).
Gründe dafür wurden in dieser Untersuchung nicht abgefragt. Es ist jedoch zu
erwarten, dass die Machbarkeit ebenso eine Rolle spielt wie die Ausrichtung des
gesamten Portals auf eine regionale Schwerpunktstrategie, mit der mehr Nutzer
angezogen werden sollen (vgl. Roth 2005). Oder wie es ein Befragter ausdrück-
te: „Ich halte die überregionalen Videos für nicht besonders klickträchtig."[144]
Interessant ist allerdings die hohe Zahl der Portale, die stets beide Kategorien
nannten, lokal und regional. Das könnte darauf hinweisen, dass die Portale und
angeschlossenen Zeitungen tatsächlich beide Bereiche intensiv abdecken. Ursache kann aber auch mangelnde Präzision bei der Operationalisierung sein, so
dass die Befragten den Unterschied nicht erfassten.

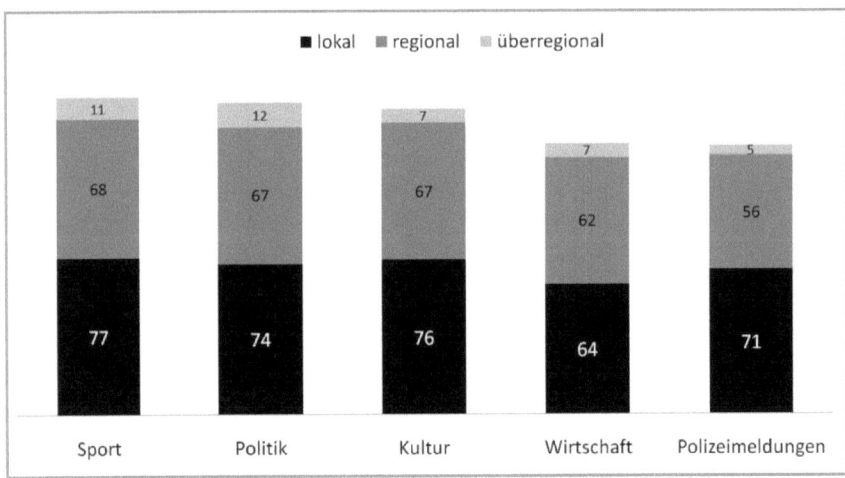

Abb. 17: Häufigkeit der Abdeckung klassischer Ressorts durch eigene Videos, eigene Darstellung

Bei der Betrachtung der einzelnen Ressorts fällt auf, dass über alle drei Kategorien hinweg (lokal, regional, überregional) Sport (156 Nennungen), Politik (153)
und Kultur (150) fast gleichauf liegen, jedoch einigen Abstand zu Wirtschaft
(133) und Polizeimeldungen (132) haben. Gründe hierfür wurden in dieser Un-

---

[144] Auszug aus einer vom Befrager separat notierten Information.

tersuchung nicht abgefragt. Denkbar ist aber, dass sich zahlenlastige Wirtschafts-themen häufig schwerer bebildern lassen. Im Fall der Polizeimeldungen, also Bränden, Unfällen u. Ä. mag es an der fehlenden Video-Infrastruktur einiger Zeitungen liegen. Denn während andere Themen gut planbar sind und ggf. VJs zum Ort des Geschehens fahren können, erfordern diese Ereignisse eine hohe Reaktionsgeschwindigkeit und damit einhergehend theoretisch Mitarbeiter de-zentral im gesamten Verbreitungsgebiet.[145]

Neben den klassischen Ressorts wurde auch eine Reihe Special-Interest-Themen abgefragt. Der Bereich Freizeit und Tourismus war dabei mit 62 Nen-nungen (73,8% der Portale) der mit Abstand am häufigsten abgedeckte. Es fol-gen Boulevard und Stars (35/41,7%), Familie und Kinder (30/35,7%), Wissen-schaft (27/32,1%) und Ratgeber (z.B. Technik/Gesundheit; 20/32,8%). Die Rub-rik Kino und TV war bei den eigenproduzierten Videos mit acht Nennungen sehr selten vertreten, dafür wurde bei der freien Antwortmöglichkeit allein sieben Mal das Thema Tiere erwähnt, vor allem in Form von Tiervermittlung aus Heimen.[146]

Werbliche Videos

35 der untersuchten 84 Portale treten auch als Produzenten werblicher Videos für Kunden auf. Das reicht von kurzen Clips über zum Verkauf stehende Häuser, die dann zusätzlich zum Text der Immobilienanzeige ins Netz gestellt werden, bis hin zu ganzen Werbespots. In einigen Fällen dient es dazu, ein Sponsoring der eigenproduzierten journalistischen Videos überhaupt erst zu ermöglichen,[147] da gerade lokale Firmen oft nicht über TV-Spots verfügen. Trotzdem werden sie in keinem Fall gratis für die Werbekunden erstellt, sondern stets separat berechnet. Insofern erschließen diese Zeitungen auch eine weitere Erlösquelle.

Auch diesen Bereich näher zu erkunden, wäre sicher ein lohnendes For-schungsvorhaben. Vor allem stellt sich die in dieser Studie nicht zu beantwor-tende Frage nach der Vermischung von Redaktion und Werbung. Acht Befragte fügten ihrer Antwort zwar von sich aus hinzu, dass es bei ihnen eine klare Auf-teilung gebe und dafür z. B. nur externe Dienstleister oder Mitarbeiter der Wer-beabteilung eingesetzt würden. Offenkundig ist also eine gewisse Sensibilität für das Thema vorhanden. Doch angesichts der Missachtung oder Gefährdung der

---

[145] Da Nutzerstudien bislang fehlen, ist unklar, wie sehr das Fehlen von Unfall- und Katastrophenvi-deos Portale schwächt. Denn Schmid (vgl. 2008: 10) urteilt auf der Grundlage von selbst angegebe-nen Zugriffszahlen der Zeitungen, dass neben Sport- vor allem diese Videos besonders gefragt seien.
[146] Die weiteren hier genannten Themen waren Wissen (2 Nennungen), Geschichte (2), Technik/ Multimedia/Internet (2), Promotion verlagseigener Veranstaltungen (2), Schönheitswettbewerbe/ Miss Wahlen (2), Singles (1), Auto (1), Kochen/Essen (1).
[147] Das folgt aus Informationen, die Interviewte über die Beantwortung der Frage hinaus gaben.

Trennungsnorm in einigen anderen Feldern des Online-Journalismus (vgl. Meier 2003: 249 ff.) wäre eine systematische Untersuchung wünschenswert.

6.2.2 Organisation

Nachdem nun einiges über die Art der Produkte in Erfahrung gebracht wurde, stellt sich dieser Abschnitt dem zweiten Block der Forschungsfragen, der redaktionellen Organisation. Zunächst ist hier zu betrachten, ob die Videos innerhalb der Zeitungs- bzw. Online-Redaktion erstellt werden oder ob ein externer Dienstleister damit beauftragt ist.[148] Es zeigt sich, dass fast zwei Drittel der Portale (52) auf eine rein interne Produktion setzen. 24 verwenden immerhin noch eine Mischung beider Varianten. Nur 9 Prozent (8 Fälle) arbeiten bei der Erstellung eigener, exklusiver Videos ausschließlich mit einem externen Dienstleister.

Interne Produktion: Mitarbeitereinsatz

Sehen wir uns deshalb zunächst die Organisation bei den 76 Portalen an, die zumindest teilweise intern produzierenden. Insgesamt arbeiten bei allen zusammen 1.316 Beschäftigte mit an der Erstellung von Videos. Bei der Frage, welche Mitarbeitergruppen am stärksten für die Videoproduktion eingesetzt werden, bieten sich drei Perspektiven an, die zu unterschiedlichen Ergebnissen führen:
- Geht man nach der Anzahl der Portale, die bestimmte Gruppen einsetzen, liegen die Onlineredakteure vor Print- und freien Mitarbeitern[149] (Abbildung 18, unteres Diagramm). Unter den sonstigen Mitarbeitern wurden alle genannten Personen zusammengefasst, die nicht in eine der anderen Kategorien einzuordnen waren.[150] Am seltensten setzen Portale Fotografen, Videoredakteure[151] und spezielles TV-Personal[152] ein.

---

[148] Wobei hier nicht die rechtliche Zugehörigkeit zur Redaktion entscheidendes Kriterium war, sondern die inhaltliche Nähe. So gibt es etliche Fälle, in denen die multimedialen Aufgaben ausgelagert sind in eine eigenständige Firma, die jedoch zu 100 Prozent zum Verlag gehört und in allen redaktionellen Fragen dem Print- oder Online-Chefredakteur untersteht. Auch diese Modelle werden hier Produktion innerhalb der Redaktion genannt. Von einem Dienstleister wird dann gesprochen, wenn das Unternehmen nicht nur teilweise zum Verlag gehört oder innerhalb des Hauses eine wirklich eigenständige Position einnimmt (z. B. auch ein eigenes TV-Programm ausstrahlt).

[149] Als freie Mitarbeiter werden hier nur jene nicht fest Angestellten eingestuft, die zumindest teilweise mit Produktionsmitteln des Verlags arbeiten. Andernfalls gelten sie als externe Dienstleister.

[150] Genannt wurden Volontäre (bei 9 Portalen), eher technisch orientiertes Personal z. B. Online-Producer oder ehemalige Fotobearbeiter (8), Mitglieder der Chefredaktion (5), Mitarbeiter aus Marketing/Anzeigenabteilung (3), Mitarbeiter aus anderen Verlagsabteilungen (3) sowie Praktikanten (2).

[151] Redakteure mit dem Arbeitsschwerpunkt auf der Videoproduktion.

- Betrachtet man den Anteil an der Gesamtzahl der Beschäftigten (siehe Abbildung 18 rechts) stellen die Printredakteure mit erheblichem Abstand die größte Gruppe (55%). Denn von ihnen werden mit im Schnitt knapp 14 am meisten Personen pro Portal eingesetzt. Dahinter folgen die freien Mitarbeiter (17%/5 pro Fall) und Onlineredakteure (11%/2,6).
- Bei der Arbeitszeit hingegen rangieren die Printredakteure pro Person und Woche auf dem letzten Platz (1,6 Stunden). Nur durch ihre große Zahl liegen sie mit einer Gesamtstundenzahl von 1.145 noch knapp vor Online- (1.138) und freien Mitarbeitern (1.077). Vor allem die kleine Gruppe der Videospezialisten (27 Videoredakteure, 32 spezielles TV-Personal) erfährt wegen ihres Arbeitsschwerpunkts und der damit verbundenen hohen Stundenzahl pro Person eine Aufwertung (VJ: 31,9 Stunden/TV-Personal: 24,2). Zusammen machen sie mehr als ein Viertel der Gesamtstundenzahl aus (1.634/26,9%).

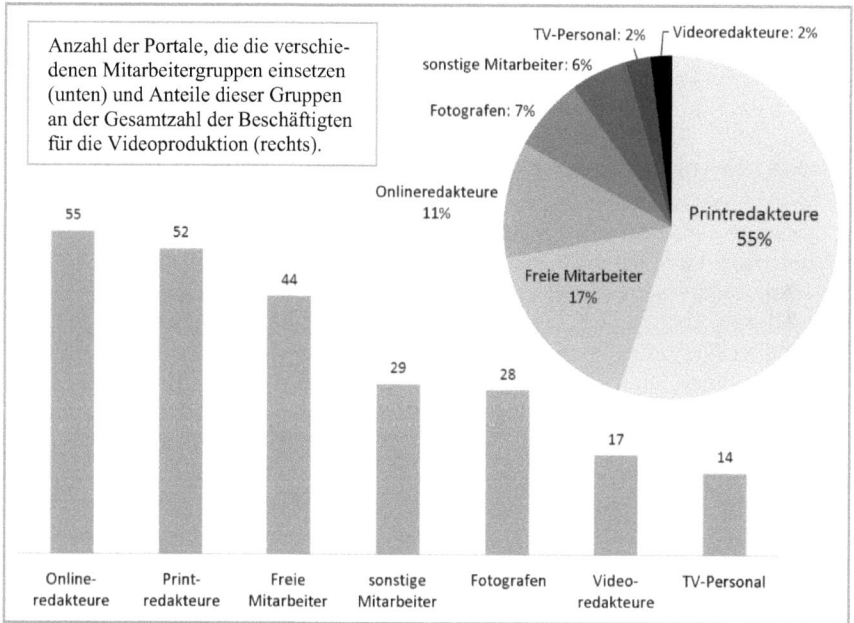

Abbildung 18: Für die Videoproduktion eingesetzte Mitarbeitergruppen, eigene Darstellung

---

[152] Definiert als Mitarbeiter, die für technische Arbeiten bei TV-Sendern ausgebildet wurden, z. B. Mediengestalter Bild & Ton, Kameraleute, Cutter.

Der weiteren Auswertung der einzelnen Mitarbeitergruppen ist eine Anmerkung voranzustellen: Im Theorieteil wurde auf Basis der Literatur ein neues System der horizontalen Differenzierung vorgestellt, in dem nicht mehr nur nach Prozess und Thema, sondern zusätzlich auch nach dem Medium unterschieden wird. Bei der Analyse der empirischen Daten wurde jedoch schnell klar, dass die prozedurale Ebene weiter unterteilt werden muss: In die schon bekannte Trennung von Inhaltsgenerierung und -konfektionierung (Dreh und Postproduktion) und die neu hinzutretende Differenzierung technischer (z. B. Kamera, Ton, Schnitt) und redaktioneller Tätigkeiten (z. B. Drehredaktion, Schnittredaktion/Texten). Eine Übersicht der einzelnen Mitarbeitergruppen bietet Tabelle 2.[153] Auffällig ist, dass man bei einer Interpretation der Zahlen recht klare Profile erhält:

So sind *Videoredakteure* vermutlich meist als VJs unterwegs, da sie fast immer alle Arbeitsschritte übernehmen. Das Know-how müsste groß sein, da knapp die Hälfte über teils einschlägige TV-Vorerfahrungen verfügt. Zudem liegt der Fokus ihrer gesamten Tätigkeit mit mehr als 30 Stunden pro Woche klar auf Bewegtbildern.

Die *freien Mitarbeiter* haben große Ähnlichkeit mit den Videoredakteuren – auch wenn sie mit 5 Stunden pro Woche und Person im Schnitt deutlich weniger im Einsatz sind. Allerdings ist das bei nicht fest Angestellten wenig überraschend. Auch sie scheinen sich als VJ zu etablieren (sehr selten prozedurale Ausdifferenzierung). Im Vergleich zum Print- und Onlinepersonal haben sie mehr TV-Vorerfahrungen.

Gegenteil der prozedural universalistischen Videoredakteure und freien Mitarbeiter sind zwei Gruppen, die häufig Ausdifferenzierung in diesem Bereich aufweisen: Erstens die *Fotografen*, die mehr technische als redaktionelle Aufgaben und ganz überwiegend Dreh und nicht Postproduktion betreuen. Sie sind die Lieferanten für Videomaterial – mutmaßlich auch, weil sie v. a. in Lokalredaktionen stationiert sind, Termine vor Ort wahrnehmen und dort ohne großen zusätzlichen Aufwand filmen können. Die Weiterverarbeitung erledigen hauptsächlich andere. Vermutlich deshalb ist auch ihr Einsatz für Videos zeitlich eher gering (4,7 Stunden/Woche).

Zweitens das *spezielle TV-Personal*, bei dem es sich jedoch etwas anders verhält. Mit 24,2 Stunden pro Woche liegt der Arbeitsschwerpunkt im Bewegtbildbereich. Sie sind vor allem Techniker, die stärker noch in der Postproduktion als beim Dreh eingesetzt werden. Nur äußerst selten übernehmen sie redaktionelle Aufgaben.

---

[153] Detailliertere Ergebnislisten finden sich zudem im Anhang.

	Video-redakteure	Online-redakteure	Print-redakteure	Fotografen	Freie Mitarbeiter	TV-Personal	Sonstige
Portale, bei denen sie eingesetzt werden	17	55	52	28	44	14	29
ø Anzahl pro Portal	1,6	2,6	13,9	3,3	4,9	2,3	2,5
Gesamtzahl	27	143	722	92	215	32	72
davon mit TV-Erfahrung	13 (48%)	26 (18%)	17 (2%)	1 (1%)	63 (29%)	24 (75%)	12 (17%)
Art der TV-Erfahrung	Praktikum bis Arbeit beim TV	Praktikum bis Arbeit beim TV	Praktikum bis Arbeit beim TV	Arbeit beim TV	Praktikum bis freie Mitarbeit TV	Ausbildung, Arbeit beim TV	Praktika, Studium, Arbeit beim TV
Schulungsrate [1]	60-67%	62-67%	35-53%	42-67%	38-50%	0-27%	38-59%
prozedurale Differenzierung [2]	sehr selten	selten	häufig	häufig	sehr selten	teils bis häufig	sehr selten
Dreh – Postprod. [2]	praktisch nie	praktisch nie	häufig (D)	sehr häufig (D)	selten (D)	selten (P)	sehr selten (D)
Red. – Technik [2]	sehr selten (R)	teils (R)	teils - häufig (R)	teils - häufig (T)	praktisch nie	sehr häufig (T)	sehr selten (R)
Arbeitszeit für Video [3]	31,9 / 861	8 / 1138	1,6 / 1145	4,7 / 430	5 / 1077	24,2 / 773	8,9 / 644
Ansiedlung [4]	überwiegend Online-redaktion (9)	überwiegend Online-redaktion (45)	Lokal- (51), Zentral-redaktion (27)	überwiegend Lokal-redaktion (18)	Online- (20), Lokal-redaktion (15)	Online (6), Abteilung Neue Medien (5)	überall

[1] Anzahl der Portale, die wenigstens Teile dieser Mitarbeiter für die sechs abgefragten Aufgaben geschult haben, sofern sie dafür eingesetzt werden (Drehredaktion, Kamera, Ton, Schnittredaktion/Texten, Schnitt, Vertonung/Sprechen). Für jede Aufgabe ergibt sich ein Wert, angegeben werden hier der niedrigste und höchste.

[2] Ausgewertet wird, bei wie vielen der Portale wenigstens ein Teil dieser Mitarbeiter für welche Aufgaben eingesetzt wird. Unterschiede werden untersucht zwischen Drehaufgaben/Postproduktion sowie zwischen primär technischen (Kamera, Ton, Schnitt) und primär redaktionellen Aufgaben (Dreh-, Schnittredaktion, Texten). Ausgegeben werden die Kategorien: praktisch nie prozedurale Differenzierung erkennbar (Abweichungen unter 5 Prozentpunkte/2 Mitarbeiter), sehr selten (unter 10 Prozentpunkte), selten (unter 15 Prozentpunkte), teils (unter 25 Prozentpunkte), häufig (unter 50 Prozentpunkte), sehr häufig (über 50 Prozentpunkte). Bei Unterschieden wird jeweils markiert, welche der Seiten überwiegt (D = Dreh, P = Postproduktion / R = Redaktion, T = Technik).

[3] Angegeben werden die durchschnittliche Arbeitszeit pro Woche und Person in Stunden und dahinter pro Woche für alle Mitarbeiter dieser Gruppe in Stunden.

[4] Abgefragt wurden die Kategorien Videoredaktion, Onlineredaktion, Mantelressorts/Zentralredaktion (beinhaltet Newsdesk, etc.), Lokalredaktion pro Portal. Mehrfachnennungen waren möglich, ebenso die Nennung eigener Kategorien. Angegeben werden die Abteilungen, in der die Mehrzahl angesiedelt ist inkl. der Häufigkeit der Nennungen.

Tabelle 2: Mitarbeitergruppen bei der Videoproduktion, eigene Darstellung

Die *Onlineredakteure* sind es vermutlich, die vor allem auf diese beiden Gruppen zurückgreifen. Denn teils scheinen sie zwar als VJs eingesetzt zu werden, erledigen alle Arbeitsschritte. Zudem sind sie praktisch ohne Unterschied für Dreh und Postproduktion unterwegs. Doch durchaus häufig differenzieren sie sich auch zugunsten ausschließlich redaktioneller Tätigkeiten, arbeiten also für die technischen Aufgaben mit anderem Personal zusammen.

Bei *Printredakteuren* stellt sich die Lage komplexer dar als bei den anderen Beschäftigten. Mit Blick auf die genauen Daten und die theoretischen Erkenntnisse lassen sich die Ergebnisse aber so interpretieren, dass sie sich in drei Untergruppen gliedern: ein Teil arbeitet als VJ, ähnlich wie die Videoredakteure, nur in sehr viel geringerem Umfang. Ein anderer Teil fungiert als Materiallieferant ähnlich den Fotografen, was die etwas häufigere Ausdifferenzierung von Dreh und Postproduktion erklärt. Der dritte Teil ist als journalistischer Betreuer eines Themas tätig, übernimmt also die Aufbereitung für Print und Online, sowohl beim Dreh als auch bei der Nachbearbeitung, erledigt aber fast ausschließlich die redaktionellen und nicht die technischen Aufgaben. Insgesamt handelt es sich in allen drei Fällen im Schnitt aber um sporadische Einsätze. Jeder Akteur ist nur hin und wieder für die Videoproduktion tätig – aber durch die Masse an Printredakteuren entstehen trotzdem tägliche, kontinuierliche Angebote.

Kaum auszuwerten ist die Gruppe der *sonstigen Mitarbeiter*. Durch ihre heterogene Zusammensetzung verschiedenster technischer, redaktioneller und teils sogar ganz medienfremder Berufe lassen sie sich nicht gemeinsam betrachten. Auch wenn die fehlende Auswertungsmöglichkeit zunächst enttäuschen mag – die Uneinheitlichkeit der Kategorie sagt etwas aus. Sie unterstützt das Bild, das beim Blick auf die Ergebnisse insgesamt entsteht: Die Videoproduktion von Regionalzeitungen gleicht einem Gemischtwarenladen. Offenkundig wird mit verschiedensten Produktionsmodellen und Mitarbeitergruppen gearbeitet, wobei einige davon zumindest klare Profile aufweisen und sich mit bestimmten Organisationsvarianten verbinden lassen, was eine grundlegende Typologie ermöglichen sollte (siehe Kapitel 6.3).

Interne Produktion: Mitarbeiterschulung

Mangelnde Schulung von Beschäftigten kann, das wurde im Theorieteil erläutert, zu weniger Wissen, mehr Vorurteilen und dem Gefühl führen, allein gelassen und überfordert zu sein.[154] Bei einer Untersuchung in den USA kommen Criado/ Kraeplin (vgl. 2003: 433) zu dem Schluss, dass Weiterbildungsprogramme in

---

[154] Die Auswirkungen mangelnder Fortbildung auf die Qualität können in dieser Arbeit zwar nicht untersucht werden, sollten aber ebenfalls mit bedacht werden.

konvergierenden Unternehmen nicht weit verbreitet sind: 57,5 Prozent der TV-
und 47 Prozent der Zeitungsredakteure wurden für die neue Aufgabe trainiert.
  Bei deutschen Regionalzeitungen ist die Schulungsrate je nach Mitarbeitergruppe unterschiedlich. Der höchste Anteil ist bei Online-Redakteuren zu finden:
Je nach Aufgabe erhalten sie bei 62 bis 67 Prozent der Medien, die sie für die
Bewegtbildproduktion einsetzen, eine Fortbildung. Ähnliche Raten weisen Videoredakteure und Fotografen auf.[155] Nicht so häufig sind Schulungen für multimedial arbeitende freie Mitarbeiter und Printredakteure (maximal 53%), was
besonders bei letzteren ins Gewicht fallen wird, weil hier fast niemand Vorerfahrungen beim Fernsehen hat. Am schlechtesten ist die Weiterbildungsquote beim
speziellen TV-Personal. Für redaktionelle Aufgaben werden sie gar nicht, für
technische bei maximal 27 Prozent der sie einsetzenden Medien trainiert.[156]
Insgesamt sind Schulungen in Deutschland also ähnlich weit verbreitet wie in
den USA, bei einigen Mitarbeitergruppen stärker, bei anderen schwächer. Von
einer Weiterbildung aller Beschäftigten ist man allerdings noch weit entfernt.[157]

Interne Produktion: Thematische Differenzierung und Materialquellen

Die thematische Differenzierung ist bei der Videoproduktion deutscher Regionalzeitungen nur als äußerst selten zu bezeichnen. Zentralisierung, also das Prinzip „alle machen alles" wird von 58 der 76 Portale verfolgt. Eine informelle
Aufteilung nach „Lieblingsthemen" bestimmter Journalisten findet in 14 Fällen
statt. Eine formale Gliederung z. B. nach Ressorts kommt bei der Erstellung von
Bewegtbildern nur bei drei Redaktionen vor.
  Die meisten Redaktionen erstellen ihre Videos ausschließlich aus dem Material, das ihre verschiedenen vorgestellten Mitarbeiter selbst drehen. Lediglich ein
Drittel (25 Portale) verwendet darüber hinaus noch anderen Quellen – wobei
auch hier die Mehrzahl der Befragten direkt mit angab, dass das eher sporadisch
denn regelmäßig geschieht. Am häufigsten genutzt werden Leser- (bei 14 Portalen) und Promotion-Videos von Vereinen, Unternehmen oder Agenturen (10).[158]
Offen ist, ob die Zeitungen nicht stärker auf Fremdmaterial zurückgreifen wollen
oder ob sie die Angebote in diesem Bereich schlicht nicht kennen.

---

[155] Allerdings ist hier zu berücksichtigen, dass bei ersteren fast 50 Prozent TV-Erfahrungen mitbringen, bei den insgesamt 92 Fotografen aber nur ein einziger.
[156] Allerdings ist das bei einer Vorerfahrungsrate von 75 Prozent wohl weniger bedeutsam.
[157] Für genauere Aussagen müssten mehr empirische Daten gesammelt werden. Lohnenswert scheint
das vor allem zum Umfang der Fortbildungen, der hier nicht abgefragt wurde.
[158] Selten wurde zurückgegriffen auf kostenfreie Bewegtbilder von Sportvereinen und Amateurfil-
mern (je 3 Nennungen), auf Kaufmaterial von freien Kameraleuten/ Agenturen (2) sowie auf Opera-
tions- und Polizeivideos (je ein Portal).

Interne Produktion: Hierarchische Gliederung

Bei der Frage nach vertikaler Differenzierung setzt die Betrachtung zunächst oben an, bei der Chefredaktion. Theoretisch war bereits abgeleitet worden, dass für die meisten gewählten Strategien – sofern sie nicht auf strikte Autonomie der Angebote setzen – eine gemeinsame Führung für Print, Online und Video sinnvoll erscheint (siehe Kapitel 3.3.3). Nicht untersucht werden konnte, ob dies empirisch zu belegen ist oder ob dieser Beweggrund in den Unternehmen ausschlaggebend war. Doch immerhin setzen mehr als drei Viertel der betrachteten Zeitungen auf eine gemeinsame Chefredaktion (77,6%).

Beim hierarchischen Aufbau unterhalb dieser Führungsebene dominieren die für deutsche Zeitungen so typischen Einlinien-Systeme (bei 45 Portalen/59%). Zu unterscheiden sind aber zwei Modelle innerhalb dieser Variante:

- Die Eingliederung der Online- und Videoproduktion in die bisherigen Strukturen. Die alten oder auch neuen Beschäftigten arbeiten weiter unter den gleichen Vorgesetzten wie früher. Die sind jetzt nur für drei statt einem Ausspielkanal verantwortlich.
- Die Erstellung einer Parallelstruktur, in der eine Videoproduktion eigenständig als Redaktion oder integriert in Online- bzw. Crossmedia-Abteilungen aufgebaut wird. Hier arbeiten dann häufig spezialisierte Beschäftigte unter einem eigenen Vorgesetzten für Bewegtbildformate.

Bei 31 Portalen (41%) lassen sich Matrixsysteme erkennen, die vermutlich erst für die Online- und Videoproduktion geschaffen wurden. Fast immer existiert eine eigene Abteilung für Bewegtbildangebote. Die jedoch erstellt die Clips nicht (allein), sondern auch Zeitungsredakteure, Fotografen und freie Mitarbeiter erledigen Dreh und/oder Postproduktion. Für die Printaufgaben bleiben sie dabei ihren alten Vorgesetzten unterstellt, für die Videoarbeit ist dann aber jemand aus der crossmedialen Abteilung weisungsbefugt. Die Zuständigkeit ist also nach Medien unterteilt. Nur in sehr wenigen Fällen (4) ist dies anders, gibt es eine Fachaufsicht durch die Videoredaktion und eine Sachaufsicht der Inhalte durch die entsprechenden Ressortchefs.

Über alle Varianten hinweg ist zudem eines auffällig: Bei einem Fünftel der Portale (21%) gaben die Befragten an, dass niemand für die Videoproduktion weisungsbefugt sei oder die Clips abnehme. Vielmehr arbeiteten die Redakteure eigenverantwortlich. „Denen wird vertraut, die wissen das besser", sagte einer der Interviewten. Doch ohne den Journalisten bei diesen Zeitungen ihre Kompetenzen absprechen zu wollen, wirft diese Praxis doch erhebliche Fragen zur Qualitätskontrolle auf.

Externe Dienstleister

32 Portale setzen (auch) auf den Einkauf exklusiver Videos oder Dienstleistungen von externen Unternehmen – wobei extern nicht zwingend außerhalb des Verlags heißen muss.[159] Allerdings beschäftigen nur drei Redaktionen tatsächlich Firmen, die der eigenen Muttergesellschaft gehören. Bei weiteren vier liegt zumindest eine Beteiligung vor. In den meisten Fällen (25/78%) sind die Produktionsfirmen aber nicht weiter mit dem beauftragenden Medienhaus verbunden.

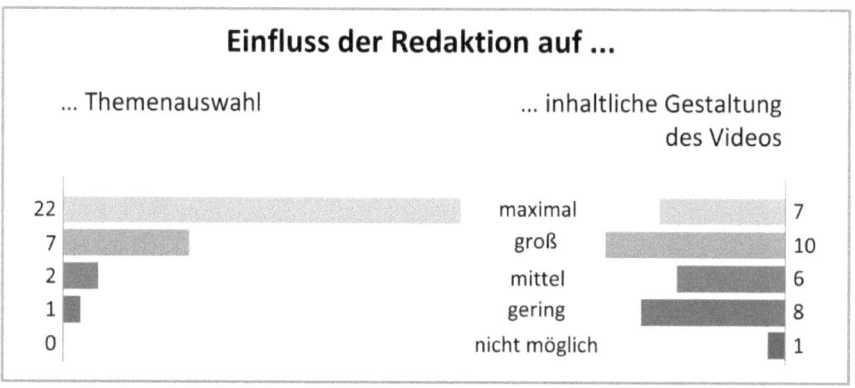

Abbildung 19: Verhältnis von Redaktion und Dienstleister, eigene Darstellung

An sich, das wurde bereits diskutiert, hat das Einkaufen von Inhalten unter anderem die Nachteile, Synergiepotentiale im eigenen Unternehmen ungenutzt zu lassen. Wenigstens auf das Sach- und Fachwissen der Zeitungsredakteure kann aber zurückgegriffen werden, wenn sinnvolle und gut koordinierte Schnittstellen geschaffen werden. In der Realität wird dies jedoch nur unzureichend umgesetzt. Lediglich über Themen herrscht reger Austausch: Ideen werden im Durchschnitt häufig an den Dienstleister weitergegeben und auf die Themenauswahl der Clips hat die Zeitung auch in der Regel maximalen Einfluss.[160] Rechercheergebnisse der Printredaktion oder auch vorhandenes Sachwissen, das bei der Erstellung des Videos helfen könnte, werden im Mittel aber nur gelegentlich herausgegeben, mit jeweils den meisten Nennungen in der Kategorie „fast nie". Und sie wirkt

---

[159] Für die Definition, was in dieser Studie als externer Dienstleister gefasst wird, siehe oben.
[160] Bei den Fragen nach der Weitergabe von Themenideen, Rechercheergebnissen und Sachwissen der Zeitungsredakteure wurden die Kategorien fast immer, häufig, gelegentlich, selten und nie vorgegeben; bei den Fragen nach dem Einfluss der Redaktion auf die Themenauswahl und auf die inhaltliche Gestaltung des Videos die Kategorien maximal, groß, mittel gering, nicht vorhanden.

auch nur bei etwas mehr als der Hälfte der Portale groß oder maximal auf die inhaltliche Gestaltung ein – in 28 Prozent der Fälle hat sie nur einen geringen oder sogar gar keinen Einfluss darauf. Die Ergebnisse sind im Sinn einer Ausnutzung vorhandener Potentiale verheerend.[161] In Zukunft wäre eine weitere Erforschung der Dienstleister deshalb dringend angeraten.

6.2.3 Geplante Entwicklung der Videoproduktion

Zum Ende der Befragung sollten die Interviewten angeben, welche Veränderungen für ihr Videoangebot bis Ende 2010 geplant sind.[162] Das Ergebnis fällt deutlich aus: Die Eigenproduktion wollen 78 Prozent der Portale moderat oder sogar stark ausbauen, nur ein einziges Portal möchte sie verringern. Die nicht-exklusiven Inhalte hingegen sollen bei weit mehr als der Hälfte der Portale (61,5%) gleich belassen werden. Ein Ausbau ist nur in 29,5 Prozent der Fälle geplant. Fünf Anbieter wollen diesen Bereich verringern, zwei sogar ganz einstellen. Diese Ergebnisse mögen zwar verzerrt sein durch Optimismus der Befragten, die als Video-Verantwortliche in der Regel von ihrem Angebot überzeugt sind. Doch in ihrer Eindeutigkeit zeigen sie zumindest einen klaren Trend auf: Die eigene Produktion wird weiter forciert, während die nicht-exklusiven, häufig überregionalen Videos tendenziell gleich belassen werden sollen.

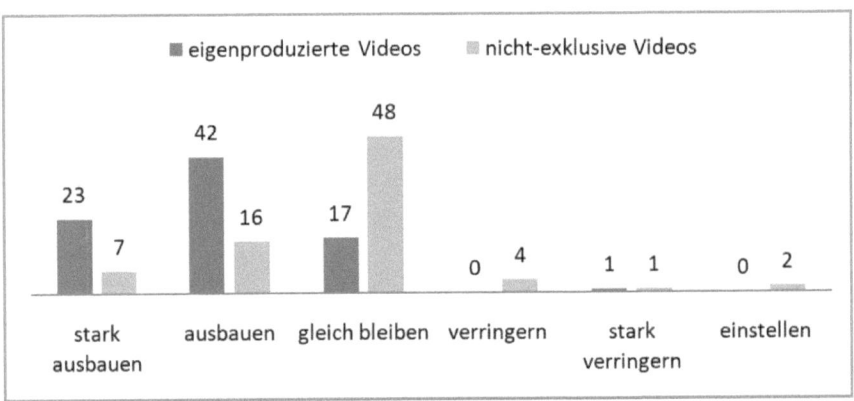

Abbildung 20: Geplante Veränderung der Videoangebote, eigene Darstellung

---

[161] Zumindest der letzte Aspekt wirft auch Fragen zur Qualität bzw. deren Kontrolle auf.
[162] Bei der ersten Teilfrage zu eigenproduzierten Videos gab ein Interviewter an, sie aus Mangel an Wissen nicht beantworten zu können. Bei der zweiten Teilfrage fehlen Angaben von sechs Befragten.

6.3 Konstruktion idealtypischer Organisationsmodelle

Aus den gewonnenen Daten lässt sich zunächst schließen, welche Ausrichtung die Videoproduktionsmodelle der Regionalzeitungen im Schnitt haben. Es zeigt sich, dass der Großteil noch recht klein ausgelegt ist, auf nicht mehr als einen Clip pro Tag. Wie im Theorieteil bereits vermutet, ist zudem bei allen Portalen eine klare Regionalisierung zu erkennen. Auch die Organisation sollte deshalb auf die Erstellung lokaler Inhalte ausgelegt sein, ebenso wie auf jene von klassischen Nachrichtenbeiträgen, die das Gros der erstellten Formate ausmachen. Nicht so eindeutig ist, ob die Strukturen eher für Long-Tail- oder aktuelle Produkte ausgelegt sein sollten. Denn in der Mehrzahl der Fälle gab es eine Mischung beider Formen, allerdings mit einem klaren Übergewicht aktueller Berichterstattung. Nur bei zwölf von 84 Portalen lag der Anteil der zeitlosen Beiträge bei mehr als 50 Prozent. Erstaunlicherweise lassen sich aus den vorliegenden Daten keine Zusammenhänge herstellen zwischen dem Grad der Long-Tail-Produktion und bestimmten Organisationsmerkmalen. Offenbar erstellen Zeitungen mit denselben Systemen beide Varianten. Insofern gelten die im Folgenden vorgestellten Konstrukte uneingeschränkt für alle Portale – unabhängig vom angestrebten Aktualitätsgrad der Bewegtbildberichte.

Die hier präsentierten Modelle sind induktiv aus den vorliegenden Daten ermittelt worden. Vor allem basierend auf den Mitarbeitergruppen und der horizontalen Differenzierung wurden zunächst Cluster ähnlicher Konstruktionen gebildet, dann ihre Gemeinsamkeiten als idealtypische Merkmale von den konkreten Fällen abstrahiert. Schließlich wurden jene Gruppen aufgelöst, die lediglich als Mischung anderer, klarer abgrenzbarer Modelle erschienen. Übrig blieben schließlich vier Varianten, die eine große Ähnlichkeit mit den in Kapitel 4 vorgestellten Typen aus der Literatur aufwiesen: weitgehende Autonomie, starke Integration sowie zwei Spielarten kooperativer Bemühungen.

6.3.1 Autonomiemodell

Die Videoproduktion ist hier weitgehend getrennt von den Strukturen der Zeitung organisiert. Im Vergleich mit den anderen Modellen sind wenige Mitarbeiter an der Erstellung des Angebots beteiligt, dafür aber jeder Einzelne mit deutlich mehr Stunden pro Woche. Prinzipiell können auch Print- und Onlineredakteure zum Einsatz kommen, besonders augenscheinlich wird das System aber durch Videoredakteure oder freie Mitarbeiter, die als Spezialisten für die Bewegtbildproduktion tätig sind (starke mediale Differenzierung). Sie betreuen häufig als VJ alle Arbeitsschritte selbst. Es kommt also zu einer weitgehenden

Zentralisierung der Prozesse und auch der Themen. Denn in den kleinen Video-redaktionen ist eine Ressortaufteilung illusorisch, häufig schon eine informelle nicht möglich. Um Klarheit zu schaffen: Das Autonomiemodell bedeutet nicht, dass Bewegtbild- und Printbereich gar keinen Kontakt zueinander haben. Doch Synergien bei der Produktion werden nicht genutzt, es wird eine Doppelstruktur aufgebaut: zu einem Termin fahren der Fotograf, der Print- und der Videoredak-teur, um jeder sein spezifisches Produkt zu erstellen.

6.3.2 Kooperationsmodelle

In diesen Fällen wird häufig eine separate Videoproduktion aufgebaut – oder pragmatisch der Online-/Multimedia-Abteilung zugeteilt. Allerdings werden nur bestimmte Aufgaben dort angesiedelt, andere sollen durch die Zeitungsredaktion übernommen werden. Die prozedurale Differenzierung ist dementsprechend stark, die thematische durch Nutzung der Printstrukturen mit Ressorts in der Regel auch. Nur medial wird mittel bis stark zentralisiert, ähnliche Aufgaben für verschiedene Ausspielkanäle sollen aus einer Hand erledigt werden. Das schafft Synergiepotential, führt allerdings auch fast zwangsläufig zu Mehrlinienstruktu-ren und koordinationsintensiven Schnittstellen. Kennzeichnend für diese Model-le ist eine hohe Zahl an eingesetzten Zeitungsredakteuren und/oder -fotografen, die jedoch nicht alle Arbeitsschritte erledigen und von denen jeder tendenziell nur wenig Zeit mit der Videoproduktion verbringt. Ergänzt werden sie durch z. B. Techniker oder auch Onlineredakteure, die dann die jeweils anderen Auf-gaben übernehmen.

Welche das sind, entscheidet letztlich über die genaue Art der Kooperation. Anhand der vorliegenden Daten konnten zwei Modelle identifiziert werden, die auf unterschiedliche Weise für prozedurale Differenzierung sorgen:

- Redaktion und Technik: Die Printmitarbeiter betreuen bei der Erstellung des Videos redaktionell das Thema, das sie auch für die Zeitung aufberei-ten. Sie übernehmen die Aufgaben der Drehbegleitung vor Ort, des Tex-tens eines Beitrags und des Vertonens. Die technischen Tätigkeiten (Ka-meraführung, Tonregelung, Digitalschnitt) übernehmen hingegen Be-schäftigte der Videoredaktion (z. B. Cutter, Mediengestalter). So ist ge-währleistet, dass das handwerkliche Produktionsniveau entsprechend hoch ist, weil keine Laien die Geräte bedienen. Allerdings bedeutet es auch, dass die Spezialisten vermutlich weite Wege zu ihren Einsatzorten in Kauf nehmen müssen, weil sie wohl in aller Regel in einer zentralen Video- oder Onlineredaktion angesiedelt sind.

- Dreh und Postproduktion: Die Printmitarbeiter, die ohnehin bei einem Termin vor Ort sind, drehen dort selbst die Bewegtbilder. Die Postproduktion, also das Texten, Schneiden und Vertonen findet dann aber zentral in der Videoredaktion statt.

6.3.3 Integrationsmodell

Der Verzicht auf Spezialisten wie Techniker und Videoredakteure kennzeichnet hingegen das Integrationsmodell. Stattdessen müssen die Printmitarbeiter Web-TV als neue Aufgabe neben ihren alten übernehmen und abgesehen von fertigen Zeitungstexten auch Clips liefern. Das führt zu einer medialen und auch prozeduralen Zentralisierung. Die starke thematische Differenzierung der Zeitung bleibt aber erhalten, Doppelstrukturen werden vermieden und die Synergiepotentiale sind so hoch wie bei keinem der anderen Modelle. Häufig kann zudem der bisherige hierarchische Aufbau bestehen bleiben, da keine Abteilungen oder Mitarbeitergruppen neu eingerichtet werden müssen. Fraglich ist allerdings, das wurde in Kapitel 4 bereits erwähnt, inwieweit Probleme in Bezug auf Qualität und Widerstand der Beschäftigten auftreten.

In der Realität treten die beschriebenen Modelle so gut wie nie in Reinform auf. In der Regel weichen sie von den Theoriekonstrukten leicht ab und werden vermischt mit den Produktionsmustern der anderen. Es kann also durchaus vorkommen, dass eine Zeitung auf der einen Seite Videoredakteure für sich arbeiten lässt, gleichzeitig aber auch die Printmitarbeiter dazu anhält, eigene Berichte zu machen. Das stellt nicht die präsentierten idealtypischen Modelle in Frage, sondern zeigt lediglich die Komplexitätsreduktion, die zwischen Praxis und theoretischen Konstrukten notwendig ist. Für die auf dieses Kapitel aufbauende dritte empirische Teilstudie bedeutet es aber eine Herausforderung, praktische Fälle für die Analyse auszuwählen, die möglichst die Reinformen repräsentieren.

7 Empirische Teilstudie III: Analyse der Organisationsmodelle

Durch die Grundlagen, die die vorangegangenen Kapitel gelegt haben, sind nun die eingesetzten Modelle der Redaktionsorganisation bekannt. Theoriegestützt wurden auch ihre Stärken und Schwächen beschrieben. Aufgabe dieser empirischen Teilstudie ist nun zu klären, ob und wie sie sich im praktischen Einsatz auswirken. In der Einleitung der Arbeit wurde bereits die Leitfrage dafür formuliert: Welche Vor- und Nachteile ergeben sich? Mit den bislang gesammelten Erkenntnissen vor allem zum individuellen Verlauf des Konvergenzprozesses lässt sie sich noch präziser ausdrücken: Welches Modell ist unter welchen Voraussetzungen für welche Strategie besonders geeignet? Dazu wird im Folgenden das methodische Vorgehen erläutert (Kapitel 7.1): Bildung von Forschungsfragen und Hypothesen (7.1.1), Auswahl der Fälle (7.1.2), Begründung der Forschungsmethode (7.1.3) und Diskussion der Gütekriterien (7.1.4). Nach der Vorstellung der betrachteten Redaktionen und ihrer Produktionsmodelle (Kapitel 7.2) werden dann die einzelnen Ergebnisse präsentiert und interpretiert (7.3) sowie anschließend zusammenfassend diskutiert (7.4).

7.1 Methodik

7.1.1 Forschungsfragen und Hypothesen

Wie schon in Kapitel 5 wird auf eine Mischung von Hypothesen und offenen Forschungsfragen gesetzt. Denn durch die Literaturdiskussion und die vorhergehenden empirischen Untersuchungen kann zu vielen Aspekten auf ein umfangreiches Wissen zurückgegriffen werden, um gut begründete Annahmen zu entwickeln. Nach wie vor sind aber bestimmte Bereiche etwa zum Zusammenhang von Merkmalen eines Unternehmens und dem gewählten Modell so gut wie gar nicht erschlossen. Anstatt an diesen Punkten vage Vermutungen zu formulieren, werden offene Forschungsfragen genutzt, um sie zu erkunden. Das Vorgehen dieser Studie dient also sowohl der explorativen Aussagengenerierung als auch der Hypothesenprüfung und -präzisierung. Zu untersuchen sind dabei weniger die Modelle selbst, die mit ihren Merkmalen ja bereits zuvor schon bekannt waren. Es geht stattdessen darum, die Implikationen und Effekte der verschiedenen Systeme zu analysieren. Dazu werden die Kategorien genutzt, die in den vorangegangenen theoretischen und empirischen Kapiteln aufgezeigt wurden: Grundlegende Strategieüberlegungen, Motive für Crossmedia, Synergien, sach- und personenbezogene Probleme sowie Maßnahmen dagegen.[163]

Grundlegende Strategieüberlegungen

Als wichtige, strategische Entscheidung ist die Frage der Regionalisierung zu bezeichnen. Aus der Literaturdiskussion ebenso wie aus den Ergebnissen der empirischen Teilstudie II lässt sich folgende Hypothese ableiten:

> *H1: Alle betrachteten Medien verfolgen unabhängig vom Organisationsmodell eine Strategie der Regionalisierung.*

Ebenso war zu erkennen, dass die meisten Portale auf aktuelle Videoberichterstattung setzten, weniger auf Long-Tail-Produkte. Deshalb lautet die Hypothese:

> *H2: Alle betrachteten Medien verfolgen stärker aktuelle als Long-Tail-Berichterstattung.*

Thematisch wurde eine Dominanz von Sport, Politik und Kultur festgestellt. In der Literatur ist aber auch der Hinweis zu finden, dass so genannte „Blaulicht"-Videos, also Clips über Unglücke, Unfälle und Katastrophen, besondere Publikumsmagneten und daher bei den Medien beliebt seien. Ob sie tatsächlich eine Zielgröße der Redaktionen sind, wird anhand der Hypothese untersucht:

> *H3: Die Abdeckung so genannter Blaulicht-Themen ist Ziel aller Medien.*

Um solche Videos produzieren zu können, ist jedoch eine Infrastruktur notwendig, bei der Reporter mit einer Kamera schnell vor Ort sind. Das scheint theoretisch mit dem Autonomie-Modell am schwierigsten umzusetzen zu sein:

> *H4: Das Autonomie -Modell eignet sich im Vergleich der drei Varianten am schlechtesten zur Produktion von Blaulicht-Videos.*

---

[163] Nicht betrachtet wurden vermeintlich objektive Erfolgsdaten wie Klickzahlen. Zum Einen, weil Erfolge hier nur in Längsschnittstudien sinnvoll messbar sind. Zum Anderen, weil die Zahlen selbst irreführend sind, da nicht zwischen dem Abruf journalistischer und anderer Inhalte differenziert wird und bestimmte Elemente wie Bildergalerien durch ihre technische Konstruktion überproportional erfasst werden (vgl. Jakubetz 2008: 117 f.).

Auch in Bezug auf die Motivlage ist nach Sichtung der relevanten Literatur nicht damit zu rechnen, dass sich die Beweggründe je nach Modell unterscheiden:

H5: Bei allen Medien spielen rückwärts gewandte Motive eine Rolle für die crossmedialen Aktivitäten.

H6: Bei allen Medien gehören auch vorwärts gerichtete Motive zu den Beweggründen für die Videoproduktion.

H7: Alle Medien möchten durch Crossmedia ihre Machtposition als wichtigster regionaler Informationslieferant stärken.

Synergien bei der Videoproduktion

Bereits bei der Herleitung der Modelle war theoretisch fundiert diskutiert worden, dass Synergien tendenziell umso stärker genutzt werden, je integrierter das Modell ist. Deshalb lauten die Hypothesen hier:

H8a: Das Integrationsmodell nutzt im Produktionsbereich stärker Synergien als das Kooperationsmodell.

H8b: Das Kooperationsmodell nutzt im Produktionsbereich stärker Synergien als das Autonomiemodell.

H9a: Das Integrationsmodell nutzt im Endkundenmarketing stärker Synergien als das Kooperationsmodell.

H9b: Das Kooperationsmodell nutzt im Endkundenmarketing stärker Synergien als das Autonomiemodell.

Lediglich das Werbekundenmarketing hängt nicht direkt mit der prozeduralen Differenzierung zusammen. Deshalb ist hier zu vermuten:

H10: Alle Medien nutzen Synergien im Werbekundenmarketing gleich stark.

Sach- und personenbezogene Probleme

Zunächst ist in einem innovativen Feld wie der Videoproduktion von Tageszeitungen generell mit Schwierigkeiten zu rechnen. Allerdings sollten – so die Theorie – besonders die organisatorischen Schwierigkeiten mit steigendem Integrationsgrad zunehmen, weil die unterschiedlichen Strukturen immer stärker aufeinander abgestimmt werden müssen. Gleichzeitig ist im Kooperationsmodell mit Schnittstellenproblemen zu rechnen:

H11a: Alle Medien hatten bei der Einführung der Videoproduktion mit finanziellen, technischen und organisatorischen Problemen zu kämpfen.

H11b: Im Autonomiemodell treten insgesamt weniger bzw. schwächere organisatorische Probleme auf als in den beiden anderen Fällen.

H11c: Im Kooperationsmodell entstehen Schnittstellenprobleme.

Da zum Einsatz von Lösungsstrategien für die genannten Probleme bei der Videoproduktion m. W. keine Daten existieren, sind Hypothesen nicht sinnvoll zu bilden. Hier werden stattdessen folgende forschungsleitende Fragen formuliert:

F1a: Welche Maßnahmen wurden gegen sachbezogene Probleme ergriffen?

F1b: Wurden die Probleme dadurch überwunden oder abgemildert?

Bei den personenbezogenen Problemen müssen die verschiedenen Gründe für Widerstand getrennt betrachtet werden. Die Bereiche Nicht-Wissen und Nicht-Können sind theoretisch verhältnismäßig einfach zu überwinden, im Wesentlichen durch Kommunikationsmaßnahmen und Fortbildungen. Besonders letzteres wird nach allen bisherigen Erkenntnissen jedoch eher vernachlässigt. Nicht-Glauben hängt stark vom Vertrauensverhältnis zwischen Vorgesetzten und Mitarbeitern ab, das bereits über Jahre geprägt worden und nicht so einfach zu ändern ist. Nicht-Wollen könnte mit steigendem Integrationsgrad zunehmen, da dann immer mehr Beschäftigte immer stärkere Veränderungen ihrer Arbeit durch Videoproduktion erleben. Deshalb lässt sich begründet annehmen:

H12a: Widerstände beruhend auf der Wissensbarriere sind in allen Modellen vor allem zu Beginn aufgetreten.

H12b: Widerstände beruhend auf der Wissensbarriere konnten durch Managementmaßnahmen in allen Modellen abgeschwächt werden.

H13a: Widerstände beruhend auf der Glaubensbarriere sind in allen Modellen aufgetreten.

H13b: Gegen Widerstände beruhend auf der Glaubensbarriere konnten in keinem Modell erfolgreich Maßnahmen zur Abschwächung eingesetzt werden.

H14a: Widerstände beruhend auf der Willensbarriere sind im Integrationsmodell stärker aufgetreten als in beiden anderen Systemen.

H14b: Widerstände beruhend auf der Willensbarriere sind im Autonomiemodell gar nicht aufgetreten.

Anknüpfend lassen sich zudem folgende offenen Fragen formulieren:

F2a: Welche Maßnahmen gegen Widerstände wurden ergriffen?

F2b: Wurden dadurch Widerstände abgebaut oder überwunden?

Zukunft der Videoproduktion

Eine beträchtliche Anzahl der in Kapitel 6 untersuchten Portale will das Angebot an eigenproduzierten Videos ausbauen. Das ist deshalb auch für die Modelle hier anzunehmen – Art und Umfang der Veränderungen sind aber nicht abzuschätzen:

> *H15: Alle Medien planen einen Ausbau ihrer Eigenproduktion.*
>
> *F3: Welche Änderungen oder Modifikationen ihres Angebots/ Modells planen die Medien?*

Zusammenhang mit individuellen Einflüssen

Zwar geht die für diese Studie zu Grunde gelegte Diffusionstheorie davon aus, dass der Konvergenzprozess von individuellen Faktoren geprägt ist. Welche dies sind, ist aber nicht bekannt. Deshalb soll die Forschungsfrage geklärt werden:

> *F4: Welche Zusammenhänge sind zwischen bestimmten individuellen Einflüssen, Entwicklungen und Merkmalen der Zeitung und dem verwendeten Videoproduktionsmodell erkennbar?*

7.1.2 Auswahl der Fälle

Zentrale Bedeutung kommt bei einer Untersuchung anhand von Fallstudien der Auswahl der zu analysierenden Objekte zu. Aus forschungsökonomischen Gründen war maximal die Betrachtung von dreien möglich. Ein zufallsgesteuertes Verfahren erschien deshalb unsinnig, hätte es doch relativ sicher dazu geführt, dass bestimmte Organisationsmodelle gar nicht im Sample vertreten sind.[164] Auch eine Wahrscheinlichkeitsauswahl schien ungeeignet, da durch die etlichen verschiedenen Mischvarianten in der Praxis (siehe Kapitel 6.3) kaum eine genaue Zuordnung möglich gewesen wäre. Deshalb wurden die Fälle schließlich bewusst nach Kriterien bestimmt.

Wichtigste Voraussetzung war, dass sie unterschiedliche Modelle repräsentieren. Da nur drei Betrachtungen möglich, aber vier idealtypische Varianten entwickelt worden waren, musste eins entfallen. Die logische Wahl war, eines der kooperativen zu streichen, da sie miteinander in weiten Teilen übereinstimmen, jedoch große und dringend zu untersuchende Unterschiede zu den anderen beiden aufweisen. Letztlich wurde das System der Aufteilung von Technik und Redaktion ignoriert, weil eine Differenzierung in Dreh und Postproduktion bei Printredakteuren und Fotografen häufiger zu beobachten war (siehe Kapitel 6).

---

[164] Für eine Darstellung der Auswahlverfahren von Stichproben vgl. etwa Diekmann 2009: 373.

Die ausgewählten Fälle sollten die Modelle möglichst in Reinform repräsentieren, Vermischungen weitgehend ausgeschlossen werden. Andernfalls wäre eine Zuordnung der Ergebnisse schwierig. In einigen Merkmalen sollten die betrachteten Unternehmen übereinstimmen, um durch das Stabilhalten von Einflussgrößen eine bessere Vergleichbarkeit der Objekte zu gewährleisten (ceteris paribus). So sollten nur Fälle einbezogen werden, die Video als neuen Arbeitsbereich aufgebaut und nicht eine bestehende Produktion integriert haben, da letzteres in Deutschland doch die deutliche Ausnahme ist (siehe Kapitel 6). Auch in Bezug auf die Gestaltung der Chefredaktionsstruktur wurde auf die Variante der Mehrheit mit einer gemeinsamen Führung für Print, Online und Video gesetzt. Zwar ist zu vermuten, dass diese Frage durchaus Auswirkungen hat auf die Bewältigung der Aufgaben. Nur ist eine Untersuchung des Aspekts aus oben erläuterten Gründen hier nicht möglich, für die Zukunft jedoch sicherlich lohnend.

Die Wahl eines Falls mit Integrationsmodell war relativ eindeutig zu treffen. Nach Auswertung der empirischen Untersuchung II war die am stärksten in diese Richtung entwickelte Redaktion jene der Hessischen/Niedersächsischen Allgemeinen (HNA), die fast alle ihre Printmitarbeiter für alle Schritte der Videoproduktion einsetzt. Das Kooperationsmodell wird repräsentiert durch den Trierischen Volksfreund. Denn hier war nach Durchsicht der Ergebnisse die Teilung in Dreh vor Ort durch Zeitungsredakteure und Schnitt in der Zentrale durch Spezialisten am eindeutigsten. Für das Autonomiemodell erfüllten drei Medien klar die Kriterien, die auch alle prinzipiell einer Untersuchung zustimmten. Allerdings wäre es bei zwei der Blätter organisatorisch nicht möglich gewesen, die Analyse zum gesetzten Zeitpunkt Anfang September 2009 durchzuführen. Aus forschungspraktischen Gründen wurde die dritte Zeitung gewählt, das Stader Tageblatt. Alle ausgesuchten Fälle erfüllen die definierten Kriterien und stellen damit ein sinnvolles Sample für die folgende Untersuchung dar.

7.1.3 Begründung der Forschungsmethode

„Fallstudien sind [...] die einzige Möglichkeit, neue Organisationsmodelle zu evaluieren, und bringen – bei entsprechendem Forschungsdesign – auch einen Nutzwert für die redaktionelle Praxis. Wünschenswert wäre deshalb eine Reihe methodisch vergleichbarer Fallstudien, um Unterschiede und Gemeinsamkeiten, Vor- und Nachteile verschiedener Redaktionsmodelle [...] herausarbeiten zu können." (Meier 2006: 219)

Diese Untersuchung setzt den von Meier formulierten Anspruch um, behandelt die drei Modelle mit einem einheitlichen, methodischen Design. Der Ansatz ist dabei im Gegensatz zu den vorherigen Teilstudien ein qualitativer.[165] Es geht nicht um die Erhebung von Daten vieler Objekte, sondern die detaillierte, verstehende Analyse und das Durchdringen einzelner Fälle. Ein hoch standardisiertes, quantitatives Verfahren wäre nicht geeignet gewesen, den komplexen Konvergenzprozess nachvollziehen und beschreiben zu können – besonders in Bezug auf die Bereiche, für die oben aufgrund fehlenden Vorwissens offene Forschungsfragen gebildet wurden (vgl. auch Dupagne/ Garrison 2006: 243; Brüggemann 2002: 75).

Besonders aus der Erfahrung heraus, dass Beobachtungs- und Befragungsstudien in innovativen, journalistischen Feldern häufig zu widersprüchlichen Ergebnissen kommen (aufgrund vor allem von sozialer Erwünschtheit und Fehlwahrnehmungen), ist zudem ein Mehrmethodendesign erforderlich (vgl. Quandt 2003: 274). Die Triangulation[166] verschiedener Instrumente birgt zwar das Problem eines erhöhten Aufwands – für den Forscher wie für die Untersuchten (vgl. Flick 2008: 97 f.). Ersterer nahm das aber bewusst in Kauf und auch den untersuchten Redaktionen schien der Umfang zumutbar. Außerdem konnte die Triangulation bereits bei einigen Studien im Bereich Konvergenz erfolgreich eingesetzt werden (vgl. Garcia Aviles et al. 2008; Dupagne/ Garrison 2006; Boczkowski 2004 b; Lawson-Borders 2003; de Aquino et al. 2002: 76). Meier (vgl. 2006; 2002 c) arbeitete im deutschsprachigen Raum bereits zwei Mal mit einer Kombination aus persönlichem Interview, Fragebogen und Redaktionsbeobachtung. Ein Vorgehen, das auch für diese Studie sinnvoll erschien.

Leitfadeninterview

Informationen über die Vergangenheit und Zukunft des Videoangebots sowie besonders strategische Grundüberlegungen sind Wissensbereiche, die nur dem Projektmanagement zur Verfügung stehen. Deshalb war eine ausführliche Befragung der Verantwortlichen in Form eines persönlichen Leitfadeninterviews[167] notwendig. Der Leitfaden wurde auf Grundlage der oben definierten Hypothesen und Fragen konzipiert. Lediglich die Abfolge wurde geändert, um dem Gespräch einen sinnvollen roten Faden zu geben. Eine etwas provokante Eingangsfrage sollte zudem den Interviewten von Beginn an aktivieren und anregen, von sich

---

[165] Wie bereits in den vorangegangenen Kapiteln erklärt, werden die Methoden in dieser Arbeit nicht allgemein vorgestellt und diskutiert, sondern kurz begründet und lediglich ihre Anwendung erläutert.

[166] Eine ausführliche Theorie der Triangulation findet sich bei Flick 2008.

[167] Im Fall eines Interviews ohne Leitfaden hätte die Gefahr bestanden, nicht alle relevanten Aspekte des Themas zu bearbeiten. Eine vollstandardisierte Befragung hingegen hätte dem verstehenden Charakter der Untersuchung widersprochen. Der Interviewleitfaden findet sich abgedruckt im Anhang. Zur Methode des Leitfadeninterviews vgl. Mayer 2008: 37 ff.

aus Gedanken zu entwickeln. Formulierungen waren vorgegeben, durften aber genau wie die Reihenfolge der Themen variiert werden, wenn es dienlich erschien.[168]

Fragebogen

Da Neuerungen in Unternehmen grundsätzlich als Konflikt zwischen Management und Beschäftigten verstanden werden können, aus denen die angesprochenen Widerstände entstehen (siehe Kapitel 3.1.4), ist es in der Untersuchung unerlässlich, auch die Sicht der Mitarbeiter zu berücksichtigen. Weil es im engen Zeitrahmen der Studie nicht möglich war, auch hier mehrere Leitfadeninterviews zu führen, wurde in Anlehnung an Meier (vgl. 2006; 2002 c) auf die quantitative Methode der schriftlichen Befragung zurückgegriffen.[169] Eine hohe Standardisierung sollte die Datenmenge handhabbar halten. Für die Konstruktion des Fragebogens wurden jene Forschungsbereiche herausgegriffen, zu denen die Beschäftigten etwas beitragen können: Synergien auf der Produktionsebene, Widerstände auf den Ebenen Wissensbarriere, Glaubensbarriere und Willensbarriere sowie Aspekte der persönlichen Motivation. Jede dieser Kategorien wurde in mindestens zwei Einzelfragen operationalisiert,[170] die anschließend so angeordnet wurden, dass die zu Grunde liegende Systematik nach Möglichkeit nicht mehr direkt erkennbar war.[171] Schließlich wurde darauf geachtet, dass die Interviewten zu Beginn nicht überfordert oder abschreckt wurden, die komplexesten Fragen erst im zweiten Drittel folgten (vgl. Mayer 2008: 95; Kromrey 2006: 382).

Beobachtung

Wie oben bereits dargestellt, ist es in Studien wie dieser ratsam, die Angaben aus Befragungen – mündlichen wie schriftlichen – durch eine Beobachtung zu ergänzen bzw. zu prüfen. Sie sollte in diesem Fall offen, nicht teilnehmend und teilstrukturiert stattfinden durch die Begleitung eines Mitarbeiters, der für die

---

[168] Zudem waren unterhalb der Fragen mögliche, aus den vorherigen Kapiteln ableitbare Antwortoptionen aufgeführt, um den Interviewer bei der Überprüfung der Vollständigkeit der Antwort und möglichen Nachfragen gedanklich zu unterstützen.

[169] Eine Einführung in die Planung und Durchführung schriftlicher Befragungen bieten etwa Diekmann 2009: 434 ff.; Mayer 2008: 58 ff.

[170] Der Fragebogen und eine Übersicht der Kategorien finden sich im Anhang.

[171] Dadurch sollte bewussten wie unbewussten Manipulationen vorgebeugt werden und ein roter Faden mit thematischen Blöcken entstehen, dem die Befragten folgen konnten (vgl. Mayer 2008: 95).

Videoproduktion seiner Zeitung arbeitet.[172] Die Methode wurde nur so weit
standardisiert, als dass Kategorien festgelegt wurden, nach denen die Tätigkeiten
kodiert werden sollten: Arbeitsschritte, Kontakt zu anderen Redakteuren, Äußerungen über die Videoproduktion, sonstige Auffälligkeiten. Zu jeder mussten
kurze formale Angaben gemacht werden, etwa zu Start- und Endzeit oder Anzahl
der Personen, mit denen der Beobachtete interagierte. Vor allem aber sollten die
Inhalte beschrieben werden.[173]

Zur Erhebungssituation

Durch den begrenzten Umfang der Studie war pro Redaktion nur ein Tag Zeit für
Beobachtung und Interview. Jeweils kurz vor den Terminen in der ersten Sep-
temberwoche 2009 wurde den Kontaktpersonen in den Redaktionen der Fragebogen für die Mitarbeiter zugeschickt, mit der Bitte, ihn allen Beschäftigten
gedruckt oder elektronisch zukommen zu lassen. Die ausgefüllten Bögen sollten
dann am Ende des Redaktionsbesuchs vom Autor mitgenommen werden, später
eintreffende wurden per Post nachgeschickt. Die Beobachtung war zwar auf
einen Arbeitstag angelegt, umfasste letztlich aber nur einige Stunden. Denn
durch die Interviews, Pausen, Vorstellungen, Redaktionsführungen etc. ging
erheblich Zeit ab. Es wurde jedoch darauf geachtet, dass immer mindestens ein
vollständiger Produktionszyklus durlaufen wurde – von der Materialgenerierung
bis zum fertigen Video. Während der Beobachtung folgte der Autor den Verhaltensregeln auf dem Kodierbogen, hielt sich also im Wesentlichen im Hintergrund. Allerdings stellte er Nachfragen, wenn sich ihm Sachverhalte nicht erschlossen und reagierte auf Ansprache durch die Anwesenden. Die formalen
Daten zu den Interviews sind Tabelle 3 zu entnehmen. Zeit und Ort richteten sich
nach den Möglichkeiten der Befragten. Das sorgte zwar dafür, dass sie an sehr
unterschiedlichen Örtlichkeiten und zu verschiedenen Zeitpunkten vor, während
und nach der Redaktionsbeobachtung stattfanden. Die Vergleichbarkeit berühren
diese Umstände m. E. jedoch nicht, da in allen drei Fällen eine lockere aber sach-
lich-professionelle Gesprächsatmosphäre herrschte und die Befragten von der
unterschiedlich weit vorangeschrittenen Beobachtung nicht betroffen waren. Die
Interviews wurden auf Video aufgenommen, verwendet wurde nur der Ton.

---

[172] Für eine Darstellung der Methode speziell für Medienredaktionen vgl. Gehrau 2002: 105 ff.
Allgemeine Ausführungen zur Beobachtung finden sich bei Diekmann 2009: 548; Klammer 2005:
197 ff.
[173] Weitere Details zu Kodierung und Verhaltensregeln für den Beobachter finden sich auf einem
Anweisungsbogen im Anhang.

Zeitung	Interviewter	Ort	Datum	Uhrzeit	Länge
HNA	Jens Nähler, Leiter Online-Redaktion	Kassel (Videoschnittraum)	1.9.09	10.30	85 Min.
Stader Tageblatt	Wolfgang Stephan, Chefredakteur	Innenstadt Stade (Restaurant)	2.9.09	14.20	51 Min.
Trierischer Volksfreund	Alexander Houben, Chef vom Dienst	Trier (Arbeitsplatz)	3.9.09	16.00	44 Min.

Tabelle 3: Überblick über die Leitfadeninterviews , eigene Darstellung

Zur Auswertung

Die Auswertung der Interviews folgt dem Modell nach Meuser/Nagel (vgl. 1991; zitiert nach Mayer 2008: 50), das die Ansprüche an gleichzeitige Entwicklung und Überprüfung von Erkenntnissen umsetzt. Zunächst wurden die Aufnahmen dazu in Alltagssprache transkribiert.[174] Es folgten eine Paraphrasierung in eigener Sprache und die Zuordnung der Passagen zu Themen. Dafür wurden die oben entwickelten Kategorien verwendet, das System wurde jedoch während des Kodiervorgangs um sinnvoll erscheinende, neue ergänzt (z. B. Reaktionen der Nutzer auf das Videoangebot und Stand/Beschreibung des Modells).[175] Diese Auswertungsschritte erfolgten mit der Software MAXqda[176], die seit einiger Zeit in etlichen qualitativen Forschungsvorhaben eingesetzt wird.[177] Dann wurden thematisch gleiche/ähnliche Äußerungen aus den verschiedenen Interviews miteinander verglichen und schließlich folgte eine Übersetzung der Themen und Ergebnisse in wissenschaftliche Sprache und ihre Einordnung in theoretische Konzepte. Die Beobachtungsbögen wurden nach demselben Verfahren ausgewertet.

Als sehr gering muss der Rücklauf der Fragebögen bezeichnet werden. Nach eigenen Informationen arbeiten insgesamt 273 Redakteure bei den drei Zeitungshäusern. Obwohl sie alle mehrfach durch die Kontaktpersonen bei den Medien darum gebeten worden waren, den Bogen auszufüllen, kamen nur 42 Exemplare zurück. Das entspricht einer Quote von 15,4 Prozent. Am höchsten war der

---

[174] Da hier ausschließlich die Inhalte der Äußerungen betrachtet werden, wurde auf ein aufwändigeres Transkriptionsverfahren mit bspw. nonverbalen Signalen verzichtet.

[175] Die entstandene Kategorienliste findet sich genau so im Anhang wie die Originaltranskripte.

[176] Es handelt sich dabei um ein Programm, das lediglich den technischen Vorgang des Markierens und Zusammenstellens digitalisiert. In eingeladenen Dokumenten können Textpassagen bestimmte Kodierungen zugewiesen werden. Über verschiedene Funktionen ist es dann möglich, die kodierten Passagen nach ihren Kategorien wiederzufinden und zu ordnen.

[177] So konnte bspw. Sehl (vgl. 2008) sie erfolgreich nutzen für eine methodisch ähnlich aufgebaute Studie ebenfalls zu einem innovativen journalistischen Thema.

Rücklauf in Stade (31,4%), am geringsten bei der HNA (9,6%). Durch die niedrigen Fallzahlen waren statistische Tests zu Zusammenhängen zwischen bestimmten Antworten und den Modellen nicht sinnvoll durchzuführen. Stattdessen wurde auf eine einfache Häufigkeitszählung gesetzt. Auf den Vergleich bestimmter Gruppen zueinander (z. B. nach Geschlecht und Alter) wurde deshalb ebenfalls verzichtet. Lediglich nach dem Medium wurde differenziert sowie nach der Einbindung in das Videoprojekt (Beteiligte/ Unbeteiligte).[178] Die Ergebnisse sind daher eher als Hinweis, nicht als repräsentativ für die gesamte Mitarbeiterschaft der Zeitungen zu interpretieren. Trotzdem werden sie bei eindeutigen Ergebnissen zur Ergänzung der Erkenntnisse aus Interviews und Beobachtung eingesetzt.

7.1.4 Gütekriterien

In der qualitativen Forschung beginnt sich immer stärker die Einsicht durchzusetzen, dass eine einfache Übertragung der quantitativen Gütekriterien nicht sinnvoll ist (vgl. Mayer 2008: 56). Vor allem gegen den Anspruch der Reliabilität wird eingewendet, dass der auf Verstehen ausgerichtete Ansatz gerade nicht durch Standardisierung individuelle Einflüsse ausschalten will, sondern den subjektiven Charakter betont. Daher wird für diese Fallstudie stattdessen das Kriterium der Vergleichbarkeit herangezogen. Sie scheint gegeben, da durch die Teilstrukturierung von Interview und Beobachtung sowie die hohe Standardisierung des Fragebogens gleiche Kategorien und Themen untersucht wurden.[179] Ebenfalls zu beachten ist das Gebot der intersubjektiven Nachprüfbarkeit. Da die Methode ausreichend dargelegt und begründet wurde und sich zudem alle relevanten Anweisungen und Daten nachvollziehbar im Anhang befinden, ist sie ebenfalls gegeben. Als drittes Kriterium zu beurteilen ist die Validität. Sie wurde für die gesamte Untersuchung durch drei Dinge gesichert: Erstens durch die Auswahl der richtigen Gesprächspartner, die über das notwendige Wissen verfügten. Zweitens über eine offene und vertrauensvolle Atmosphäre bei allen Interviews und Beobachtungen, was nahe legt, dass die Beteiligten ihr Wissen auch wahrhaftig mitteilen durften und wollten. Drittens durch die Triangulation selbst: Verzerrungen einer Methode können durch eine komplementäre andere aufgedeckt und kompensiert werden.

---

[178] Selbst diese Unterscheidung führt jedoch zu Zellenbesetzung von teils nur zwei Befragten.
[179] Zudem wurde die Möglichkeit genutzt, Zweifelsfälle bei der Auswertung durch Diskussion mit einem weiteren geschulten Kodierer zu klären. Dieses Verfahren sollte eine angemessene Reflexionstiefe der Analyse in komplexen Fragen gewährleisten.

7.2 Vorstellung der Fallbeispiele

7.2.1 Das Autonomiemodell beim Stader Tageblatt

Seit 138 Jahren erscheint das Stader Tageblatt in Norddeutschland unter einem privaten Verleger. Es bekommt den Mantelteil von der Redaktionsgemeinschaft Nordsee zugeliefert, produziert selbst die Lokalnachrichten mit 38 Redakteuren an den beiden Standorten Stade und Buxtehude. Verbreitungsgebiet ist der Landkreis Stade (knapp 200.000 Einwohner), die Auflage liegt werktags bei 36.000, am Wochenende bei 40.000 Exemplaren[180].

Das Stader Tageblatt produziert seit Herbst 2008 Videos für die eigene Homepage. Verantwortlicher für diesen Bereich und treibende Kraft ist Chefredakteur Wolfgang Stephan, der auch selbst häufig vor der Kamera agiert. Bis zu zehn Clips entstehen derzeit pro Woche. Produktionsschwerpunkte sind Sportberichte, insbesondere über die Heim- und Auswärtsspiele des Frauenhandball-Bundesligisten Buxtehude und eine tägliche Wettervorschau, die – recht außergewöhnlich –von Lesern moderiert wird. Aufgezeichnet wird es nicht bei der Zeitung, sondern in einem gläsernen Studio im Warenhaus des Sendungssponsors. Bemerkenswert ist zudem, dass sich die Formate nach eigenen Angaben und entgegen dem Branchentrend nicht nur finanziell tragen, sondern sogar kleinere Gewinne abwerfen.

Bei der Produktion der Videos setzt das Stader Tageblatt auf ein Autonomiemodell. Die regulären Printjournalisten arbeiten vollkommen unabhängig, abgesehen von Cross Promotion in Form von Verweisen in der Zeitung auf das Angebot Tageblatt-TV. Das wird ohne eine eigenständige Videoabteilung innerhalb der Lokalredaktion erstellt. Insgesamt fünf Personen sind dafür tätig, von denen drei die Hauptarbeit tragen. Zunächst ein Volontär, der eigentlich primär eine Printausbildung erhalten und nur nebenbei Clips produzieren sollte, dessen Aufgabenschwerpunkt sich aber zunehmend in Richtung Bewegtbild verschiebt – mit derzeit im Schnitt 20 Stunden pro Woche. Daneben sind zwei freie Mitarbeiterinnen jeweils etwa 15 Stunden in der Woche für das Angebot tätig. Alle drei werden als VJs eingesetzt, erledigen also alle Arbeitsschritte der Videoproduktion. Das Stader Modell weicht geringfügig vom Idealtyp Autonomie ab, weil zusätzlich zu den drei erwähnten der Chefredakteur selbst beteiligt ist – allerdings ausschließlich vor der Kamera – sowie eine weitere Printkollegin, die für einige Beiträge die Kameraführung übernimmt. Da jedoch diese beiden Ak-

---

[180] Angegeben werden in diesem Kapitel die aktuellen Auflagen nach Auskunft der Verlage.

teure weniger als zehn Prozent der wöchentlichen Videoarbeitszeit abdecken, kann von einem sehr weitgehend autonomen Modell gesprochen werden.

7.2.2 Das Kooperationsmodell beim Trierischen Volksfreund

Seit 1875 erscheint an der Mosel der Trierische Volksfreund, der heute zur Holtzbrinck-Gruppe gehört. Das Verbreitungsgebiet der Regionalzeitung erstreckt sich über Eifel, Moselgebiet und Hunsrück und umfasst etwa 413.000 Einwohner. Etwa 85 Journalisten in zwölf Lokalredaktionen und dem Mantelteil erstellen das Blatt, das wochentags mit 98.635 und am Samstag mit 109.541 Exemplaren erscheint. Hinzu kommen fünf Onlineredakteure. Die Zeitung praktiziert im Printbereich eine prozedurale Trennung in Reporter und Editoren.

Der Volksfreund produziert seit etwa drei Jahren Videos, gehörte hierzulande also mit zu den Pionieren in diesem Feld und ist die deutsche Regionalzeitung mit den meisten eigenproduzierten Clips pro Woche – nach eigenen Angaben 27. Die Redaktion deckt eine große Bandbreite an Formaten und Themenfeldern ab. Hervorstechend ist „Lucky", eine Wissenssendung für Kinder mit dem Zeitungsmaskottchen.

Angesiedelt ist die Videoproduktion innerhalb der Onlineredaktion. Deren Vorgesetzter und damit verantwortlich für die Bewegtbildangebote ist der Chef vom Dienst, Alexander Houben. Operativ übernimmt einer der fünf Onlinejournalisten im wochenweisen Wechsel die Koordination des Bewegtbildangebots. Im Regelfall wird das Material von den Reportern oder den zwei Fotografen der Zeitung vor Ort gedreht und in die Zentrale geschickt. Dort erfolgt die Weiterverarbeitung entweder durch einen Onlineredakteur oder einen externen Dienstleister. Es handelt sich dabei um eine Produktionsfirma, die für die Zeitung bis zu fünf Beiträge am Tag schneidet – allerdings ausschließlich nach genauen Vorgaben. Die redaktionelle Gestaltung des Beitrags und der Text müssen immer von der Zeitung übernommen werden. Für die Onlineredakteure macht Video im Durchschnitt etwa ein Viertel ihrer Wochenarbeitszeit aus, für die Printreporter wird sie durch die große Anzahl und die Tatsache, dass diese an der Postproduktion nicht beteiligt sind, mit weniger als einer Stunde pro Person und Woche angegeben. Der kooperative Charakter wird leicht gestört dadurch, dass die Onlinejournalisten in seltenen Fällen auch selbst als VJ Material drehen und schneiden. Unter den etwa 25 für die Videoproduktion eingesetzten freien Mitarbeitern gibt es ebenfalls einige wenige, die so arbeiten. Es kann aber insgesamt von einem sehr weit umgesetzten Kooperationsmodell ausgegangen werden.

7.2.3 Das Integrationsmodell bei der HNA

Die Hessische/Niedersächsische Allgemeine (HNA) erscheint seit 1959 und gehört heute zur Ippen-Verlagsgruppe. Ihr Verbreitungsgebiet erstreckt sich über Nordhessen und Teile Niedersachsens. Mit etwa 150 Redakteuren, 17 Lokalredaktionen und einer Auflage wochentags von 244.355 Exemplaren gehört sie zu den 25 größten regionalen Tageszeitungen in Deutschland.

Auch die HNA war unter den Vorreitern der Videoproduktion, als sie 2006 begann. Heute kommt sie auf etwa 25 Clips pro Woche, deckt thematisch und von den Formaten her ein breites Spektrum ab. Produziert wird das vor allem von den Printredakteuren. Etwa 120 der 150 Journalisten der Zeitung sind dafür bereits im Einsatz. Als VJs erledigen sie neben ihrer Arbeit für das gedruckte Angebot auch das Drehen, Schneiden, Texten und Sprechen von Beiträgen. Ergänzt werden sie durch die Fotografen, von denen die Hälfte (8) Material dreht, die Bearbeitung jedoch den Printkollegen überlässt. In der Regel berichten die Redakteure im Bewegtbild über die Ereignisse und Termine, die sie auch für die Zeitung bearbeiten. Die in Summe vielen Videos erklären sich aus der großen Anzahl der Beteiligten. Denn jeder einzelne ist durchschnittlich eher sporadisch mit weniger als einer Stunde pro Woche dafür im Einsatz. Daneben produzieren auch vier der sechs Onlineredakteure und drei dort angesiedelte freie Mitarbeiter Videos bspw. das für eine Regionalzeitung sicher ungewöhnliche Format eines Gesundheitsratgebers. Diese sieben agieren dabei auch als VJs, arbeiten jedoch mit durchschnittlich fünf bis sieben Stunden pro Woche deutlich intensiver an der Videoproduktion mit als ihre Printkollegen. Das Integrationsmodell wird bei der HNA stärker als bei jeder anderen deutschen Regionalzeitung verfolgt.

7.3 Ergebnisse und Diskussion

Die Fülle an Daten, die bei dieser Teilstudie zusammengetragen wurden, ist nicht in Gänze in diesem Kapitel abzubilden. Vielmehr werden nur die aussagekräftigen und für die weitere praktische Anwendung und Erforschung dienlichen Erkenntnisse präsentiert. Dazu zählen alle Ergebnisse für die zu testenden Hypothesen bzw. zu beantwortenden Fragen. Darüber hinaus aber auch für Kategorien, die induktiv erst während der Untersuchung gebildet wurden (z. B. Ausrichtung auf hyperlokale Inhalte, Zeitdruck bei der Produktion oder der Problembereich Absatzmarkt). Deutlich hinzuweisen ist auch darauf, dass aus den Daten ausschließlich auf die drei betrachteten Fälle geschlossen werden darf. Sie sind nicht repräsentativ und sollen lediglich Hinweise liefern, die in weiteren Studien untersucht werden können.

7.3.1 Grundlegende Strategieüberlegungen

Die Ergebnisse für die grundlegenden Strategieüberlegungen wurden nur aus den Interviews generiert, da es sich hier um Herrschaftswissen der Verantwortlichen handelt, das weder über die Befragung von Mitarbeitern noch die Beobachtung ausreichend zu erschließen ist.

Regionalisierung

Die Hypothese H1 ist anzunehmen: *Alle betrachteten Medien verfolgen unabhängig vom Organisationsmodell eine Strategie der Regionalisierung.* Und sie ist bei allen drei auch weitgehend umgesetzt. Die Interviewpartner nennen dafür im Wesentlichen zwei Motivgruppen:

- Marktsicht: Überregional habe man keine Chance gegen die großen, nationalen TV-Sender und Online-Medien. Die Inhalte seien den Nutzern bereits in besserer Qualität bekannt. Deshalb wurden, berichtet Jens Nähler von der HNA, die überregionalen, eingekauften Videos trotz potentiell größerer Zielgruppe viel weniger geklickt als die lokalen. Denn vor Ort ist die Anzahl der Konkurrenten sehr gering, ist man teils der einzige Anbieter: „Sie werden nie bei Spiegel Online oder bei Welt.de oder Stern, wo auch immer, Videos vom Karnevalszug in einem kleinen Dorf, Wolfhagen und so weiter, finden."[181]
- Ressourcensicht: Das Lokale sei die Stärke des Zeitungshauses durch eine existierende, sehr dichte Infrastruktur und Know-how vor Ort (Wissen um Themen, Kontakte zu Menschen), wie es kein anderer Anbieter besitzt: „Das können wir schneller, das können wir aktueller, dass können wir vollständiger und umfassender."[182] Das führe zu Synergie-Effekten, da die Ausrichtung von Zeitung und Video dann übereinstimmten.

Als Ziel für die Zukunft sieht man zumindest bei der HNA und dem Trierischen Volksfreund sogar Videos mit hyperlokalem Zuschnitt, die sich noch kleinteiliger auf der Ebene von Stadtteilen oder einzelnen Straßenzügen bewegen. Dem stehen momentan jedoch noch einige Hürden entgegen.[183]

---

[181] Auszug aus dem Interview mit Jens Nähler, Online-Redaktionsleiter HNA, siehe Anhang.

[182] Auszug aus dem Interview mit Alexander Houben, Chef vom Dienst Trierischer Volksfreund.

[183] So müsse etwa die Produktion noch günstiger werden, um für die noch kleineren und damit weniger potentiellen Ertrag einspielenden Zielgruppen Videos realisieren zu können.

Aktualität / Long-Tail-Produkte

Eindeutig ist auch Hypothese H2 zu bestätigen: *Alle betrachteten Medien verfolgen stärker aktuelle als Long-Tail-Berichterstattung.* In den drei Redaktionen wird ein ereignisorientierter Journalismus der Long-Tail-Produktion in Wertigkeit und Menge vorgezogen. Das sei auch ganz natürlich, ist man bei der HNA überzeugt. Schließlich stehe die Tageszeitung mit ihrem Image für aktuelle Informationen und deshalb erwarte das der Rezipient von allen Produkten des Hauses. Nur bedeutet das im ständig aktualisierbaren Medium Internet eine ganz neue Geschwindigkeit. Alles soll so schnell wie irgend möglich fertig werden. Das führt zu einer regelrechten „Hyperaktualität": Von wichtigen Ereignissen werden teils Rohschnitte ins Internet gestellt, bevor der aufwändigere Bericht folgt. Beiträge über Veranstaltungen sollen noch während diese laufen fertiggestellt werden. Alexander Houben vom Trierischen Volksfreund formuliert den Anspruch: „Die Leute müssen irgendwo ein Blaulicht sehen, dann müssen sie fünf Minuten später sich an den Computer setzen können oder auf ihr Handy gucken, müssen auf volksfreund.de sehen: aha, da ist was passiert." Grund für die extreme Eile ist ein Effekt, den alle drei Medien beobachtet haben: Je schneller ein Video nach dem Ereignis online ist, desto häufiger wird es geklickt. Das Motto der HNA für die Produktion lautet deshalb „quick and dirty", Geschwindigkeit geht vor Qualität.[184] So weit geht man beim Stader Tageblatt nicht, hier versucht man eher den Kompromiss zwischen beidem zu finden. Welche Auswirkungen die Zeitknappheit aber tatsächlich auf die Güte der Clips hat, ist in dieser Studie nicht zu beurteilen – eine Untersuchung für die Zukunft aber zu empfehlen.

Themen

Die Abdeckung so genannter Blaulicht-Themen ist Ziel aller Medien. Auch diese dritte Hypothese ist anzunehmen. Während die HNA und der Trierische Volksfreund allerdings diese Art von Videos bereits produzieren, ist man in Stade zum Zeitpunkt der Untersuchung Anfang September 2009 noch in der Planungsphase gewesen. Die vermutete Attraktivität des Themenbereichs um Unfälle und Katastrophen wird von den Interviewten bestätigt. Diese Beiträge würden mit Abstand am intensivsten geklickt, heißt es bei der HNA. Dort wird auch die aus der Theorie abgeleitete Annahme bestätigt, dass Blaulicht-Themen nur mit einer dezentralen Infrastruktur sinnvoll zu bearbeiten seien. Vor Jahren war man mit

---

[184] Ein Redakteur in Kassel berichtet, dass er deshalb für die Postproduktion eines kurzen, 45-sekündigen Clips über einen Unfall nur noch circa 15 Minuten benötige.

einem damals noch autonomen Videokernteam daran gescheitert, weil man durch lange Fahrtzeiten von der Zentrale aus nie rechtzeitig vor Ort war. Erst mit der Umstellung auf drehende Lokaljournalisten sei man in diesen Bereich erfolgreich eingestiegen. Auch in Stade geht man davon aus, dass das eigene Autonomie-Modell – selbst in dem kleinen Verbreitungsgebiet des Blattes – nicht geeignet sei. Deshalb plant man für diese Themen ein neues, kooperatives System einzuführen, bei dem Polizeireporter drehen, das Videoteam in der Redaktion die Clips schneidet. Nach den Erfahrungen der beiden Medien ist Hypothese H4 folglich zu bestätigen: *Das Autonomie-Modell eignet sich im Vergleich der drei Varianten am schlechtesten zur Produktion von Blaulicht-Videos.*

Abgesehen von Unfällen und Katastrophen sind nach dem Erfahrungswissen der Verantwortlichen Sportthemen besonders gefragt bei den Nutzern.[185] Auch Berichte über das Wetter, ob als Vorschau oder Bilder vom ersten Schnee, gehören eher zu den stark geklickten Videos. Daneben laufen Geschichten erfolgreich, die nah an Menschen sind.[186]

Motive für den Einstieg in die Videoproduktion

Zunächst ist Hypothese H5 anzunehmen: *Bei allen Medien spielen rückwärts gewandte Motive eine Rolle für die crossmedialen Aktivitäten.* Im Grunde ist es ein Argument, dass von allen Interviewten vorgebracht wurde: Es findet ein nicht aufzuhaltender Medienwandel statt, der die Tageszeitungen immer schwächer werden und letztlich möglicherweise verschwinden lässt. Um nicht mit dem gedruckten Produkt unterzugehen, müsse man handeln und die Verluste durch neue Geschäftsfelder ausgleichen. Deshalb sei das Engagement im Online-Bereich zwingend und, da dort das Videoangebot immer wichtiger werde, der Schritt zur Bewegtbildproduktion ebenfalls. Gleichzeitig geben die Verantwortlichen aber auch vorwärts gerichtete Motive an, etwa die Möglichkeit zu besserem Journalismus durch die zusätzliche Ansprache der Nutzer per Video, die Hoffnung auf neue Erlösquellen sowie Synergie-Effekte in Bezug auf Markenimage oder Leserbindung (siehe auch Kapitel 7.3.2). Bei der HNA gab man zudem an, ganz einfach auch neugierig auf die neue Produktionsform gewesen zu sein. Hypothese H6 wird damit bestätigt: *Bei allen Medien gehören auch vorwärts gerichtete Motive zu den Beweggründen für die Videoproduktion.* Alle

---

[185] Vor allem, wenn es keine intensive Berichterstattung im Fernsehen dazu gibt (z. B. Eishockey, Frauenhandball, Fußball in unteren Spielklassen).

[186] Beispielsweise wurde das nach eigenen Angaben eher dilettantische Video über das Neugeborene einer Handballerin aus Buxtehude beim Stader Tageblatt etwa doppelt so oft abgerufen wie im Schnitt die aufwändigen Beiträge über die Spiele.

drei Medien hatten zudem die Hoffnung bzw. das Ziel, ihre zentrale Stellung im regionalen Nachrichtenmarkt durch das Bewegtbildangebot weiter zu stärken, sehr bildlich formuliert in der „Bauschaumstrategie" von Alexander Houben vom Trierischen Volksfreund: „Wir wollen im Prinzip alle Nischen, die wir medial ausfüllen können, in unserem Verbreitungsgebiet ausfüllen, wir wollen überall der Platzhirsch sein." Auch die Hypothese H7 trifft also zu. *Alle Medien möchten durch die Produktion für mehrere Plattformen ihre Machtposition als wichtigster regionaler Informationslieferant stärken.*

Professioneller Standard

Ein weiteres, interessantes, strategisches Feld wurde bei der Auswertung neu definiert. Es zeigt sich, dass die Medien unterschiedliche Standpunkte vertraten, was den professionellen Standard der Videos angeht. Die HNA setzt ihr Motto „quick and dirty" um und begrüßt auch Experimente, den Sprung ins kalte Wasser. Wenn dabei Clips entstehen, die nicht den Zielansprüchen genügen, wird dies nicht als Rückschlag verstanden, sondern als Ansporn, daraus zu lernen und sich durch das Probieren sukzessive zu verbessern. In Stade hingegen strebt man erst nach einem für ausreichend befundenen Standard, bevor Videos online gestellt werden.[187] Völlig offen ist aber, welche der beiden Strategien erfolgreicher ist und ob sie evtl. vom gewählten Modell abhängen (z. B. die Videospezialisten der autonomen Redaktion einfach zu höherer Perfektion neigen). Auch hier gibt es lohnende Forschungspotentiale.

7.3.2 Synergien bei der Videoproduktion

Die Erkenntnisse zu Synergien stützen sich auf die Interviews und an den Punkten, an denen die Journalisten beteiligt sind, auch auf die schriftliche Befragung.

Produktionsebene

Bei allen drei Medien sehen die Verantwortlichen klare Synergie-Effekte im Bereich Produktion – allerdings ausschließlich in eine Richtung: Für die Videos wird intensiv auf die Ressourcen der Zeitung zurückgegriffen. Genutzt werde das

---

[187] So wurde bspw. das Video des Unfalls auf der A26 (siehe Kapitel 1) nicht produziert, obwohl gutes Material vorlag. Grund war, dass zu dem Zeitpunkt noch keine systematische Abdeckung des Themenfelds Unfälle möglich war und es deshalb lieber gar nicht angesprochen wurde.

Know-how der Mitarbeiter, vor allem ihre journalistische Kompetenz und ihr Wissen/ihre Kontakte im Lokalen. Zudem sei das seriöse Image des Hauses förderlich, um bspw. Drehgenehmigungen oder Interviews zu bekommen. Auch Technik und Services der Printredaktion stehen zur Verfügung, etwa Fotoarchive bei historischen Themen.

Allerdings müssen die Angaben der Verantwortlichen offenbar eingeschränkt werden. Im Fragebogen wurde erhoben, wie stark der Austausch zwischen Print und Videobereich bei Themenideen und Informationen/Wissen ist. Und es gab über alle Medien hinweg ein klares Ergebnis: Intensiv ist er zwischen den Kollegen, die an der Produktion beteiligt sind. Sie schlagen im Mittel[188] ein Mal pro Woche ein Thema vor, das dann fast immer umgesetzt wird.[189] Und etwa einmal pro Woche tauschen sie auch Wissen mit anderen Beteiligten aus. Bei allen Zeitungen ist aber die Gruppe der Unbeteiligten praktisch überhaupt nicht in diesen Prozess eingebunden: Sie schlagen seltener als einmal pro Monat ein Thema vor, das dann so gut wie nie umgesetzt wird. Auch Wissen wird seltener als einmal im Monat mit Kollegen geteilt, die ein Video erstellen. Allen drei Modellen gelingt es also eindeutig nicht, das Know-how der unbeteiligten Journalisten zu nutzen. Das bedeutet anders herum auch: Je mehr Beschäftigte an der Videoproduktion direkt mitarbeiten, desto höher sind die Synergiepotentiale. Das verschafft wiederum stärker integrierten Modellen einen Vorteil, weil sie mehr Personal einbinden. Beim Trierischen Volksfreund gilt das nur für den Dreh, bei der HNA auch für den Schnitt. Aus der mangelnden Integrationskraft für die unbeteiligten Mitarbeiter heraus ergibt sich folglich, dass die Hypothesen H8a und H8b anzunehmen sind: *Das Integrationsmodell nutzt im Produktionsbereich stärker Synergien als das Kooperationsmodell. Und das Kooperationsmodell nutzt im Produktionsbereich stärker Synergien als das Autonomiemodell.*

Endkundenmarketing

Bei allen drei Modellen werden starke Synergien im Bereich des Endkundenmarketing gesehen, vor allem durch vier Effekte: Cross Promotion, komplementärer Newsflow, Leserbindung und Image-Transfer. Die Möglichkeit zu Cross Promotion, also im Wesentlichen Hinweisen in der Zeitung auf das Videoange-

---

[188] Angegeben wird für die Werte in den Fragebögen stets der Median, da es sich um kategoriale, nicht metrische Skalen handelt.

[189] Eine leichte Abweichung nach unten ist in diesem Punkt bei den an der Videoproduktion beteiligten Mitarbeitern in Stade festzustellen. Sie ist jedoch vermutlich weniger auf einen Modellunterschied als vielmehr auf die geringe Fallzahl zurückzuführen (2) bzw. auf die Tatsache, dass man in Stade mit Sport und Wetter sehr feste Kategorien hat und selten überhaupt andere Themen umsetzt.

bot, nutzen nach eigenen Angaben alle intensiv. Ebenso sehen sie den Vorteil, dem Kunden ein besseres Gesamtprodukt bieten zu können, weil sich die Medien ergänzen. Die Rezipienten erfahren bspw. über ein Ereignis die Fakten in der Zeitung und haben anschließend die Möglichkeit, authentische Bewegtbilder anzuschauen. Die Leserbindung werde verstärkt, weil Beiträge aus der Region sie besonders ansprechen.[190] Auch ein positiver Image-Transfer sei in beide Richtungen vorhanden: Das seriöse Ansehen der Printmarke nützt der Verbreitung der Videos, die wiederum wirken positiv auf das Blatt zurück.[191] Mögliche negative Effekte, wie einen Schaden für den Ruf der Zeitung durch bspw. Clips mit schlechter Qualität sehen alle drei Interviewten nicht, die Nutzer tolerierten so etwas. Allerdings muss einschränkend angemerkt werden, dass die HNA besonders zu Beginn der eigenen Videoaktivitäten durchaus negative Leserreaktionen erhielt, ihr z. B. eine Boulevardisierung durch die Unfallvideos vorgeworfen wurde. Diese Reaktionen seien aber im Wesentlichen auf die Startphase beschränkt gewesen, heutzutage erhalte man eher positive Rückmeldungen. Ähnlich negative Erfahrungen berichteten die Vertreter der beiden anderen Medien auch auf Nachfrage nicht.[192]

Aufgrund der hohen Übereinstimmung der Beschreibung der Synergien durch alle Interviewten und die angesprochenen Schwierigkeiten in der Anfangsphase bei der HNA sind die Hypothesen H9a und H9b zu verwerfen. Das Autonomiemodell scheint in den betrachteten Fällen im Bereich des Endkundenmarketing nicht schwächer Synergien zu nutzen als die anderen und das Integrationsmodell nicht stärker.

Werbekundenmarketing

Im Werbekundenmarketing sind keine Unterschiede erkennbar. Die Hypothese H10 kann also angenommen werden: *Alle Medien nutzen Synergien im Werbekundenmarketing etwa gleich stark.* Sowohl bei der HNA als auch in Trier und Stade werden bereits multimediale Werbe- und Sponsorenpakete angeboten und von den Werbekunden genutzt.

---

[190] Gründe sind z.B. dass die Nutzer sich selbst in Clips sehen oder Handelnde persönlich kennen.

[191] Erwähnenswert ist hier eine besondere Marketing-Maßnahme des Stader Tageblatts: Dort wird die Wettervorschau in einem kleinen, gläsernen Studio im Warenhaus des Sponsors aufgezeichnet. Das führt dazu, dass jeder Kunde die Technik und den Markennamen Tageblatt-TV sieht. Als während der Beobachtung eine Folge aufgenommen wurde, konnten ausschließlich positive Reaktionen der Passanten festgestellt werden. Offenbar erzeugt das kleine TV-Studio eine erhebliche Außenwirkung.

[192] Es ist natürlich nicht auszuschließen, dass negative Reaktionen von den Interviewten bewusst oder unbewusst verdrängt wurden. Da die Gespräche allerdings auch bei für die Zeitung problematischen Themen von Offenheit geprägt waren, ist davon auszugehen, dass es keine solchen Reaktionen gab.

Nicht planbare Synergien

Unter den nicht planbaren Synergien ist vor allem die Motivation der Mitarbeiter entscheidend (siehe Kapitel 3). Sie wird von allen Interviewten als sehr hoch eingestuft:[193] „Die sind eher heiß, das zu versuchen", so das Fazit von Wolfgang Stephan, Chefredakteur des Stader Tageblatts. Allerdings beobachten die Verantwortlichen in Stade und Kassel auch, dass die hohe Motivation der intensiv in die Videoarbeit eingebundenen nicht verwechselt werden darf mit der Meinung der wenig oder gar nicht Beteiligten. Die Ergebnisse des Fragebogens bestätigen die Einschätzungen im Wesentlichen. Das Interesse aller Mitarbeiter an der Videoproduktion kann als hoch eingestuft werden. Beteiligte schauen sich bei allen Medien im Schnitt mehrmals pro Woche das Bewegtbildangebot der eigenen Zeitung an, nicht Eingebundene immerhin etwa einmal pro Woche. Auch die Zufriedenheit mit ihrer Arbeit insgesamt ist in beiden Gruppen sehr hoch. Fragt man nur jene, die bereits beteiligt sind, ob sich ihre Arbeit an der Videoproduktion positiv auf ihre Motivation ausgewirkt hat, erhält man im Schnitt leichte Zustimmung. Ablehnende Einschätzungen hierzu gab es nur bei Mitarbeitern der HNA.[194] Das unterstützt, was der dortige Verantwortliche Jens Nähler selbst sagte: Ihr Modell führt zu Unzufriedenheit bei einigen, auch wenn er schätzt, dass es die Minderheit ist.

7.3.3 Sachbezogene Probleme

Es ergibt sich, dass zunächst Hypothese H11a anzunehmen ist: *Alle Medien hatten bei der Einführung der Videoproduktion mit finanziellen, technischen und organisatorischen Problemen zu kämpfen.* Die Verantwortlichen beschreiben umfangreiche Schwierigkeiten in diesen und weiteren Bereichen. Im Folgenden werden aber nicht nur die Probleme dargestellt, sondern auch die Maßnahmen, die dagegen ergriffen wurden. Beantwortet werden jeweils die Forschungsfragen F1a und F1b: *Welche Maßnahmen wurden gegen sachbezogene Probleme ergriffen? Wurden die Probleme dadurch überwunden oder abgemildert?*

---

[193] Alle wissen Beispiele zu erzählen, in denen die beteiligten Redakteure freiwillig ihre Freizeit geopfert haben, um ein Videoprojekt zu realisieren, gestandene Printkollegen so begeistert waren nach Schulungen, dass sie am nächsten Tag über die Produktion eines Clips vergaßen, das Foto für die Zeitung zu schießen oder Mitarbeiter barfuß durch eingestürzte Documenta-Kunstwerke gewatet sind, während die Kollegen vom Fernsehen in ihren schicken Schuhen nur von außen gefilmt haben.
[194] 6 von 13 befragten Mitarbeitern lehnten die Aussage „Ich bin durch die Videoproduktion insgesamt motivierter in meinem Beruf" eher (5) oder sogar stark (1) ab.

Problembereich I: Finanzen

Problem: Grundsätzlich wird hier von allen Interviewten nur ein, dafür aber schwerwiegendes, Problem beschrieben: Videoproduktion verursacht Anschaffungs- und laufende Kosten, Erlöse aus Werbung sind aber noch schwer zu generieren. Einige, lokale Firmen verstehen den Vorteil noch nicht oder sind über die Messung von Erfolg oder Reichweite im Internet verunsichert. Eine weitere Hürde scheint zu sein, dass die angesprochenen Unternehmen teils über keinen TV-Spot oder Sponsoring-Hinweis verfügen. Zudem eignen sich einige Videos, darunter vor allem Blaulicht-Themen, schlecht für die Vermarktung. Denn im Gegensatz zu geplanten Geschichten, wie z. B. fest angesetzten Spielen im Sportbereich, weiß der Werbekunde hier nicht, in welchem Umfeld er wirbt. Und welcher Metzger aus dem Nachbarort möchte schon gerne seinen Spot vor einem Unfall mit drei Toten sehen. Die fehlenden Einnahmen führen zu Budget-Engpässen und letztlich dazu, dass einige Projekte und Angebote, die journalistisch gewollt sind, nicht umgesetzt werden können.

Maßnahmen: Da das finanzielle Problem bei allen untersuchten Medien praktisch identisch ist, führt es auch zu einer Reihe sehr ähnlicher Maßnahmen. Zunächst wird bei der Anschaffung von Technik gespart, da z. B. eine günstige Kamera häufig für die Clipqualität im Internet ausreicht. Gleichzeitig wird versucht, mehr Erlöse zu generieren. Mit Erklärungen und Gesprächen will man Firmen informieren und überzeugen. Durch die eigenen Werbeabteilungen oder Dienstleister wird die Produktion von Video-Spots für Werbekunden zu tragbaren Konditionen angeboten. Und über Multimediapakete soll die Attraktivität für die Werbekunden erhöht werden (siehe auch Kapitel 7.3.2). Darüber hinaus haben die drei Medien jeweils noch individuelle Maßnahmen entwickelt. In Trier begrenzt man Personalkosten, indem niemand speziell nur für die Videoproduktion eingestellt wurde, ausschließlich die bestehenden Print- und Onlinemitarbeiter genutzt werden.[195] Ebenso bei der HNA, wo man zudem an der Qualität spart: das bereits erwähnte Motto „quick and dirty" soll helfen, möglichst wenig Arbeitszeit und damit Ressourcen zu verbrauchen. In Stade hingegen sieht man die Chance eher in einer Erlössteigerung. Denn ein Zuschussgeschäft war hier von vornherein ausgeschlossen: „Der Verleger hat gesagt, machen Sie, was Sie wollen, gerne Fernsehen, aber es darf nichts kosten."[196] Dazu setzen die Verantwortlichen auf ein striktes Marketing-Prinzip: Produziert wird nur das, was bereits an einen Sponsor verkauft und damit refinanziert ist.[197]

---

[195] Einige wenige freie Mitarbeiter sind in der Summe zu vernachlässigen.
[196] Auszug aus dem Interview mit Wolfgang Stephan, Chefredakteur Stader Tageblatt.
[197] Bei wenigen Berichten, die man für wichtig hält (z. B. Porträts der Bundestagskandidaten), wird dieses Prinzip auch durchbrochen. Sie leben jedoch vom freiwilligen Einsatz der Journalisten.

Ergebnis: Teilweise überwunden ist das finanzielle Problem mit der Strategie beim Stader Tageblatt. Dort erwirtschaftet man sogar kleine Gewinne, die genutzt werden, um das Videoequipment zu verbessern. Allerdings fehlen auch hier Ressourcen, um das machen zu können, was sich die Beteiligten aus journalistischer Sicht wünschen. In Kassel und Trier erwartet man für die Zukunft eine Refinanzierung, schreibt zurzeit aber noch rote Zahlen. Die eingeleiteten Maßnahmen haben das Problem also in sehr unterschiedlichem Maß abgemildert, in keinem Fall aber endgültig gelöst.

Problembereich II: Organisation

Problem: Grundsätzlich unterschieden werden muss bei den organisatorischen Problemen zwischen den Modellen Integration und Kooperation auf der einen und Autonomie auf der anderen Seite. Denn Hypothese H11b ist anzunehmen: *Im Autonomiemodell treten insgesamt weniger bzw. schwächere organisatorische Probleme auf als in den beiden anderen Fällen.* Die einzige Schwierigkeit dieses Bereichs, die in Stade beschrieben wurde, war personelle Knappheit: Zurzeit fehlen Mitarbeiter, um alle geplanten Formate umzusetzen. Das Personalproblem ist in den beiden anderen untersuchten Fällen deckungsgleich mit der Hürde Zeitknappheit. Denn da in diesen Systemen keine neuen, sondern die vorhandenen Beschäftigten eingesetzt werden, geht es vor allem um die Frage, wie viel zusätzliche Arbeit den Printjournalisten zuzumuten ist. Zudem verursachen die unterschiedlichen zeitlichen Strukturen von Zeitung und Online-Medium bei ihnen Irritationen, die Beschäftigten müssten sich erst noch daran gewöhnen, so Alexander Houben vom Trierischen Volksfreund. Dort und bei der HNA traten auch Kommunikationsprobleme zwischen Mitarbeitern auf.[198] Für den Fall der prozeduralen Trennung von Dreh und Postproduktion beim Volksfreund wurde außerdem angenommen, dass Probleme an der Schnittstelle dieser beiden Tätigkeitsbereiche auftreten. Diese Hypothese H11c hat sich bestätigt. Der Interviewte spricht selbst von „Reibungsverlusten". Auch bei der eintägigen Beobachtung konnten hier einige Schwierigkeiten identifiziert werden.[199]

---

[198] Z. B. wie bei der Beobachtung gesehen, kündigte eine Redaktion ein Video in der Zeitung an, der Kollege aus einem anderen Ressort, der es schneiden sollte, wusste aber nichts davon und hatte auch keine Zeit. Ein Interviewter berichtete zudem davon, wie der abnehmende Online-Redakteur am Wochenende Feierabend gemacht hatte und wenige Minuten später ein Video aus der Außenredaktion kam, das dann erst am Montag eingebunden wurde.

[199] So war Videomaterial von einem Auftritt der Bundeskanzlerin einen Tag zuvor nicht auffindbar, weil der drehende Fotograf es mit nach Hause genommen hatte. Eine Übergabe zwischen Dreh- und Schnittredakteur fand nicht statt. Deshalb musste Letzterer das komplette Material sichten und sich

Maßnahmen: In Stade wurden praktisch keine organisatorischen Maßnahmen ergriffen. Die Hürden in diesem Bereich waren dort aber ohnehin sehr gering. Und eine Lösung der personellen Knappheit, so ist man nicht nur hier überzeugt, wird man in allen Fällen nur indirekt durch Maßnahmen für eine bessere Finanzierung erreichen. Auch die beiden anderen Zeitungen setzen nur wenige Maßnahmen ein. Der Zeitknappheit begegnet man in Kassel mit dem schon bekannten Prinzip „quick and dirty", das den Aufwand bewusst auf Kosten der Qualität so gering wie möglich halten soll. Zudem delegiert man die Schwierigkeiten teils an die Lokalredaktionsleiter, die es auf ihrer Ebene eigenverantwortlich lösen sollen. Gegen die Kommunikations- und Schnittstellenprobleme geht man vor allem mit dem Versuch vor, Arbeitsabläufe klarer zu definieren, zu einem „strukturierten Workflow" zu gelangen, wie es Alexander Houben vom Trierischen Volksfreund ausdrückt.[200]

Ergebnis: Insgesamt sind die organisatorischen Maßnahmen bei der HNA und dem Trierischen Volksfreund aber als nicht ausreichend zu bewerten. Ein Teil der genannten Verfahren sind lediglich Leitlinien zur Verwaltung oder Verschiebung des Mangels („quick and dirty"/Delegation). Der wesentlich grundlegendere Schritt der (Neu-)Strukturierung der Arbeitsabläufe hingegen wird nur in Teilbereichen angewendet oder zeigt nicht die gewünschte Wirkung. Denn in Trier traten selbst während der kurzen Zeit der Beobachtung massive Schwierigkeiten zu Tage. Allerdings muss beachtet werden, dass eine Schnittstellenproblematik immer nur möglichst weitgehend abgemildert, aber niemals ganz gelöst werden kann.

Problembereich III: Technik

Probleme: Technische Probleme wurden beim Stader Tageblatt nicht berichtet. In Trier und Kassel war hingegen eine der größten Schwierigkeiten zu Beginn der Videoprojekte die Datenmenge, die von den Lokalredaktionen zur Zentrale transferiert werden muss. Denn die einfachen DSL-Leitungen, über die sie verfügten, wurden dabei überlastet und blockierten in der Folge auch die Produktion der Zeitung, deren Computersysteme über dieselbe Verbindung operierten. Zudem brauchte die Übertragung weniger Minuten Film Stunden, was eine zeitnahe Verarbeitung unmöglich machte. Hinzu kam in beiden Fällen die Störanfälligkeit

---

neu ins Thema einlesen – anhand der Artikel aus der bereits erschienenen Zeitung, da ihm keine anderen Informationen vorlagen.

[200] Bei der HNA etwa hat man eingeführt, dass der abnehmende Online-Redakteur immer rechtzeitig eine E-Mail schreibt, bevor er abends plant, das Haus zu verlassen, damit die Journalisten in den Außenredaktionen die Chance haben, ihn bitten zu können, auf ihr Video zu warten.

der verwendeten Software. Während man es in Trier jedoch als normale, einfach zu lösende Probleme beschreibt, führte die HNA ein neues, speziell entwickeltes System ein, das für schwere Fehler und große Frustration sorgte.[201] Erst nach Wochen lief es stabil. Daneben traten verschiedene, kleinere Defizite auf, etwa eine fehlende Downloadmöglichkeit im aktuellen Videoportal der HNA oder Kameras, die noch mit Bändern arbeiteten, was zu langen Einspielzeiten führte. In Trier erfolgt das Einsprechen des Beitragstextes in einem leerstehenden Büroraum auf einem MP3-Rekorder – sicher auch keine optimale Lösung.[202]

Maßnahmen und Ergebnis: Die technischen Schwierigkeiten werden im Gegensatz zu den organisatorischen sehr genau und schnell angegangen – und praktisch immer kurz- oder mittelfristig behoben. Die Übertragungsprobleme wurden in beiden Fällen gelöst durch die Buchung stärkerer bzw. separater DSL-Leitungen und die Umrechnung des Videomaterials in eine geringere Größe. Kameras mit Bändern werden zunehmend ersetzt durch jene mit digitalen Speichern. Und immer genauer können die Zeitungen auch ihre Ansprüche an Technik definieren und dies bei Neuanschaffungen umsetzen. Die HNA hat außerdem einen Ansprechpartner für technische Probleme in der Online-Redaktion bestimmt. Bei bekannten Fehlern kann er direkt helfen, bei anderen die Klärung koordinieren, was die Kollegen entlastet.

Problembereich IV: Markt

Probleme: Eine induktiv ermittelte Kategorie sind die marktlichen Probleme. Denn obwohl die betrachteten Zeitungen mit ihren Regionalisierungsstrategien Nischen besetzen, sind sie dort teils nicht alleiniger Anbieter. In Trier macht ein privater, lokaler Fernsehsender Konkurrenz bei End- und Werbekunden im Bewegtbildbereich. Bei der HNA sieht man sich im Wettbewerb mit Internetportalen, die häufig über user-generated-content Videos anbieten, sowie mit größeren TV- und Onlinemedien, sobald es um Ereignisse mit nationaler Bedeutung geht. Daneben steht mancherorts auch die Technik auf Kundenseite einer besseren Marktdurchdringung im Weg. Etwa in der Eifel, so Alexander Houben, sei in weiten Teilen keine Breitbandverbindung für die Rezipienten verfügbar, so dass sie Web-TV kaum nutzen können.

---

[201] Reporter suchten über Stunden nach Ursachen. Programme stürzten kurz vor Fertigstellung des Beitrags ab und zerstörten die bisherigen Daten. Die verantwortliche Online-Redaktion geriet in Erklärungsnot, die Lokalredakteure waren frustriert.

[202] Eher in den Bereich Skurrilität gehören hingegen die Beobachtungen und Schilderungen, dass während der Aufzeichnung Wetterkarten von der Wand fallen, weil sie nur provisorisch angenagelt sind oder Teleprompter ersetzt werden durch Papier, das auf Toilettenbürsten aufgewickelt und dann von einem Volontär abgewickelt wird.

Maßnahmen und Ergebnis: Diesem letzten Problem ist kaum zu begegnen und es wird von den Verantwortlichen hingenommen. Gegen die lokale TV-Konkurrenz hatte man in Trier erwägt, eine Rundfunklizenz zu erwerben, sich aber schließlich aus Kostengründen auf Online fokussiert, um hier stärker zu sein als der Sender. Bei der HNA glaubt man den Wettbewerbern vor allem dadurch zu entgehen, dass man noch lokaler als andere arbeitet.

Problembereich V: Recht

Gravierende rechtliche Probleme sind bei keinem der untersuchten Medienhäuser aufgetreten. Lediglich einige Unklarheiten, etwa zur Zweitverwertung eingekaufter Bilder oder der Honorierung, wurden durch die Rechtsabteilung beseitigt.

7.3.4 Personenbezogene Probleme: Widerstände

In Kapitel 3.1 wurde dargelegt, dass personenbezogene Probleme bei der Einführung crossmedialer Vorhaben die Widerstände von Mitarbeitern betreffen. Sie wurden anhand der Interviews, schriftlichen Befragungen und gemachter Beobachtungen näher bestimmt. Über alle Medien hinweg war dabei festzustellen, dass die Verantwortlichen im Vorfeld generell Widerstände erwartet hatten, dass sie sich auch darüber im Klaren waren, dass sie bewältigt werden müssen: „Man kann es nicht gegen die Mitarbeiter machen."[203] Sehr unterschiedlich bewerten die Interviewten jedoch das Ausmaß der Schwierigkeiten. In Stade sah man aufgrund des Autonomiemodells keine bei den beteiligten und nur vage Unruhe bei den nicht beteiligten Printjournalisten. In Trier gab man an, heftige Widerstände erwartet zu haben, schließlich aufgetreten seien aber nur recht wenige. Bei der HNA hingegen werden sie als durchaus stark beschrieben, wobei Wert darauf gelegt wird, dass es nicht zu einer Verhärtung der Fronten gekommen, sondern ein Dialog mit den Opponenten jederzeit möglich gewesen sei. Sowohl hier als auch beim Volksfreund traten offene, aktive, aber auch passive Formen auf. So lieferten trotz entsprechender verbindlicher Vorgaben einige Lokalredaktionen (HNA) bzw. einzelne Reporter (Trierischer Volksfreund) einfach kommentarlos keine Videos. Im Folgenden wird die im Theorieteil vorgestellte Typologie der Motive zu Grunde gelegt. Ebenso werden jeweils die Forschungsfragen F2a und F2b beantwortet: *Welche Maßnahmen gegen Widerstände wurden ergriffen? Wurden dadurch Widerstände abgebaut oder überwunden?*

---

[203] Auszug aus dem Interview mit Alexander Houben, Chef vom Dienst Trierischer Volksfreund.

Wissensbarriere

Problem: Hypothese H12a ist anzunehmen: *Widerstände beruhend auf der Wissensbarriere sind in allen Modellen vor allem zu Beginn aufgetreten.* Alle Interviewten beschrieben eine Unsicherheit unter den Printjournalisten vor dem Start der Videoarbeit, da Beteiligten wie Unbeteiligten nicht im Detail klar war, was auf sie zukommt. Bei der HNA räumt man ein, dass selbst die Verantwortlichen das nicht genau abschätzen konnten, sie bspw. die Arbeitsbelastung im Alltag höher eingeschätzt hatten, als sie sich hinterher erwies.

Maßnahmen und Ergebnis: Gegen die Wissensbarriere setzten alle drei Medien vor allem Kommunikation ein. Während in Stade durch die kleine Redaktion ohnehin ein ständiger intensiverer Austausch zwischen allen Journalisten möglich ist, wurde bei den anderen beiden auf Gespräche und Diskussionen z. B. bei Schulungen gesetzt. Diese Diskussionen, sagt Jens Nähler von der HNA, seien jetzt besser zu führen, nachdem Arbeitsaufwand und Probleme einschätzbar sind. Und die Berührungsängste, die Unsicherheit, habe sich verflüchtigt. Diese Einschätzung bestätigen die Ergebnisse der Fragebögen. Über alle Zeitungen hinweg kennen die Mitarbeiter das Angebot nach eigenen Angaben gut und fühlen sich über die Ziele der Zeitung in Bezug auf die Videoproduktion ausreichend informiert.[204] Hypothese H12b ist zu bestätigen: *Widerstände beruhend auf der Wissensbarriere konnten durch Managementmaßnahmen in allen Modellen abgeschwächt werden.*

Barriere des Nicht-Könnens

Problem: Da beim Aufbau des Bewegtbildangebots bei den betrachteten Zeitungen immer Printredakteure neue Tätigkeiten ausüben und damit neue Fähigkeiten benötigen, hat der Aspekt des Nicht-Könnens besonders große Bedeutung. Bei allen Medien räumt man offen ein, zu Beginn nicht über das notwendige Knowhow für die Videoproduktion verfügt zu haben. Auch die Mitarbeiter waren verunsichert, ob sie die Technik beherrschen können. Die größten Probleme damit wurden bei der HNA berichtet, wo Kamera, sehr stark aber auch die Schnittprogramme Ängste und Widerstände auslösten. In Trier geht man davon aus, dass die Hemmschwelle etwas geringer war, weil die Reporter nur drehen müssen. Die geringsten Schwierigkeiten werden auch hier aus Stade berichtet, wo zumindest ein Teil der eingesetzten Personen über TV-Vorerfahrungen verfügt.

---

[204] Im Mittel moderate Zustimmung zu den entsprechenden Thesen. Dafür spricht auch, dass sich die Unbeteiligten durchschnittlich mindestens einmal und die Beteiligten sogar mehrmals pro Woche das Videoangebot ihrer Zeitung anschauen.

Maßnahmen: Während man in Stade vor allem auf diese Vorerfahrungen und „learning by doing" setzte, wurden bei den anderen viele Maßnahmen initiiert. Hauptmittel waren Schulungen, die jeder eingesetzte Mitarbeiter durchlaufen musste. Ihr Umfang war jedoch auf Grundlagen begrenzt. In Trier wurden einen halben Tag lang Kameratechnik und Basisregeln gezeigt. Bei der HNA vermittelte ein Kollege, der zuvor für ein Praktikum zu einem privaten TV-Sender geschickt worden war, Erkenntnisse an die Beschäftigten. Die Onlineredaktion erhielt hier auch eine Sprecherschulung durch Radioexperten. Sie geben dieses Wissen nun an die anderen Mitarbeiter weiter. Ein System zur Verbreitung von Know-how durch Multiplikatoren wird auch in Form von Volontären betrieben, die zunächst in der Onlineabteilung Station machen, bevor sie dann in die Außenredaktionen gehen. So sollen sie Wissen mitnehmen und verbreiten. Darüber hinaus setzt die HNA als einzige untersuchte Zeitung eine Art Bonusmaßnahme ein: Der Verlag gewährt Beschäftigten zinsfreie Kredite, wenn sie sich eine Kamera für private Zwecke kaufen wollen. So sollen sie einen Anreiz erhalten, sich auch in ihrer Freizeit damit zu beschäftigen. „Nachdem sie das erste Video produziert haben, sehen [sie]: das ist ja eigentlich alles gar nicht so schwierig und das [...] macht ja auch Spaß!"[205] Beim Trierischen Volksfreund hat man versucht, durch eine einfachere Technik Widerstände aufgrund von Nicht-Können zu überwinden. Es wurde entschieden, für die Reporter nur ein Gerät anzuschaffen, mit dem gleichzeitig Fotos und simple Videos möglich sind.

Ergebnis: Während man in Kassel glaubt, dass die Maßnahmen effektiv waren, befürchtet Alexander Houben in Trier, dass sich Reporter mit der Aufgabe trotzdem „tendenziell wahrscheinlich eher überfordert" fühlen könnten. Das jedoch scheint nicht der Fall zu sein. Denn in der Befragung stimmten alle eingesetzten Mitarbeiter – unabhängig von welcher Zeitung – der Aussage zu, sich gut vorbereitet zu fühlen auf die Arbeit mit Bewegtbildern. Stark abgelehnt haben alle die These, überfordert zu sein. Offenbar haben die Maßnahmen gegen das Nicht-Können subjektiv bei jedem einzelnen Beschäftigten Wirkung gezeigt und Widerstände überwunden.[206]

---

[205] Auszug aus dem Interview mit Jens Nähler, Online-Redaktionsleiter HNA.

[206] Unklar ist hingegen, ob die Maßnahmen auch objektiv genügend Know-how vermittelt haben. Zumindest konnten bei der Hospitation bei jeder Zeitung handwerkliche Fehler bei Dreh und Schnitt festgestellt werden. Eine Untersuchung der Qualität der Videos wäre also für weitere Forschung zu diesem Aspekt äußerst interessant.

Glaubensbarriere

Hypothese H13a muss abgelehnt werden. Widerstände dieser Art sind entgegen der Erwartung in keinem einzigen Modell aufgetreten. Das ist das Ergebnis der Interviews und auch der Fragebögen. Von den 42 befragten Mitarbeitern gaben nur drei an, dass sie neben den von ihren Vorgesetzten genannten Motiven für die Videoproduktion noch andere, nicht genannte, vermuten. Hypothese 13b konnte daraufhin nicht überprüft werden, da die ihr zu Grunde liegende Annahme falsch war.

Willensbarriere

„Lass die Finger weg von denen, die das nicht machen wollen", zieht Wolfgang Stephan, Chefredakteur des Stader Tageblatts, seine Lehre aus verschiedenen Redaktionsmodellen, die er sich angeschaut hat. Das Prinzip der Freiwilligkeit war seine Idee, um schon vom Modell her Widerstände dieser Art zu meiden. Doch ob – wie theoretisch hergeleitet und in den Hypothesen H14a und H14b ausgedrückt – eine Autonomie der Bewegtbilderstellung wirklich zu keinen und Integration zu den meisten Problemen dieser Art führt, gilt es hier zu prüfen.

Zumindest auf der Ebene der *persönlichen Nachteile* scheint sich das Stader Modell zu bewähren. In beiden anderen Medien wird von Widerständen berichtet, bei denen die Mitarbeiter vor allem über die zusätzliche Arbeitsbelastung klagten: „Bitte nicht noch was drauf, bitte nicht noch zusätzlich, ich habe eh schon genug zu tun", fasst Alexander Houben vom Trierischen Volksfreund die Argumentation zusammen. Bei der HNA hat man zusätzlich drei weitere Quellen des Widerstands ausgemacht: Frustration über die technischen Probleme (vor allem die wochenlangen mit der Schnittsoftware), das Alter der Mitarbeiter (denn etliche Beschäftigte kurz vor der Rente wollten sich da nicht mehr einarbeiten) sowie Kollegen, die es einfach so, ohne Begründung, nicht machen wollten. Die Ergebnisse der Befragung zeigen deutliche Unterschiede zwischen dem Autonomie- und den beiden anderen Modellen. Zunächst stimmten alle an der Produktion Beteiligten in allen Medien der These zu, dass Video mehr Arbeit bedeute. Das ist nicht überraschend, ist zusätzlicher, erheblicher Aufwand doch ein Fakt, der auch von den Verantwortlichen offen so kommuniziert wird. Bedeutet das aber auch, dass es zu viel Arbeit ist? In Stade wird die entsprechende These stark verneint, die Beteiligten bei den anderen Zeitungen sind sich da nicht so einig: Die Angaben schwanken zwischen moderater Zustimmung und leichter Ablehnung. Ein negativer, möglicherweise Widerstand erzeugender Faktor ist demnach für Trierischen Volksfreund und HNA festzustellen.

Beschrieben werden von den dortigen Verantwortlichen auch Quellen für Widerstände aus dem Bereich *NIH-Syndrom* („not invented here"). In Kassel war Video eine Initiative der Geschäftsführung, die dann von Chefredakteur und Onlineredaktion vorangetrieben wurde. Einzelne Journalisten wurden nicht eingebunden, alles war klar von oben verordnet. Ebenso wie in Trier, wo Alexander Houben davon ausgeht, dass dies bei Teilen der Belegschaft auch negativ aufgenommen wurde. Die Ergebnisse des Fragebogens bestätigen das und zeigen bei den Beteiligten ein klares Gefälle: Während sich die Video Produzierenden in Stade insgesamt gut eingebunden fühlen, bewerten die Reporter der HNA die These „Bei der Einführung der Videoproduktion konnten die Mitarbeiter mitreden" deutlich schlechter. Auch das Gefühl, das Drehen und Schneiden sei ihnen aufgezwungen worden, ist hier erheblich stärker. Die Mitarbeiter in Trier liegen zwischen den beiden anderen Fällen. Auch hier scheint sich der Eindruck der Modelle zunächst weiter zu verfestigen. Doch es wartet auch eine Überraschung: Während bei den anderen Zeitungen die Aussage, dass die Bedenken der Mitarbeiter ernst genommen werden, mehrheitlich Zustimmung findet, lehnen sie ausgerechnet die nicht Beteiligten beim Stader Tageblatt ab. Chefredakteur Wolfgang Stephan hat allerdings eine Erklärung dafür. Die Printjournalisten fürchteten teils, dass irgendwann das Modell der Autonomie aufgegeben wird zugunsten einer Integration, bei der dann alle eine Kamera führen müssen. Deshalb schauten sie kritisch auf die gesamte Entwicklung.

In Trier und Kassel wurden auch auf der *sachlichen Ebene* Argumente vorgebracht. Vor allem wurde angeführt, dass unter Zeitdruck und ggf. Unterbesetzung nicht immer alle Tätigkeiten für Text, Foto, Online und Video zu leisten seien. Jedoch lehnten alle beteiligten Mitarbeiter in den drei untersuchten Fällen die These ab, dass unter der Videoproduktion die Arbeit für die Zeitung leide. Ebenso verneint wurde ein negativer Einfluss auf die Qualität des Blattes. Alle Befragten gaben zudem an, Bewegtbilder bei Tageszeitungen generell für eine gute Idee zu halten und dass sie ihrer Meinung nach in der Zukunft zum Standard bei Portalen deutscher Printmedien würden. Einzig bei der These „Es gäbe für Zeitungen deutlich wichtigere Projekte als die Videoproduktion voranzutreiben" ist ein klarer Unterschied zu erkennen – allerdings nicht zwischen den Modellen. Sondern in allen Fällen lehnten die Beteiligten diese Behauptung mehrheitlich ab, während die Unbeteiligten zustimmten. Ob jetzt allerdings die Einbindung in das Projekt dazu führt, dass ein Mitarbeiter ihm mehr Bedeutung zumisst oder ob anders herum diejenigen, die sie anzweifeln nach Möglichkeit nicht teilnehmen, ist anhand der Daten nicht zu klären.

Geht man nach den Ergebnissen des Fragebogens ist davon auszugehen, dass *Vorurteile gegenüber den Video produzierenden Journalisten* keine Rolle spielen. Mehrheitlich sahen die Befragten eine gute Zusammenarbeit zwischen Print-

und Bewegtbildredakteuren und lehnten die These einer geringeren Qualifikation der Video-Kollegen stark ab. Das war im Grunde auch so erwartet worden, da in allen drei Fällen keine unbekannten Medien miteinander verschmolzen wurden, sondern sich die crossmedial Agierenden aus den eigenen Reihen rekrutierten. Trotzdem fiel bei den Beobachtungen ein Ereignis bei der HNA auf, dass so gar nicht zu diesen Ergebnissen passen will. Ein freier Mitarbeiter kehrte gerade von einem Dreh in die Redaktion zurück. Er hatte die von einem Sportjournalisten der Zeitung moderierte Vorstellung der Mannschaft der Kassel Huskies gefilmt. Sein Kommentar ließ durchblicken, dass durchaus Vorurteile bestehen: „Du kennst das ja. Die richten sich mehr nach den Fotografen als nach uns Videoleuten – auch wenn die [Fotografen] das gar nicht so brauchen." Daher kommen Zweifel auf an den Fragebogenergebnissen, ob sie an diesem Punkt etwa durch soziale Erwünschtheit verzerrt sind. Das lässt sich hier abschließend nicht klären, legt jedoch weitere Forschung nahe.

Insgesamt ist die Hypothese H14a anzunehmen: *Widerstände beruhend auf der Willensbarriere sind im Integrationsmodell stärker aufgetreten als in beiden anderen Systemen.* Es ist ein Gefälle erkennbar von der HNA mit den massivsten, über den Trierischen Volksfreund mit weniger Problemen bis zum Stader Tageblatt. Trotzdem ist die Hypothese H14b abzulehnen. Denn es sind auch in Stade Widerstände aufgetreten, selbst wenn sie gering und von den nicht Beteiligten getragen waren. Die Feststellung ist zu präzisieren: *Widerstände beruhend auf der Willensbarriere sind im Autonomiemodell weniger stark aufgetreten als in beiden anderen Systemen.*

Maßnahmen: Beim Stader Tageblatt wurden gegen die geringen Widerstände auf der Ebene des Nicht-Wollens keine konkreten Maßnahmen eingeleitet. In Trier setzte man verstärkt auf Kommunikation. Man müsse die Mitarbeiter von der Notwendigkeit und Sinnhaftigkeit der Videoproduktion dabei aber wirklich überzeugen und nicht bloß überreden, so Alexander Houben. Dazu sei es auch grundlegend wichtig, ehrlich und offen zu agieren, etwa von Anfang an klar zuzugeben, dass es Mehrarbeit bedeutet. Das entschärfe Konflikte. Zu offenen Diskursen gehöre auch die Bereitschaft, bei sinnvoller Kritik an einigen Stellen das eigene Konzept nachzubessern: „Wichtig ist, dass man schon auf die Probleme, auf die Sorgen, Ängste und Nöte der Mitarbeiter eingeht und dann Lösungen dafür findet. Am besten unter Einbeziehung der Mitarbeiter."[207] Wichtig sei es aber auch, für einen reibungslosen Redaktionsablauf und gut funktionierende Technik zu sorgen. Sonst mache man es den Opponenten sehr leicht, mit Verweis auf die Probleme Widerstand aufzubauen. Trotz aller Kommunikation sei die Durchsetzung letztlich aber auch nicht ohne Druck zu gewährleisten. Man

---

[207] Auszug aus dem Interview mit Alexander Houben, Chef vom Dienst Trierischer Volksfreund.

müsse auf Einhaltung der Vorgaben bestehen. Da vertritt Houben die gleiche
Meinung wie Jens Nähler von der HNA. Als dort einige Redaktionen einfach
nicht ihr von der Onlineabteilung festgelegtes Soll erfüllten, wurde hierarchischer Druck ausgeübt. Der Chefredakteur schaltete sich ein – und Videos kamen.
Zudem setzte man in Kassel die schon von anderen Problemen bekannte Maßnahme des Delegierens ein. Die Lokalredaktionsleiter wurden verpflichtet, für
die Einhaltung der Vorgaben zu sorgen – wie, war ihnen überlassen. Das spezielle Problem der älteren Mitarbeiter, die sich nicht mehr mit dem Thema auseinandersetzen möchten, will man bei der HNA ebenso lösen wie beim Stader Tageblatt, falls es dort einmal zu einer weitergehenden Integration der Funktionen
Video und Print kommt – durch Abwarten: „Ich glaube, die, die's nicht sehen,
sind so alt, dass sie sich keine Gedanken mehr darüber machen müssen. Ganz
pragmatisch."[208]

Ergebnis: Insgesamt nutzen die Zeitungen lediglich einen Teil der möglichen
Gegenmaßnahmen und vernachlässigen vor allem präventive. Nur in Trier wurde
mit den Beschäftigten auf einer Basis gesprochen, auf der überhaupt noch Änderungen am Konzept möglich waren, wo also von einer gewissen Partizipation
gesprochen werden kann, wenn sie auch erst nachträglich stattfand. Hier wäre in
allen Redaktionen deutlich mehr möglich gewesen, um vor allem das NIH-
Syndrom zu entschärfen, das als großer potentieller Widerstandsbereich identifiziert wurde. Um persönliche Nachteile abzumildern, hätten in Trier und bei der
HNA Veränderungen am System vorgenommen werden können, um die teils
wahrgenommene Überlastung der Mitarbeiter zu beheben. Falls dies nicht möglich gewesen wäre, hätte man ein Gratifikationsmodell einsetzen können. In allen
drei Medien sind die Verantwortlichen trotzdem der Meinung, die Widerstände
im Wesentlichen überwunden zu haben. Allerdings zeigen sie auch, dass sie um
ein gewisses nach wie vor vorhandenes Potential an Skepsis, Frustration oder
Unwillen wissen. Von diesem darf auch laut der Befragung der Mitarbeiter ausgegangen werden, selbst wenn sicher einiger Widerstand überwunden oder ge
brochen wurde.

7.3.5 Zukunft der Videoproduktion

Die Hypothese H15 ist für die untersuchten Fälle klar anzunehmen: *Alle Medien
planen einen Ausbau ihrer Eigenproduktion*. Das gilt zum einen für die Quanti-
tät. Bei der HNA etwa würden die Verantwortlichen gerne in zwei Jahren fünf
statt einem Video pro Woche aus jeder Lokalredaktion erhalten. Zudem soll bei

---

[208] Auszug aus dem Interview mit Wolfgang Stephan, Chefredakteur Stader Tageblatt.

den drei Zeitungen auch die handwerkliche Qualität steigen, teils durch „learning by doing", teils auch durch weitere Schulungen.

Am Produktionsmodell selbst plant derzeit nur das Stader Tageblatt eine Veränderung. Da die Redaktion, wie oben erwähnt, keine Möglichkeit sieht, mit dem Autonomiesystem Blaulicht-Themen zu bearbeiten, soll für diesen Bereich ein kooperativer Ansatz gewählt werden. Zwei Polizeireporter erhalten kleine Kameras, um zu drehen. Geschnitten wird das Material dann zentral von den Videoexperten, die bislang schon produzieren. Daneben planen die Medien vor allem neue Verbreitungsmöglichkeiten, in Trier beispielsweise auf on-demand-TV-Plattformen oder mobilen Endgeräten. Bei der HNA will man zur besseren Leserbindung Downloadmöglichkeiten schaffen. In allen Fällen sind aber noch technische, rechtliche oder ökonomische Hürden zu nehmen. Thematisch strebt die HNA mittelfristig ein Engagement auch im hyperlokalen Bereich an. Zudem will man das gesamte Internet-Portal mehr auf Service ausrichten, mit Implikationen auch für die Videos dort. Beim Stader Tageblatt hingegen setzt man auf neue Formate. Ziel ist eine tägliche Nachrichtensendung im kommenden Jahr zu starten und weitere, fest finanzierte Serien zu entwickeln, z. B. eine Talk-Reihe, bei der die Gespräche im Auto stattfinden – gesponsort von einem KfZ-Betrieb.

7.3.6 Zusammenhang mit individuellen Einflüssen

Es wurde bereits betont, dass es Faktoren gibt, die Wahl und Entwicklung verschiedener Modelle der Redaktionsorganisation von Videoproduktion beeinflussen, dass sie aber bislang nicht bekannt sind. Im Verlauf dieser Studie sind jedoch einige Aspekte aufgefallen. Die Forschungsfrage F4 lautet deshalb: *Welche Zusammenhänge sind zwischen bestimmten individuellen Einflüssen, Entwicklungen und Merkmalen der Zeitung und dem verwendeten Videoproduktionsmodell erkennbar?* Um sie zu beantworten, wurden alle Informationen mit einbezogen, die dem Autor über die Modelle vorlagen – aus den drei Methoden dieses Kapitels, aber auch aus den Daten der vorangegangenen empirischen Teilstudien. Wichtig ist, dass es sich bei allen im Folgenden beschriebenen Aspekten nicht um überprüfte, das Modell definitiv beeinflussende Faktoren handelt. Denn das ist im Rahmen dieser Arbeit nicht leistbar. Es sind lediglich Hinweise auf mögliche Punkte, die hier benannt und in weiteren repräsentativen Untersuchungen überprüft werden müssen.

Zunächst ist ein Zusammenhang mit verschiedenen Aspekten des Marktes denkbar. Die Stärke der Konkurrenz könnte die Entscheidung, überhaupt selbst zu produzieren und den Umfang bzw. die Art und damit auch das gewählte Modell prägen. So sind die Bewegtbildaktivitäten der HNA nach eigenen Angaben dort besonders intensiv, wo sie als Zeitung keine Monopolstellung hat, sondern mit anderen Blättern um Leser kämpft. Und in Trier hat der Wettbewerb mit einem privaten TV-Sender offensichtlich die Bemühungen um eine eigene Bewegtbildproduktion verstärkt. Auch die Ausmaße des Verbreitungsgebiets scheint ein kritischer Faktor zu sein. Denn je größer es ist, desto unwahrscheinlicher wird es, die Themen mit einer zentral angesiedelten Videoredaktion abdecken zu können – zumindest bei aktuellen Themen. Und ein Zusammenhang mit der Verfügbarkeit von Breitbandverbindungen im Zielmarkt scheint nach den Schilderungen aus Trier und Anmerkungen weiterer Befragter in der zweiten Teilstudie ebenfalls möglich.

Besonders zwei Merkmale der Zeitungen selbst sind im Laufe der Untersuchung immer wieder aufgefallen. Zum einen die Größe, unabhängig davon, ob sie nun als Auflage, Umsatz oder Mitarbeiterzahl definiert wird. Es scheint logisch, dass eine fast familiäre Redaktion wie in Stade andere Anforderungen an Redaktionsorganisation stellt als der Aufbau z. B. der HNA.[209] Zum anderen kam in den Interviews klar zum Ausdruck, dass in Trier und Kassel die Zugehörigkeit zu großen Zeitungsgruppen (Holtzbrinck/Ippen) Einfluss auf die Bewegtbildproduktion hatte, sei es durch verstärkende Impulse, gemeinsame Vermarktungsbemühungen oder den Austausch von Videos. Aus der Theorie lässt sich zudem ableiten, dass die Frage, ob eine gemeinsame oder getrennte Chefredaktionen für Print und Online/Video zuständig ist, erhebliche Implikationen hat, ebenso wie der Fakt, dass ggf. eine separate TV-Produktion im Verlag bereits existiert.

Gewisse Vorerfahrungen mit Crossmedia sind ebenfalls mögliche Einflussgrößen. So betonten die Verantwortlichen in Trier und Kassel, dass Widerstände gegen die Integration der Arbeit dadurch gemindert wurden, dass die Redakteure bereits damit vertraut waren, mehrere Medialitäten zu bedienen in Form von Printtexten, Fotos und Online-Meldungen. Bei der HNA verweist man zudem auf Erfahrung mit einer lokalen TV-Nachrichtensendung.[210]

Aus den geführten Interviews lässt sich außerdem ein Zusammenhang zwischen dem verwendeten Modell und der Wahrnehmung der Auslastung der Mitarbeiter durch die Verantwortlichen ableiten. Jens Nähler von der HNA ging davon aus, dass noch zeitliche Kapazitäten in den Lokalredaktionen frei sind – und präferierte das Integrationsmodell. Beim Trierischen Volksfreund war Alexander Houben etwas skeptischer. Er glaubte zwar, dass Produktivitätssteigerun-

---

[209] de Aquino (vgl. 2002: 9 f.) geht davon aus, dass bei Konvergenz von regionalen Zeitungen deutlich weniger Probleme entstehen als bei großen nationalen. Und das Überwinden von Widerständen scheint in kleineren Unternehmen auch einfacher zu sein als in größeren (vgl. Singer 2004: 15).

[210] Die Lokalredaktion produziert täglich das Magazin „Alszus", das im Offenen Kanal ausgestrahlt wird und schon deutlich länger existiert, als die Idee einer eigenen Web-TV-Produktion im Haus.

gen möglich, aber angesichts der in den letzten Jahren ohnehin gestiegenen Be-
lastungen der Journalisten stark begrenzt seien – und führte ein kooperatives
Modell ein. Und Wolfgang Stephan vom Stader Tageblatt sagte klar, dass die
Rationalisierungen der Vergangenheit wie der Wegfall von Setzern und Korrek-
toren sowie Personaleinsparungen die Arbeitsbelastung der Mitarbeiter schon so
erhöht hätten, dass eine zusätzliche Videoproduktion zu viel wäre. Das Tageblatt
verwendet das Autonomie-Modell.

7.4 Zusammenfassung und Diskussion

Alle drei untersuchten Zeitungen weisen eine hohe Übereinstimmung bei der
grundlegenden Videostrategie auf. Alle zielen auf Regionalisierung und eine
möglichst aktuelle oder sogar „hyperaktuelle" Berichterstattung – vor allem in
den Bereichen Sport, Politik, Kultur und Blaulicht. Paradox an diesem letzten
Themenschwerpunkt ist, dass er bei den Nutzern offenbar starke Resonanz erfährt, aber deutlich schlechter als die anderen zu vermarkten ist, weil niemand
vor einem Unfall mit drei Toten werben will. Blaulichtbeiträge können daher im
Wesentlichen nur als Anziehungspunkt für Nutzer dienen, um damit die Attraktivität und Klickzahl der anderen Clips zu vergrößern. Auch die Motive für die
Videoproduktion glichen sich bei den betrachteten Fällen stark. Sie zielen rückwärts auf die Verteidigung der etablierten Marke und ein Schritthalten mit der
Entwicklung, sind aber auch vorwärts gerichtet auf neue Chancen, Erlöse und
vor allem die Aussicht, sich als Nummer eins für Nachrichten jeglicher Mediali-
tät aus der Region zu etablieren. Bei allen ist der Wandel zum Mehrmedienhaus
in den Köpfen der Verantwortlichen bereits geschehen.

Tabelle 4 zeigt einen Überblick der Ergebnisse für die untersuchten Fälle.
Zusammengefasst lassen sich die drei Modelle klar gegeneinander abgrenzen.
Die Autonomie-Variante des Stader Tageblatts lockt mit im Vergleich sehr geringen Problemen und Widerständen, bietet auf der Produktionsebene jedoch
deutlich weniger Synergiepotentiale und ist für die Erstellung von Blaulichtvideos schlecht oder gar nicht geeignet. Mit der Integration bei der HNA ist das
sehr gut zu leisten. Hier bieten sich in der Tat die größten Chancen im Bereich
der Produktionssynergien. Möglich ist das jedoch nur auf Kosten großer, vor
allem organisatorischer und technischer Schwierigkeiten und sehr starker Widerstände. Dazwischen anzusiedeln ist das Kooperationsmodell des Trierischen
Volksfreunds, das in Bezug auf alle Aspekte den Mittelplatz einnimmt. Ver-
kompliziert wird der schöne Kompromiss jedoch durch massive Schnittstellenprobleme. Schnell wird hier also klar, dass es kein ideales Konzept gibt. Verkürzt gesagt: Mehr Integration hat mehr Synergien, aber auch mehr Probleme

und Widerstände zur Folge – ein Wechselverhältnis, das nicht aufgelöst, sondern nur auf einem gewünschten Niveau ausbalanciert werden kann.

Insgesamt bestätigt sich die Theorie eines individuellen Verlaufs des Konvergenzprozesses. Bestimmte Faktoren, die es noch näher zu untersuchen gilt, haben zu drei sehr unterschiedlichen Modellen geführt, mit variierenden Vor- und Nachteilen. Auch die Einführung eines kooperativen Ansatzes in Stade bedeutet keine komplette Angleichung an die Trierer Variante oder zwingend den Beginn einer linearen Entwicklung hin zu immer mehr Integration, bis man schließlich das Konzept der HNA kopiert. Vielmehr wird das neue System beim Stader Tageblatt weiter Unterschiede aufweisen zu den anderen, etwa weil die kooperative Arbeitsweise nur ergänzend eingeführt wird und der Bereich der Spezialisten sogar ausgebaut werden soll.

	Stader Tageblatt	Trierischer Volksfreund	HNA
Modell	Autonomie	Kooperation	Integration
Ziel	gute Qualität	Kompromiss Qualität / Kosten	günstige und schnelle Produkt.
Synergien			
Produktionsebene	kaum vorhanden	stark genutzt	sehr stark genutzt
Marketing	stark genutzt	stark genutzt	stark genutzt
Motivation der Mitarbeiter	hoch	hoch	mittel
Probleme			
finanziell	groß, gelöst	groß, nicht gelöst	groß, nicht gelöst
organisatorisch	praktisch keine	sehr groß, nicht gelöst	groß, nur zum Teil gelöst
technisch	praktisch keine	mittel, gelöst	sehr groß, gelöst
im Markt	praktisch keine	mittel, teils gelöst	gering, gelöst
Widerstände			
Nicht-Wissen	mittel, gelöst	mittel, gelöst	mittel, gelöst
Nicht-Können	gering, gelöst	mittel, gelöst	groß, gelöst
Nicht-Glauben	praktisch keine	praktisch keine	praktisch keine
Nicht-Wollen	gering, nicht gelöst	mittel, teils gelöst	sehr groß, teils gelöst

Tabelle 4: Überblick der untersuchten Fälle, eigene Darstellung

Die Verantwortlichen der drei Zeitungen haben sich jeweils für eine Variante entschieden und glauben auch an den Erfolg. Interessant ist jedoch die Frage, wie die Mitarbeiter die Modelle bewerten. Das Ergebnis der schriftlichen Befragung ist dabei verblüffend eindeutig: Über alle Medien hinweg und unabhängig davon, ob die Antwortenden an der Videoproduktion beteiligt sind oder nicht, wird das Kooperationsmodell mit großem Abstand am besten bewertet. Die beiden anderen Systeme liegen in der Gunst der Beschäftigten fast gleichauf, mit einem leichten Vorteil für die vollständige Integration. Motive für diese Bewertung wurden nicht mit abgefragt. Aufgrund der sonstigen Ergebnisse kann jedoch vermutet werden, dass die Printredakteure im Autonomiemodell befürchten, weniger Mitspracherechte bei der Entwicklung der Zeitung in der Zukunft zu haben, hinter den Video produzierenden Kollegen zurückzubleiben. Gleichzeitig sind der hohe Arbeitsaufwand und das neue, dafür erforderliche Know-how der voll integrierten Produktion möglicherweise abschreckend, so dass in Summe das Kooperationsmodell den Interessen der Mitarbeiter am besten entspricht. Diese Einschätzung ist aber in hohem Maß interpretativ und nur als Hypothese zu sehen.

Zudem ist noch einmal zu betonen, dass es sich hier um drei Fallstudien handelt, die Ergebnisse sich also nur auf die drei betrachteten Zeitungen beziehen und nicht auf andere direkt ohne Überprüfung anzuwenden sind. Auch lassen sie sich nicht allgemein und ohne weitere Untersuchung auf die drei Produktionssysteme Autonomie, Kooperation und Integration übertragen. Denn bei nur drei Fällen prägen eventuell individuelle Einflüsse Vor- und Nachteile, die nicht dem Modell an sich zugeschrieben werden können. So ist festzustellen, dass sich die ausgewählten Zeitungen trotz des bewussten stabil Haltens der Kriterien Chefredaktionsorganisation und Neuaufbau in einigen Punkte unterscheiden, die in Kapitel 7.3.6 als mögliche Einflussfaktoren genannt worden sind. Das Stader Tageblatt etwa gehört im Gegensatz zu HNA und Trierischem Volksfreund zu keiner größeren Zeitungsgruppe. Alle drei Blätter sind sehr unterschiedlich groß und bedienen in ihrer Struktur und ihrem Umfang stark divergierende Verbreitungsgebiete. Bei der HNA könnten zudem einige negative Bewertungen der Mitarbeiter nicht auf das Modell selbst zurückgehen, sondern auf die massiven Technikprobleme – obgleich diese wiederum im Wesentlichen daraus resultierten, dass dezentral geschnitten wird. Außerdem, darauf wurde schon hingewiesen, könnten durch den geringen Rücklauf der Fragebögen Verzerrungen aufgetreten sein. Andererseits zeigt die hohe Übereinstimmung der Ergebnisse der verschiedenen Methoden untereinander und mit Erkenntnissen anderer Konvergenzstudien, dass die Resultate durchaus valide sein sollten und somit gewährleisten, was Ziel dieses Kapitels war: aussagekräftige Hinweise zu geben.

8 Fazit und Ausblick

8.1 Zusammenfassung und Diskussion der Ergebnisse

Web-TV ist derzeit ein maßgeblicher Trend für regionale Tageszeitungen in Deutschland. Aus der Notwendigkeit der schlechten Auflagenentwicklung heraus, aber auch der Hoffnung auf neue Chancen (re-)agieren sie mit dem Aufbau eigener Bewegtbildangebote und -produktionen. Letztlich ist es auch eine logische Weiterentwicklung für Verlagshäuser, die sich zunehmend als regionale Informationsdienstleister positionieren, die Inhalte liefern wann, wo und wie es der Nutzer will – also mit allen Medien (vgl. World Editors Forum 2008 a: 122).

Ein grundlegendes Problem ist jedoch der Mangel an Erfolgsmodellen. Bislang existiert kein favorisiertes, bereits gewinnbringend eingesetztes Konzept für Konvergenzbemühungen, was zu Unsicherheit bei vielen Beteiligten in der Praxis führt (vgl. auch Quinn 2007: 26). Gleichzeitig fehlt es auch an begleitender Forschung. Die bislang einzige Untersuchung dazu von Schmid (vgl. 2008) weist etliche Schwächen auf. Der Anspruch der vorliegenden Arbeit war daher, Erkenntnisse sowohl für die Theorie als auch die Praxis zu generieren. Als Ziel wurde die Beantwortung der Leitfrage definiert, welche Modelle der Videoproduktion zurzeit eingesetzt werden und wie sie eingesetzt werden sollten. Um das beurteilen zu können, wenden wir uns den daraus abgeleiteten Teilfragen zu.

Um was für ein Phänomen handelt es sich bei Videos von Tageszeitungen bzw. wie lässt es sich in Abgrenzung zu anderen Trends verorten?

Es konnte gezeigt werden, dass die Bewegtbildproduktion von Printmedien als Bestandteil des Großtrends Konvergenz zu betrachten ist. Es handelt sich um eine Innovation mit komplexen Ursachen und weitreichenden Folgen. Deshalb darf ihr Kontext nicht simplifiziert werden – etwa durch technische Determinismen. Digitalisierung oder das Internet haben zwar einige Formen multimedialer Produktion erst möglich gemacht und auch als „Katalysator" der Entwicklung gewirkt. Sie sind jedoch nicht in eine rein kausale Verbindung zu setzen mit Konvergenz insgesamt und dem betrachteten Feld im Speziellen. Vielmehr stehen diese in vielschichtigen Wechselwirkungen mit anderen Trends und gesellschaftlichen Veränderungen. Sie sind als ergebnisoffene Prozesse zu verstehen, deren Innovationen in jedem Unternehmen einen Adaptionsvorgang auslösen, der von individuellen Faktoren geprägt ist, die bislang noch nicht näher bestimmt sind. In der dritten empirischen Teilstudie dieser Arbeit konnten aber für die Videoproduktion von Zeitungen einige mögliche Aspekte abgeleitet werden: Merkmale des Marktes (Konkurrenz, Größe und technische Infrastruktur des Verbreitungsgebiets), Merkmale der Zeitung (Größe, Verlagsgruppe, Organisation der Chefredaktion, TV-Vorerfahrungen) sowie die wahrgenommene Arbeitsauslastung der Redakteure durch die Verantwortlichen.[211]

Wie gezeigt, ist der Prozess des Zusammenwachsens von Medien in verschiedene Ebenen zu gliedern: technologische, kulturelle und globale Konvergenz sowie den in dieser Arbeit vor allem betrachteten Bestandteil Crossmedia. Innerhalb dieses Bereichs sind wiederum unternehmerische, strategisch redaktionelle, strukturell redaktionelle und Angebotskonvergenz zu unterscheiden. Zunächst war dieser letzte Aspekt zu betrachten, denn es galt die zweite Teilfrage zu beantworten:

Wie gestaltet sich das Web-Videoangebot deutscher Regionalzeitungen derzeit?

Aus der ersten empirischen Teilstudie[212] lässt sich ableiten, dass Bewegtbildangebote hier inzwischen zum Standard gehören. Nur noch bei 12 Prozent der 120 Publizistischen Einheiten (PE) gibt es keinen Titel, der sie einsetzt. Zwei Drittel der 233 Portale regionaler Tageszeitungen verfügen über Videos. Die meisten von ihnen (88,5%) verwenden u. a. nicht-exklusive Inhalte z. B. von größeren Agenturen, gut ein Viertel (27,6%) bezieht Clips aus Kooperationen – in der Regel mit anderen Zeitungen oder privaten TV-Sendern. Und auch die Eigenproduktion von bewegten Bildern ist von einem Sonderfall zum Massenphänomen geworden. Mehr als die Hälfte der Portale mit Videos (90 Fälle/57,7%) drehen oder schneiden selbst bzw. lassen dies exklusiv durch einen Dienstleister tun. Insgesamt bedeutet das, dass es bei 64,2 Prozent der PE mindestens ein Blatt gibt, das in eigener Regie Clips erstellt. Bezogen auf Portale ist zudem ein Zusammenhang zwischen der Auflage der angeschlossenen Zeitungen und der Videoaktivität festzustellen: größere Portale verfügen deutlich häufiger über ein Bewegtbildangebot und erstellen es häufiger selbst als kleine.

---

[211] Diese Erkenntnisse basieren lediglich auf Fallstudien und sind nicht zu verallgemeinern.
[212] Eine als Vollerhebung konzipierte Inhaltsanalyse der erfassbaren Websites reg. Tageszeitungen.

Die Eigenproduktion kann durch Ergebnisse der zweiten Teilstudie genauer beschrieben werden.[213] Im Schnitt stellen die Portale 5 Videos pro Woche online (Median), wobei der Wert je nach Zeitung zwischen einem pro Monat und 27 pro Woche variiert. Die meisten erstellen eine Mischung aus aktuellen Clips und Long-Tail-Produkten. Der Schwerpunkt liegt bei den meisten jedoch deutlich auf ersteren.[214] Bei den Formaten dominiert klar der gebaute Beitrag, kommentierende oder humoristische Inhalte sowie ganze Sendungen werden eher selten erstellt. Thematisch ist eine deutliche Regionalisierung festzustellen, innerhalb derer Sport, Politik und Kultur am häufigsten in Bewegtbildern aufbereitet werden. Bei den special-interest-Themen liegt der Schwerpunkt mit Abstand im Bereich Freizeit und Tourismus. 41,7 Prozent der befragten Portale produzieren zudem Werbevideos für Unternehmen, was sowohl positiv als neue Finanzierungsquelle, wie auch negativ als Gefahr für die Trennung von Inhalt und Werbung gesehen werden kann (siehe auch Kapitel 8.4/8.5).

Welche Möglichkeiten der redaktionellen Organisation einer Eigenproduktion gibt es – was sind ihre Chancen und Risiken? Und welche der Optionen werden von Zeitungen tatsächlich eingesetzt?

Nun sollte geklärt werden, wie die Web-TV-Angebote entstehen. Grundlegend wurde dazu ein Mangel beseitigt, der die bisherige Forschung bis auf wenige Ausnahmen behindert hat: die fehlende Systematik. In der vorliegenden Arbeit wurde deshalb erfolgreich die Theorie der betriebswirtschaftlichen Lehre als analytischer Rahmen eingesetzt, um die Erkenntnisse zu Chancen, Risiken, Strategien und Organisationsformen sinnvoll miteinander in Beziehung zu setzen. Es wird in diesem Kapitel allerdings darauf verzichtet, die theoretischen Erläuterungen einzeln zu referieren (siehe dazu Kapitel 3). Stattdessen werden sie direkt zusammen mit den Ergebnissen der empirischen Untersuchung präsentiert und so beide formulierten Teilfragen beantwortet.

Zu den – für die Organisation grundlegenden – strategischen Überlegungen sind vor allem zwei Feststellungen zu machen. Zunächst ist über alle in der zweiten Teilstudie befragten 84 Portale hinweg eine klare Regionalisierung des Videoangebots festzustellen. Aus der Literatur und Äußerungen der Interviewten der Teilstudien II und III ist zu schließen, dass sie mutmaßlich auf eine Konzentrations-, also Nischenstrategie zurückzuführen ist. Die Zeitungen weichen nationaler Konkurrenz aus und stellen sich stattdessen als starker Informations-

---

[213] Eine als Vollerhebung konzipierte telefonische Befragung der Portale regionaler Tageszeitungen, bei denen in der ersten Teilstudie eine Video-Eigenproduktion identifiziert wurde.
[214] Im sind Schnitt 72,9% der Beiträge aktuell, 27,1% Long-Tail.

dienstleister im lokalen Markt auf. Etwas flapsiger ausgedrückt: Wer will schon Bewegtbild-Nachrichten aus Honduras auf der Seite des Mühlacker Tagblatts anschauen – da vermuten Rezipienten Kompetenzen doch eher bei tagesschau.de oder Spiegel Online. Organisationsmodelle müssen daher auf die Produktion regionaler Inhalte ausgelegt sein – und in den meisten Fällen auch auf die Erstellung von Blaulicht-Videos. Denn die Mehrzahl der Zeitungen möchte dieses Themenfeld bedienen, weil es besonders klickträchtig ist.

Bei der Videoproduktion setzen die Zeitungen verstärkt auf den Aufbau eigener Strukturen. Dass das gesamte exklusive Bewegtbildangebot von einem Dienstleister erstellt wird, ist mit acht Fällen (9%) selten. 29 Prozent der Portale setzen auf beides. Als Standardfall kann also von intern organisierter Arbeit ausgegangen werden. Und aus den Ergebnissen der zweiten Teilstudie lassen sich vier Modelle ableiten:[215]

- Autonomie: Wenige Videospezialisten erstellen Clips weitgehend getrennt von der Printredaktion. Die mediale Differenzierung ist folglich stark. Prozedural und meist aufgrund der geringen Mitarbeiterzahl auch thematisch ist aber ein hoher Zentralisierungsgrad festzustellen, sie sind also v. a. als VJs im Einsatz. Einzubinden sind sie in Ein- wie auch Mehrliniensysteme.

- Kooperation Technik-Redaktion: Auch hier sind einige wenige, auf Bewegtbild spezialisierte Mitarbeiter beschäftigt. Sie übernehmen allerdings nur die technischen Aufgaben bei Dreh und Postproduktion – die redaktionellen werden vom Printpersonal ausgeführt. Ergebnis ist eine geringe mediale, aber stärkere prozedurale und thematische Differenzierung.

- Kooperation Dreh-Postproduktion: Die Printmitarbeiter drehen Videomaterial vor Ort bei den Terminen, die sie ohnehin für die Zeitung besetzen, entweder als VJ oder aufgeteilt in Redakteur und Fotograf, der dann zum Kameramann wird. Die Postproduktion erfolgt durch Spezialisten, die meist in der Zentrale angesiedelt sind. Geringe mediale mischt sich hier mit stärkerer prozeduraler und meist mittel ausgeprägter thematischer Differenzierung. In beiden Kooperationsmodellen eignen sich Mehrliniensysteme mutmaßlich besser.

- Integration: In diesem Fall übernehmen die Printmitarbeiter die Videoproduktion als zusätzliche Aufgabe in vollem Umfang. Das führt zu vollständiger prozeduraler und medialer Zentralisierung, durch die existierenden Ressortstrukturen in der Regel aber zu einer stärkeren thematischen Differenzierung. Das zuvor bestehende hierarchische System kann übernommen werden.

---

[215] Es handelt sich dabei um Idealtypen. In der Praxis sind sie fast nie in Reinform zu finden, sondern werden variiert und vermischt.

Welche Vor- und Nachteile ergeben sich in der Praxis aus verschiedenen Produktionsmodellen?

Anhand drei vergleichender Fallstudien der Regionalzeitungen Hessische/ Niedersächsische Allgemeine, Stader Tageblatt und Trierischer Volksfreund wurden mittels Triangulation der Methoden Leitfadeninterview, schriftliche Mitarbeiterbefragung und Beobachtung Zusammenhänge von drei der Systeme mit bestimmten Chancen und Risiken ermittelt. Vereinfacht gesagt, treten in den drei Fällen umso mehr Widerstände und Probleme auf, je stärker die Videoproduktion in die Printredaktion integriert ist. Gleichzeitig nehmen aber Synergien zu. Nach Meinung aller Verantwortlichen ist das Autonomiemodell zudem nicht für die Erstellung von Blaulicht-Videos geeignet, da hierfür eine dezentrale Struktur benötigt werde. Im Fall des untersuchten kooperativen Systems treten erhebliche Schnittstellenprobleme zwischen Dreh- und Schnittredakteur auf. In den beiden Modellen Integration und Kooperation wurden Maßnahmen zur Lösung der beschriebenen Schwierigkeiten ergriffen, die sie teils überwunden oder abgemildert haben. Allerdings konnte gezeigt werden, dass sie an einigen Punkten nicht ausreichten – vor allem in Bezug auf Organisation und den Widerstandsbereich Nicht-Wollen. Und es muss konstatiert werden, dass die Probleme letztlich häufig zwar abzumildern, manche aber niemals ganz zu vermeiden sind.

Wie sollten die Organisationsmodelle in der Konsequenz eingesetzt werden bzw. wie stark sollten Redaktionen integriert werden?

Die Klärung dieser letzten Teilfrage steht nun noch aus. Wie bereits in Kapitel 4 vorab erklärt, war mit einer einfachen, eindimensionalen Antwort hierauf nicht zu rechnen. Zwar stellen einige Autoren fest, dass Autonomiemodelle ökonomisch unsinnig und „journalistisch-inhaltlich absurd" seien (Meier 2004: 105; vgl. Brüggemann 2002: 8). Und die Argumente, sie nutzten Produktionssynergien und Kernkompetenzen nicht, sind richtig, bestätigt einmal mehr auch diese Untersuchung. Doch werden die höheren Widerstände und Probleme ignoriert, die offenkundig gleichzeitig mit Integration auftreten. Und der Einfluss individueller Faktoren sowie der Videostrategie wird missachtet. Denn natürlich kann eine autonome Produktion mit den Spezialisierungsvorteilen ihrer Mitarbeiter bspw. im Fall von geplanten Long-Tail-Beiträgen Sinn ergeben – bei der Favorisierung aktueller Blaulicht-Themen hingegen eher nicht. Eine einfache Antwort kann hier deshalb in der Tat nicht gegeben werden.

8.2 Baukastensystem: Leitlinien für die redaktionelle Organisation

Stattdessen ist als Ergebnis der Studie ein „Baukastensystem" zu sehen. Wie bei Holzsteinen für Kinder können die verschiedenen Elemente darin ganz unterschiedlich kombiniert oder auch weggelassen werden, um das gewünschte Gebilde zu konstruieren. Hier sind es statt Spielsteinen die Stellschrauben redaktioneller Organisation zur Umsetzung einer Videoproduktion bei Tageszeitungen. Sie werden mit ihren jeweiligen Vor- und Nachteilen, Chancen und Risiken beschrieben. Und Verlage können sich daraus ihr eigenes Modell zusammenstellen – angepasst an ihre individuellen Faktoren und gewählten Strategien. Dazu müssen sie zunächst in drei zentralen Bereichen Entscheidungen treffen:

Sie müssen bestimmen, *welche Mitarbeiter* für die Videoproduktion eingesetzt werden sollen. Vor allem vier verschiedene Gruppen stehen zur Verfügung:

- Videospezialisten (z.B. ausgebildete TV-Redakteure, Kameraleute, Cutter, Mediengestalter, VJs): Sie bieten die Vorteile einer starken medialen Spezialisierung und damit Professionalisierung sowie geringer Schulungskosten. Nachteilig wirken sich dagegen die i.d.R. geringe thematische Differenzierung und die erheblichen Personalkosten aus, da die Spezialisten neu und vermutlich zusätzlich zum bestehenden Mitarbeiterstamm eingestellt werden müssen. Besonders für die Produktion von aufwändigen, geplanten und Long-Tail-Clips scheinen sie geeignet.
- Redakteure mit Videoschwerpunkt: Sie beschäftigen sich intensiv mit Web-TV und es nimmt einen erheblichen Teil ihrer Arbeitszeit in Anspruch. Häufig werden dazu Online-Redakteure eingesetzt, obwohl das inhaltlich keineswegs zwingend ist. Der Vorteil dieser Mitarbeitergruppe liegt in einer gewissen medialen Spezialisierung, die allerdings nicht so stark ausfällt wie bei den Spezialisten. Genau wie diese leiden die Schwerpunktler aber auch an einer geringen thematischen Differenzierung und sie verursachen Schulungskosten, die sich aufgrund der mutmaßlich geringen Größe der Gruppe jedoch in Grenzen halten. Ihr Vorteil gegenüber den Spezialisten liegt jedoch darin, dass nicht zwingend neue Stellen geschaffen und bezahlt werden müssen.
- Fotografen: Sie werden in der Praxis teils als Kameraleute eingesetzt. Denn aufgrund der Nähe von Foto- und Videogestaltung wird ihnen häufig zugetraut mit nur wenig Schulungen (und demnach auch geringen Kosten) auszukommen. Nachteil ist ihre damit verbundene Fokussierung auf Bildaspekte und die Vernachlässigung von Textinhalten. Häufig ist also ein Redakteur zusätzlich von Nöten. Außerdem ist mit möglicherweise großen Widerständen zu rechnen, wenn diese Mitarbeitergruppe verpflichtet wird, sich an der Videoproduktion zu beteiligen.

- Printredakteure: Das können alle Journalisten, bewusst ausgewählte (z.B. Polizeireporter) oder auch einfach jene sein, die freiwillig mitmachen. Entscheidender Vorteil bei ihrem Einsatz ist die starke thematische Differenzierung, die aus dem Printbereich übernommen wird. Auch sind zunächst keine Neueinstellungen und damit höhere Personalkosten damit verbunden. Allerdings sind die Schulungskosten hoch (sofern man ausführliche Schulungen durchführt, siehe unten) und es muss mit großen Widerständen gerechnet werden (sofern nicht ausschließlich auf Freiwilligkeit gesetzt wird, siehe unten). Es ist i.d.R. davon auszugehen, dass sich ein flächendeckender Einsatz von Printredakteuren für vor allem bei unvorhersehbaren und (hyper-)lokalen Themen lohnt.

Nun muss definiert werden, *wo die ausgewählten Mitarbeiter* mit ihrer neuen Aufgabe Videoproduktion *hierarchisch angesiedelt* werden:

- In einem zentralen Videoteam/einer Videoredaktion: Das Schaffen einer solchen eigenständigen Struktur kann Motor für die Web-TV-Entwicklung im eigenen Haus und Qualitätszentrum sein, weil es Personen gibt, die sich gemeinsam für diesen Bereich verantwortlich fühlen und ihn fortentwickeln. Diese Form der Zentralisierung birgt allerdings auch den erheblichen Nachteil, nicht überall vor Ort präsent zu sein – je größer das Verbreitungsgebiet, umso stärker wirkt sich das aus. Die Produktion etwa von Blaulicht-Videos wird damit fast unmöglich. Und es droht die Gefahr, dass sich Video- und Printredaktion voneinander isolieren und womöglich sogar gegeneinander arbeiten.
- In bestehenden Redaktionen unter Bildung einer Mehrlinienstruktur: Damit können sowohl Bestandteile der Zentral- als auch die Außenredaktionen gemeint sein. Es drängt sich dabei vor allem eine Matrix-Struktur auf: Ein (zentraler) Videochef ist für die Videoabnahme und die technischen Aspekte zuständig, die bisherigen Redaktionsleiter zeichnen für den Inhalt verantwortlich. Vorteil dieser Konstruktion ist eine gute Qualitätskontrolle, Nachteile entstehen im Alltag durch die komplexen Strukturen.
- In bestehenden Redaktionen unter Beibehaltung der bisherigen Struktur: Das bedeutet, dass die Printredaktionsleiter einfach die Abnahme der Videos mit übernehmen. Das belässt die Entscheidungsmechanismen wie bisher sehr simpel, kann aber auch zum Nachteil gereichen, weil möglicherweise Interesse wie auch fachliche Eignung der Chefs beim Thema Video gering sind.

Außerdem ist die *Aufteilung der verschiedenen Aufgaben* bei der Videoproduktion festzulegen. Soll die Produktion – oder Teile davon – autonom, also abgekoppelt von den Print-Aufgaben erfolgen, oder soll sie kooperativ oder sogar integriert stattfinden?

- Autonomie bedeutet, dass die Videospezialisten oder Redakteure mit Videoschwerpunkt isoliert von den Printkollegen arbeiten, bei einem Termin also sowohl der für die Zeitung verantwortliche Redakteur erscheint als auch der Kollege/das Team für die Videoproduktion. Das führt zu einem hohen medialen Spezialisierungsgrad und voraussichtlich geringen Widerständen der Mitarbeiter. Es ermöglicht aber auch so gut wie keine Synergien, was hohe Kosten und eine geringe thematische Differenzierung mit sich bringt. Außerdem fehlen den Videokollegen unter Umständen wichtige Kenntnisse vor Ort, über die die Lokalredakteure verfügen.

- Kooperation Technik-Redaktion: Technische Spezialisten (Kameraleute/ Cutter/ Mediengestalter) übernehmen die Aufgaben Kameraführung, Tonsteuerung und Schnitt, die inhaltlichen Aufgaben werden hingegen von (Print-)Redakteuren übernommen. Das birgt große Synergiepotentiale auf der inhaltlichen Ebene bei gleichzeitig starker Professionalisierung im technischen Bereich der Videos. Dieses Modell ist jedoch auch mit zusätzlichen Personalkosten, einigem Schulungsaufwand und mutmaßlich mittelstarken Widerständen seitens der Redakteure verbunden. Auch können Probleme bei der Zusammenarbeit von Technikern und Journalisten auftreten.

- Kooperation Dreh-Postproduktion: Bestimmte Mitarbeiter (i.d.R. Printredakteure) übernehmen den Dreh vor Ort als VJ, bearbeiten das Material dann aber nicht selbst, sondern übergeben es für die Postproduktion an andere (i.d.R. TV-Spezialisten oder Redakteure mit Videoschwerpunkt). Die gestalten dann mit dem Video und mitgelieferten Informationen den Beitrag. Die Schulungskosten für solch ein Modell sind wegen der vielen Mitarbeiter in den Lokalredaktionen potentiell hoch, die Widerstände ebenfalls. Vorteilhaft ist die Kombination von thematischer Differenzierung beim Dreh und gleichzeitig einem hohen Grad an Spezialisierung bei den Bearbeitern für die Postproduktion. Der große Nachteil liegt jedoch in einer Schnittstellenproblematik bei der Weitergabe von Material und Fakten, wie sich empirisch gezeigt hat (siehe Kapitel 7).

- Integration: Das bereits für Print zuständige Personal übernimmt auch alle Aufgaben der Videoproduktion. Das ermöglicht maximale Synergien und hohe thematische Differenzierung ohne zusätzliche Personalkosten. Allerdings bleibt der mediale Spezialisierungsgrad gering, die Schulungskosten sind wie die Widerstände der Mitarbeiter sehr hoch.

Wichtig zu bedenken ist, dass sich viele der hier vorgestellten Elemente nicht gegenseitig ausschließen. Es sind also durchaus Modelle zu entwerfen, in denen bspw. eine zentrale Videoredaktion mit TV-Profis für (über-)regionale Clips und als Motor und Qualitätsinstanz eingerichtet wird, parallel aber auch Printredakteure in den Außenredaktionen Web-TV zu lokalen und Blaulichtthemen produzieren. Das könnten sie zudem – je nach persönlichen Interessen und Fähigkeiten – teils als VJs und teils in Kooperation mit Mediengestaltern tun. Ob das innerhalb der bestehenden Strukturen geschieht, oder ob eine Matrix-Organisation aufgebaut wird, ist dabei völlig offen. Und genauso gut könnten die Spezialisten statt in einem Team im Haupthaus auch dezentral auf die Außenredaktionen verteilt werden, um die Videoarbeit vor Ort zu stärken. In dieser Vielfalt an Kombinationsmöglichkeiten zeigt sich die Stärke des Baukastensystems. Es kann individuell angepasst und immer wieder auch weiterentwickelt werden, ohne dass alte Elemente aufgegeben werden müssen. Zudem können Schwächen eines Elements durch Stärken anderer ausgeglichen werden.

Mit diesen zentralen Elementen ist das „Baukastensystem" jedoch noch lange nicht vollständig. Ebenso wichtig ist es, im Anschluss auch die ergänzenden Bereiche auf das gewählte System abzustimmen. Der *Technik-Einsatz* etwa muss gut überlegt sein. Als Faustregel kann gelten: je professioneller das Equipment, das den Mitarbeitern an die Hand gegeben wird, desto höher ist das qualitative Potential, aber desto mehr Schulung ist auch notwendig und desto komplexer wird es für die Mitarbeiter, was ggf. zu höheren Widerständen führt. Ein Ausweg können deshalb Eigenbauten sein (z.B. speziell auf die Belange hin programmierte Schnittsoftware). Hier ist jedoch Vorsicht angeraten, da Video im EDV-Bereich sehr trickreich ist und nur bereits am Markt erprobte Programme einen gewissen Schutz vor schweren Fehlern und Ausfällen bieten.

Bei jeder Produktion zu bedenken ist der *Grad der Freiwilligkeit*: Sollen bereits vorhandene Mitarbeiter für die Produktion eingesetzt werden, so kann dies auf freiwilliger Basis geschehen, es kann aber auch auf bestimmte Gruppen oder das gesamte Personal Zwang ausgeübt werden. Es ist damit zu rechnen, dass die Widerstände größer werden und die Qualität sinkt, je mehr Mitarbeiter je stärker Druck empfinden. Möglich sind deshalb auch Modelle, in denen am Anfang kein/kaum Zwang ausgeübt wird und erst nach einiger Zeit der Druck erhöht wird. Ebenfalls auf die Widerstände wirken sich die *Geschwindigkeit der Umsetzung* und das *Ausmaß der Veränderungen* pro Mitarbeiter aus. Je abrupter und schneller der Prozess der Wandlung hin zum Videoanbieter verläuft und je mehr Zeit und Einsatz von den einzelnen Redakteuren verlangt werden, desto massiver sind i.d.R. die personenbezogenen Probleme.

Je nach gewähltem Modell kann nun also abgeschätzt werden, wie hoch die Widerstände sein werden und welche Maßnahmen in welcher Intensität notwendig sein könnten, um ihnen zu begegnen (siehe dazu auch ausführlich Kapitel 3.1.5). Generell anzumahnen ist eine ausführliche und offene *Kommunikation* über die geplante Videoproduktion. Das sollte auch eine *Partizipation* der Mitarbeiter bei der Planung einschließen. Es sind einfache und kostengünstige Möglichkeiten, bestimmten Formen von Widerstand im Vorfeld zu begegnen. Je nach Modell sollte zudem sehr genau ermittelt werden, welche Mitarbeiter welche Art von *Schulung* benötigen, um auf die neuen Aufgaben gut vorbereitet zu sein und sich auch so zu fühlen. Ein reines „learning by doing" kann zu Problemen führen, interne Fortbildungen durch bereits eingearbeitetes Personal können helfen, ersetzen vermutlich aber nicht Schulungen durch externe Experten, die sich im Bereich der Weiterbildung für Videoproduktionen auskennen. Ebenfalls bedacht werden sollte, inwieweit Mitarbeiter, die bereits Video produzieren und solche, die es noch nicht tun, zur *Kooperation* gebracht werden können. Denn die praktische Zusammenarbeit überwindet besser als jede Konferenz Vorurteile. Auch ein *Gratifikationssystem*, das zeitlichen oder finanziellen Ausgleich für Videoarbeit schafft oder Vorteile bei Beförderungen in Aussicht stellt, kann helfen.

Abschließend ist noch anzumerken, dass bei jedem Entwurf einer Organisationsform für die Videoproduktion nicht von einem statischen System ausgegangen werden darf, das einmal konzipiert und dann unverändert über Jahre hinweg betrieben wird. Vielmehr liegt gerade die Stärke dieses „Baukastensystems" darin, dass die bestehende Organisation immer wieder kritisch evaluiert werden sollte und dann ggf. angepasst werden kann und muss.

8.3 Beschränkungen und Aussagekraft der Untersuchung

Diese Interpretation unterliegt allerdings einer Einschränkung: Sie ist in Bezug auf die Erkenntnisse über die Vor- und Nachteile der Modelle nicht zu verallgemeinern, sondern nur als gut begründete Hypothese zu verstehen. Denn sie beruht auf drei Fallstudien, bedarf vor einer Übertragung also einer breiteren Validierung. Nicht zu vermeiden war, dass einige, mögliche, individuelle Einflussgrößen zwischen ihnen variierten, z. B. die Auflage.[216] Zudem waren die Beobachtungen aus forschungsökonomischen Gründen auf eine kurze Zeitspanne begrenzt und die Rücklaufquote der Fragebögen ist mit 15,4 Prozent sehr gering. Doch durch die Auswahl von Fällen, die die idealtypischen Organisationsmodelle in möglichst reiner Form repräsentieren, und den qualitativ-verstehenden Triangulationsansatz ist die Untersuchung trotzdem aussagekräftig, gut geeignet, grundlegende Erkenntnisse zu generieren und erfüllt die aufgestellten Gütekriterien. Verallgemeinerbar sind hingegen die Ergebnisse der ersten Teilstudie, da sie als Vollerhebung konzipiert ist und die an sie gestellten Qualitätsansprüche in

---

[216] Auch fehlt aus forschungsökonomischen Gründen die Untersuchung der vierten Organisationsvariante, die jedoch dem betrachteten Kooperationsmodell recht ähnlich ist.

vollem Umfang erfüllt.[217] Gleiches gilt für die zweite empirische Stufe, besonders angesichts der sehr guten Rücklaufquote von 96,6 Prozent. Mögliche Kritik an der gesamten Untersuchung könnte man wegen des langen Zeitraums ihrer Erstellung äußern. Die Eigenproduzenten wurden von März bis Mai 2009 identifiziert, die Befragungen dauerten dann von Juli bis September an, erfassten also in einem sich schnell und dynamisch entwickelnden Markt einen möglicherweise nicht mehr aktuellen Stand. Doch erstens war es pragmatisch nicht anders zu lösen, da alle Schritte für eine Einzelperson nicht schneller zu erledigen waren. Zweitens ist das Problem, wie in Kapitel 1.3 erläutert, selbst bei einem schnelleren Ablauf niemals gänzlich zu umgehen, sondern muss in jedem Fall kritisch gewürdigt werden: Die Ergebnisse stellen ein Schlaglicht dar, einen Stand zu einem gewissen Zeitpunkt, der sich bereits wieder verändert haben kann, nichtsdestotrotz aber erkenntnisreiche Einblicke liefert.

Insgesamt hat die Arbeit das definierte Ziel in vollem Umfang erreicht. Durch Betrachtung und Analyse aller notwendigen Teilbereiche wurde die Leitfrage beantwortet, welche Modelle der Videoproduktion zurzeit eingesetzt werden und wie sie eingesetzt werden sollten. Erkenntnisse wurden dabei sowohl für Theorie als auch Praxis gewonnen – was zum Abschluss der Untersuchung noch einen Ausblick auf die weiteren Entwicklungen und offenen Fragen in beiden Feldern ermöglicht.

8.4 Ausblick auf die Forschung

Auch nach dieser Studie ist der Stand der Forschung zur Videoproduktion von deutschen regionalen Tageszeitungen unzureichend. Denn zwar konnten hier wissenschaftliche Erkenntnisse gewonnen werden – jedoch lediglich zum Bereich der Redaktionsorganisation. Und selbst in diesem abgegrenzten Feld sind noch viele Fragen offen geblieben, wie in den entsprechenden Kapiteln teils schon angemerkt wurde. Zusammenfassend erscheinen vor allem Untersuchungen folgender Aspekte lohnend:
  - Individuelle Einflussfaktoren: Sie wirken sich auf die Entwicklung der Produktionsmodelle aus. So wurden einige mögliche in Kapitel 7.3.6 benannt. Sie müssten jedoch in einem weiteren Schritt empirisch über viele Fälle hinweg geprüft und ergänzt werden. Im Speziellen muss der festge-

---

[217] Kritik kann m. E. lediglich an der Bestimmung der Untersuchungsobjekte geübt werden, da eine strukturierte Gesamtübersicht der deutschen Verlags- und Zeitungslandschaft fehlt. Deshalb musste eine eigene Datenbasis auf der Grundlage verschiedener Quellen erstellt werden, bei der Verzerrungen theoretisch nicht gänzlich auszuschließen sind. Jedoch ist das Verfahren so umfangreich, transparent und auf verlässlichen Quellen aufgebaut, dass von einer hohen Validität auszugehen ist.

stellte Zusammenhang von Auflage und Videoaktivität untersucht werden, vor allem Hinweise auf eine mögliche, sich daraus ergebende Kon-
zentrationsbewegung.
- Schulungen: z. B. inwieweit sich TV-Vorerfahrungen der Beteiligten und
  Fortbildungen ergänzen und wie umfangreich die Maßnahmen hier
  sind.[218]
- Auswirkungen der Organisation der Chefredaktion (gemeinsame oder getrennte Zuständigkeiten für Print, Online und Video; s. Kapitel 3 und 6).
- Mögliche negative Stereotype der Mitarbeitergruppen untereinander: Hier
  wichen in der dritten empirischen Teilstudie Ergebnisse von Beobachtung
  und Fragebogen voneinander ab.
- Genauere Betrachtungen der Diffusion der Innovation durch das einzelne
  Unternehmen (bspw. anhand der interessanten Ansätze der „early adop-
  ter"-Forschung; vgl. Lin 2004).
- Auswirkungen verschiedener räumlicher Gestaltungen auf die crossmediale Arbeit: Zwar wird immer wieder eine neue Architektur im Newsroom empfohlen, die empirischen Ergebnisse dazu sind aber noch nicht
  ausreichend.
- Detaillierte Betrachtungen des Produktionsprozesses: Bspw. Arbeitsaufwand und benötigte Zeit für die Videoerstellung können ermittelt und
  international verglichen werden (vgl. etwa Dickinson 2007).

Und auch neben der redaktionellen Organisation ergeben sich beim umfang-
reichen und vielschichtigen Thema Videoproduktion noch diverse weitere Aspekte, die zu untersuchen dringend erforderlich wären. Kopper/Kolthoff/Czepek
(vgl. 2000: 501 f.) haben vor neun Jahren sieben Kategorien benannt, in denen
Forschung über Online-Journalismus zu empfehlen ist – die sich aber ebenso
heute auf die Bewegtbilderstellung bei Zeitungen übertragen lassen: Marktanaly-
sen, Produktanalysen, Nutzerstudien, Berufsveränderungen, Qualitätsbewertun-
gen, Makro-Studien zur gesellschaftlichen Auswirkung[219] sowie Experimental-
studien. Hinzuzufügen wäre noch, dass zu all diesen Aspekten nicht nur einmalige, sondern Langzeit- und internationale Untersuchungen wünschenswert sind,
um Entwicklungen und Unterschiede zwischen verschiedenen Staaten und Re-
gionen aufzeigen zu können.

---

[218] Denn Criado/Kraeplin (vgl. 2003: 433) stellten für die USA fest, dass Schulungen meist weniger
als 20 Stunden umfassten, also eher Technikeinweisungen waren: Nur in 7,5% (TV-Redakteure) bzw.
3% (Print-Redakteure) der Fälle fanden Fortbildungen über dieses Maß hinaus statt.
[219] Geklärt werden müssen hier nicht nur demokratie- oder journalismustheoretische Fragen, sondern
auch die Auswirkungen von Multimedia auf die Nutzer: ob sie etwa für das Verstehen oder die
Glaubwürdigkeit von Informationen gut oder schlecht ist (vgl. Kiousis 2006; Sundar 2000: 482 ff.).

Besonders hervorzuheben sind zwei dieser Bereiche. Zum einen die Analyse der Qualität der Produkte. Denn gerade sie hat weitreichende Auswirkungen auch auf andere, gesellschaftliche Aspekte. Und vor allem ergeben sich aus den empirischen Kapiteln etliche Anhaltspunkte, die Fragen zur Qualitätskontrolle aufwerfen (siehe Kapitel 6.2.2) oder zum Zusammenhang bestimmter Vorgaben und der Güte des Videos (z. B. Hyperaktualität/„quick and dirty"; siehe Kapitel 7). Auch der Bereich der werblichen Videos ist hier unter dem Blickwinkel der Einhaltung der Trennungsnorm zu betrachten. Zum anderen – und vielleicht am dringendsten – werden Nutzerstudien benötigt. Denn wie in Kapitel 2 beschrieben, verändert sich der Journalismus stark in Richtung Dienstleistung. Die Bedürfnisse der Rezipienten zu bedienen, wird also immer wichtiger. Doch sie sind weitgehend unbekannt: Die Unternehmen verfügen über die notwendige Technik, nicht aber über das Wissen, was die Kunden wollen (vgl. Radü 2009: 68; Jenkins 2006: 8).[220] Ein Problem, dass im Internet noch massivere Folgen hat als bei den klassischen Medien. Denn anders als etwa beim Fernsehen können die Rezipienten hier nicht nur umschalten, sondern klicken Beiträge, die sie für nicht interessant erachten, erst gar nicht an (vgl. Radü 2009: 67).

8.5 Ausblick auf die Praxis

„Editors now know the solution: Innovate. Integrate. Or perish." (Zogby 2008: 6) – solch radikale Einschätzungen entbehren nach den Ergebnissen der vorliegenden Untersuchung zurzeit jeglicher Grundlage. Denn selbst wenn es einen Trend zu stärkerer Integration gibt – was allerdings auch erst noch in Langzeitstudien erforscht werden müsste – so ist keineswegs sicher, dass er sich bis zum Aussterben der Verweigerer fortsetzt. Auch entwickelte Szenarien, wie die Zukunftsredaktion „Newsplex" der Ifra sind zwar beeindruckend futuristische, voll integrierte Modelle mit neucr Tcchnik, neuen Ideen, neuen Mitarbeitern und neuen Berufsbildern (vgl. etwa Matthes 2006: 97 ff.). Doch sind solche Prognosen aus oben genannten praktischen und wissenschaftstheoretischen Überlegungen heraus äußerst problembehaftet und sollen hier unterbleiben. Stattdessen ist es aber möglich, die derzeitigen Trends zu benennen, die sich ergebnisoffen entwickeln.

Deutlich wird, dass sich das Auflagen- und Nachwuchsproblem der Tageszeitungen derzeit ungebremst weiter verschärft. Gleichzeitig nimmt die Nutzung von Online-, On-Demand- und mobilen Angeboten zu (vgl. etwa van Eimeren/

---

[220] Es existiert nur vermeintliches Erfahrungswissen einiger Redaktionen, z. B. dass Videos nicht länger als eineinhalb oder zwei Minuten angeschaut werden (vgl. Radü 2009: 67; siehe Interview mit der HNA). Andere Zeitungen hingegen produzieren durchaus Videos von fünf oder gar zehn Minuten Dauer und glauben an den Erfolg.

Frees 2008: 355; Rau 2007: 40). Auch bei den analysierten Redaktionen denkt man bereits in diese Richtung, kann sich bei HNA und Trierischem Volksfreund etwa in naher Zukunft entsprechend portable Anwendungen auch für Videos vorstellen. Gleichzeitig macht man sich intensive Gedanken um alternative Finanzierungsquellen. Offenbar hat man inzwischen erkannt, dass die Nutzer dauerhaft nicht bereit sind, Gebühren für Nachrichteninhalte im Internet zu bezahlen (vgl. Zogby 2008: 5). Daraus und aus dem insgesamt gesehen noch immer geringen Volumen des Online-Werbemarkts folgt, dass die Videoproduktion vor gewaltigen, finanziellen Problemen steht (vgl. Quandt 2003: 259; Neuberger 2002 c: 102).[221] Doch es zeigt sich, dass etliche Zeitungen bereits sehr unterschiedliche Alternativen erproben, die teils interessante Ansätze enthalten: Intensives Sponsoring im Sinn eines „narrow-casting"-Effekts[222], evtl. in Kombination mit anderen Marketing-Maßnahmen (wie dem gläsernen TV-Studio des Stader Tageblatts), spezielle Werbeformen (z. B. halbtransparent, Zwischentrailer, Split-Screen), Syndication von Inhalten im Internet, Verkauf von gedrehtem Material an TV-Sender (z. B. Unfallvideos), Erstellung werblicher Clips für Unternehmen, Verkauf von DVD-Editionen bestimmter Serien oder Beiträge (vgl. Schmid 2008: 20; World Editors Forum 2008 a: 122; Meier 2002 b: 198). Alle diese Quellen werden jede für sich nicht ausreichen, um langfristig eine umfangreiche Videoproduktion zu finanzieren. Aus der Kombination dieser Ansätze hingegen könnte durchaus eine adäquate Mischkalkulation entstehen.

Mit zunehmender Konvergenz bekommen Fortbildungsmaßnahmen einen immer größeren Stellenwert. Und auch eine Umstellung der Journalistenausbildung wird notwendig. Denn multimediale Fähigkeiten werden sehr bald wohl nicht mehr eine Zusatzqualifikation sein, sondern von Arbeitgebern erwartet werden (vgl. Zogby 2008: 7). Allerdings sind die Veränderungen bei Studiengängen und Volontariaten mutmaßlich zunächst moderater, als teils befürchtet. Grundlegend bleiben die traditionellen, journalistischen Basisqualifikationen (Recherchieren, Fakten checken, Schreiben) – multimediales Training wird dann nur im Anschluss zusätzlich eingebunden (vgl. etwa Dupagne/Garrison 2006: 249 ff.; Matthes 2006; Huang et al. 2003: 186; Bulla 2002).

Die vielleicht wichtigste Fähigkeit für die Zukunft ist allerdings, lebenslang lernen zu können und zu wollen (vgl. auch Thelen 2002: 16). Denn die derzeit stattfindenden Wandlungsprozesse sind nicht als einmalige Projekte zu verstehen. Einiges deutet daraufhin, dass sich Medien kontinuierlich immer weiter entwickeln müssen, um dauerhaft auf einem sich stark verändernden Markt über-

---

[221] So ist davon auszugehen, dass die Werbeerlöse, die ein einziger Zeitungsleser generiert, dem von etwa 100 Online-Nutzern entsprechen (vgl. Nafria 2006: 26).

[222] Ein Begriff aus der TV-Werbung: durch entsprechende Planung einen Werbespot so platzieren, dass er zu den zuvor gesendeten, journalistischen Inhalten passt, was die Wirkung verstärken soll.

leben zu können (vgl. auch Killebrew 2005: 115; Quinn 2005 b: 24). Denn hier gilt das gleiche wie für den biologischen Evolutionsprozess: „Eine Spezies über-lebt nur, wenn ihre Lerngeschwindigkeit zumindest so groß ist, wie die Ände-rungsgeschwindigkeit der Umwelt." (Deters 2000: 107) Und letztere scheint besonders in Bezug auf Web-TV weiter hoch zu bleiben: „[…] the industry sho-wed no signs of slowing down on the video trend." (World Editors Forum 2008 b: 120) Auch diese Studie hat gezeigt, dass vor allem die Eigenproduktion bei den meisten Portalen ausgebaut werden soll und dass die Entwicklung schnell und dynamisch verläuft. Damit bleibt der Bewegtbild-Trend im Moment und mit hoher Wahrscheinlichkeit auch in der näheren Zukunft eines der meistdiskutier-ten Themen der Zeitungsbranche. Und m. E. gibt es zumindest berechtigte Hoff-nung, dass Praktiker mit den Instrumenten, die ihnen diese Arbeit an die Hand gibt, die kommenden Herausforderungen besser meistern können.

Literaturverzeichnis

Abraham, Linus (2001): Defining Visual Communication in the New Media Environment. Arbeitspapier zur AEJMC Annual Convention 2001, Washington, DC. URL: http://list.msu.edu/cgi-
bin/wa?A2=ind0109B&L=aejmc&P=R2 (Stand: 25.09.09)

Altmeppen, Klaus-Dieter (2000 a): Medienmanagement als Redaktions- und Produktionsmanage-
ment. In: Matthias Karmasin / Carsten Winter (Hg.): Grundlagen des Medienmanagements.
München: Fink. Seiten 41-58.

Altmeppen, Klaus-Dieter (2000 b): Online-Medien. Das Ende des Journalismus!? Formen und Folgen der Aus- und Entdifferenzierung des Journalismus. In: Klaus-Dieter Altmeppen / Hans-
Jürgen Bucher / Martin Löffelholz (Hg.): Online-Journalismus. Perspektiven für Wissenschaft
und Praxis. Wiesbaden: Westdeutscher Verlag. Seiten 123-138.

Altmeppen, Klaus-Dieter / Bucher, Hans-Jürgen / Löffelholz, Martin (2000): Online, Multimedia und
der Journalismus: Einführung. In: Klaus-Dieter Altmeppen / Hans-Jürgen Bucher / Martin Löffelholz (Hg.): Online-Journalismus. Perspektiven für Wissenschaft und Praxis. Wiesbaden:
Westdeutscher Verlag. Seiten 7-11.

Appelgren, Ester (2006): Interactive news services – competitors to the printed newspaper. Arbeitspapier auf dem „International Symposium 'Transformations in the Cultural and Media Indust-
ries', September 2006". URL: http://www.observatoire-omic.org/colloque-icic/pdf/
Appelgren1_2_gb.pdf (Stand: 25.09.09)

Balow, Alexander (2000): SVZonline: Regionale News im globalen Netz. In: Klaus-Dieter Altmeppen / Hans-Jürgen Bucher / Martin Löffelholz (Hg.): Online-Journalismus. Perspektiven für Wissenschaft und Praxis. Wiesbaden: Westdeutscher Verlag. Seiten 211-217.

Boczkowski, Pablo J. (2004 a): Digitizing the news. Innovation in online newspapers. Cambridge,
Mass. u.a.: MIT Press.

Boczkowski, Pablo J. (2004 b): The Process of Adopting Multimedia and Interactivity in Three
Online Newsrooms. In: Journal of Communication, Jg. 54, Nr. 2. Seiten 197-213.

Brüggemann, Michael (2002): The missing link. Crossmediale Vernetzung von Print und Online.
Fallstudien führender Print-Medien in Deutschland und den USA. München: Fischer.

Ducy, Erik P. (2003): Media Credibility Reconsidered: synergy effects between on-air and online
news. In: Journalism and Mass Communication Quarterly, Jg. 80, Nr. 2. Seiten 247-264.

Bulla, David (2002): Media Convergence: industry practices and implications for education. Arbeits-
papier zur AEJMC-Tagung (Association for Education in Journalism and Mass Communication),
Miami Beach 2002. URL: http://list.msu.edu/cgi-bin/wa?A2=ind0209A&L=aejmc&P
=R12874URL (Stand: 25.09.09)

Chainon, Jean-Yves (2008): Video lessons from Nouvel Obs: do in-house productions studios work?
In: Trends in Newsrooms 2008, Jg. 4. Seiten 130-132.

Colon, Aly (2000): The Multimedia Newsroom. Three Organizations Aim For Convergence In
Newly Designed Tampa Headquarters. In: Columbia Journalism Review, May/June 2000. URL:
http://backissues.cjrarchives.org/year/00/2/colon.asp (Stand: 15.06.09)

Criado, Carrie A. / Kraeplin, Camille (2003): The State of Convergence Journalism: United States
media and university study. Arbeitspapier zur AEJMC-Tagung, Kansas City 2003. In: Proceedings of the Annual Meeting of the Association for Education in Journalism and Mass Communi-

cation. Seiten 427-450. URL: http://eric.ed.gov/ERICDocs/data/ericdocs2sql/content_storage_01/0000019b/80/23/44/2b.pdf (Stand: 25.09.09)

Daily, Larry / Demo, Lori / Spillman, Mary (2003): The Convergence Continuum: A Model for Studying Collaboration Between Media Newsrooms. Arbeitspapier zum Annual Meeting of the Newspaper Division of the Association for Education in Journalism and Mass Communication, Kansas City, MO, Juli-August 2003. URL: http://web.bsu.edu/ldailey/converge.pdf (Stand: 25.09.09)

Daniels, George L. / Hollifield, C. Ann (2002): Times of Turmoil: Short- and Long-Term Effects of Organizational Change on Newsroom Employees. In: Journalism and Mass Communication Quarterly, Jg. 79, Nr. 3. Seiten 661-680.

de Aquino, Ruth (2002): The print European landscape in the context of multimedia. Presentation to Mudia (Multimedia in a Digital Age), Brügge, May 2002. URL: http://mudia.ecdc.info/presentation/bruges-ruth.doc (Stand: 25.09.09)

de Aquino, Ruth / Bierhoff, Jan / Orchard, Tim / Stone, Martha (2002): The European Multimedia Landscape. URL: http://mudia.ecdc.info/results/WP2%20Del%202.2%20Web%20version.pdf (Stand: 25.09.09)

Deters, Jürgen (2000): Medienmanagement als Personal- und Organisationsmanagement. In: Matthias Karmasin / Carsten Winter (Hg.): Grundlagen des Medienmanagements. München: Fink. Seiten 93-113.

Deutscher Journalisten-Verband (2009): verlinkt. In: Journalist, das deutsche Medienmagazin, Jg. 59, Nr. 7. Seiten 16-18.

Deuze, Mark (2003): The web and its journalisms: considering the consequences of different types of newsmedia online. In: new media & society, Jg. 5, Nr. 2. Seiten 203-230.

Deuze, Mark (2004): What is Multimedia Journalism? In: Journalism Studies, Jg. 5, Nr. 2. Seiten 139-152.

Devyatkin, Dimitri (2001): Online Journalism: digital video stars. In: Content Wire. URL: http://www.content-wire.com/online-journalism-digital-video-stars (Stand: 25.09.09)

Dickinson, Andy (2007): Video Workload survey results. URL: http://www.andydickinson.net/2007/11/03/video-workload-survey-results/ (Stand: 25.09.09)

Diekmann, Andreas (2009): Empirische Sozialforschung. Grundlagen, Methoden, Anwendungen. 20. Auflage. Reinbek bei Hamburg: Rowohlt.

Doppler, Klaus / Lauterburg, Christoph (2008): Change Management. Den Unternehmenswandel gestalten. 12. akt. und erw. Auflage. Frankfurt/ New York: Campus.

Dupagne, Michel / Garrison, Bruce (2006): The meaning and influence of convergence. A qualitative case study of newsroom work at the Tampa News Center. In: Journalism Studies, Jg. 7, Nr. 2. Seiten 237-255.

Ekecrantz, Jan (2007): Medien und Journalismus: Eine Skizze der Zukunft. In: Harald Rau (Hg.): Zur Zukunft des Journalismus. Frankfurt am Main u.a.: Lang. Seiten 11-30.

Fantapié Altobelli, Claudia (2002): Print contra Online: Herausforderung und Chance für Verlagsunternehmen. In: Claudia Fantapié Altobelli (Hg.): Print contra Online? Verlage im Internetzeitalter. München: Fischer. Seiten 9-19.

Fee, Frank E. (2002): New(s) Players and New(s) Values? A Test of Convergence in the Newsroom. Arbeitspapier zur AEJMC-Tagung (Association for Education in Journalism and Mass Communication), Miami Beach 2002. URL: http://list.msu.edu/cgi-bin/wa?A2=ind0209B&L=aejmc&P=R41392&D=0 (Stand: 25.09.09)

Feierabend, Sabine / Kutteroff, Albrecht (2008): Medien im Alltag Jugendlicher – multimedial und multifunktional. Ergebnisse der JIM-Studie 2008. In: Media Perspektiven, Jg. 38, Nr. 12. Seiten 612-624.

Fengler, Susanne / Kretzschmar, Sonja (2009): Vorwort. In: Susanne Fengler / Sonja Kretzschmar (Hg.): Innovationen für den Journalismus. Wiesbaden: VS Verlag. Seiten 11-16.

Fleischhacker, Michael (2004): Internet-Journalismus. In: Heinz Pürer / Meinrad Rahofer / Claus Reitan (Hg.): Praktischer Journalismus. Presse, Radio, Fernsehen, Online. 5. völlig neue Auflage. Salzburg: UVK. Seiten 229-237.

Flick, Uwe (2008): Triangulation. Eine Einführung. 2. Auflage. Wiesbaden: VS.

Franklin, Bob (2008): The Future of Newspapers. In: Journalism Practice, Jg. 2, Nr. 3. Seiten 306-317.

Garcia Aviles, José et al. (2008): Newsroom Convergence. A Transnational Comparison. Abstract für das Medienhaus Wien. URL: http://www.rtr.at/de/ppf/Kurzberichte2007/Konvergenz_im_Newsroom_Newsroom_Convergence.pdf (Stand: 25.09.09)

Gentry, James K. (1999): The Orlando Sentinel. Newspaper of the future: Integrating print, television and Web. In: Making Change, a report for the American Society of Newspaper Editors, April. URL: http://www.asne.org/index.cfm?ID=2724 (Stand: 13.06.09)

Gordon, Rich (2003): The Meanings and Implications of Convergence. In: Kevin Kawamoto (Hg.): Digital Journalism: emerging media and the changing horizons of journalism. Lanham, MD: Rowman & Littlefield. Seiten 57-73.

Grimberg, Steffen (2007): Unerlaubte Konkurrenz? In: Medium. Magazin für Journalisten, Jg. 22, Nr. 5. Seiten 32-33.

Gscheidle, Christoph / Fisch, Martin (2007): Onliner 2007. In: Media Perspektiven, Jg. 37, Nr. 8. Seiten 393-405.

Haagerup, Ulrik (2006). Media Convergence: 'Just do it!'. URL: http://www.nieman.harvard.edu/reportsitem.aspx?id=100281 (Stand: 25.09.09)

Haeming, Anne (2008): TV-Fritzen und Totalverweigerer. Lokalzeitungen im Netz. Spiegel-Online, 4. Juli 2008. URL: http://www.spiegel.de/netzwelt/web/0,1518,563420,00.html (Stand: 25.09.09)

Haiman, Robert J. (2001): Can Convergence Float? In: Poynteronline, 28. Februar. URL: http://www.poynter.org/content/content_view.asp?id=14540 (Stand: 25.09.09)

Hammond, Scott C. / Petersen, Daniel / Thomsen, Steven (2000): Print, Broadcast and Online Convergence in the Newsroom. In: Journalism & Mass Communication Educator, Jg. 55, Summer 2000. Seiten 16-26.

Hauschildt, Jürgen / Salomo, Sören (2007): Innovationsmanagement. 4. Auflage. München: Vahlen.

Healy, Tory (2002): Hack of all Trades, Master of None. Convergence may be good news for business, so far it's bad news for journalists. In: Ryerson Review of Journalism, Summer 2002. Seiten 57-73. URL: http://www.rrj.ca/issue/2002/summer/380/ (Stand: 25.09.09)

Heinrich, Jürgen (2001): Medienökonomie. Band 1: Mediensystem, Zeitung, Zeitschrift, Anzeigenblatt. 2. überarb. und akt. Auflage. Wiesbaden: Westdeutscher Verlag.

Hohlfeld, Ralf / Meier, Klaus / Neuberger, Christoph (2002). Innovativer Journalismus – Neuer Journalismus. Zur Einführung. In: Ralf Hohlfeld / Klaus Meier / Christoph Neuberger (Hg.): Innovationen im Journalismus. Forschung für die Praxis. Münster u.a.: Lit. Seiten 11-22.

Hooffacker, Gabriele (2001): Online-Journalismus. Schreiben und Gestalten für das Internet. Ein Handbuch für Ausbildung und Praxis. München: List.

Huang, Edgar et al. (2003): Facing the Challenges of Media Convergence: media professionals' concerns of working across media platforms. Arbeitspapier zur AEJMC-Tagung, Kansas City 2003. In: Proceedings of the Annual Meeting of the Association for Education in Journalism and Mass Communication. Seiten 170-191. URL: http://eric.ed.gov/ERICDocs/data/ericdocs2sql/content_storage_01/0000019b/80/23/44/2b.pdf (Stand: 25.09.09)

Jakubetz, Christian (2008): Crossmedia. Konstanz: UVK.

Jankowski, Nicholas W. / van Selm, Martine (2000): Traditional Newsmedia Online: An Examination of Added Values. In: Communications, the European journal of communication research, Jg. 25, Nr. 1. Seiten 85-101.

Jenkins, Henry (2001): Convergence? I Diverge. In: Technology Review, Jg. 104, Juni 2001. Seite 93. URL: http://web.mit.edu/cms/People/henry3/converge.pdf (Stand: 25.09.09)

Jenkins, Henry (2006): Convergence Culture. Where Old and New Media Collide. New York / London: New York University Press.

Jones, Tyler (2003): The Three C's: Conference, Convergence and (Sub) Conscious. In: Exploring the meaning of media convergence. URL: http://www.jour.sc.edu/news/convergence/issue5.html (Stand: 25.09.09)

Keuper, Frank / Hans, René (2003): Multimedia-Management. Strategien und Konzepte für Zeitungs- und Zeitschriftenverlage im digitalen Informationszeitalter. Wiesbaden: Gabler.

Killebrew, Kenneth C. (2005): Managing Media Convergence: pathways to journalistic cooperation. Ames, IO: Blackwell.

Kiousis, Spiro (2006): Exporing the impact of modality on perceptions of credibility for online news stories. In: Journalism Studies, Jg. 7, Nr. 2. Seiten 348-359.

Klammer, Bernd (2005): Empirische Sozialforschung. Eine Einführung für Kommunikationswissenschaftler und Journalisten. Konstanz: UVK.

Kluge, Friedrich (1995): Etymologisches Wörterbuch der deutschen Sprache. 23. erw. Auflage. Berlin / New York: de Gruyter.

Kopper, Gerd G. / Kolthoff, Albrecht / Czepek, Andrea (2000): Online Journalism – a report on current and continuing research and major questions in the international discussion. In: Journalism Studies, Jg. 1, Nr. 3. Seiten 499-512.

Kromrey, Helmut (2006): Empirische Sozialforschung. Modelle und Methoden der standardisierten Datenerhebung und Datenauswertung. 11. überarb. Auflage. Stuttgart: Lucius & Lucius.

Langer, Ulrike (2007): Fernsehen für die Zeitung. In: Medium. Magazin für Journalisten, Jg. 22, Nr. 7. Seiten 26-29.

Latzer, Michael (1997): Mediamatik – Die Konvergenz von Telekommunikation, Computer und Rundfunk. Opladen: Westdeutscher Verlag.

Lawson-Borders, Gracie (2003): Integrating New Media and Old Media: Seven Observations of Convergence as a Strategy for Best Practices in Media Organizations. In: JMM – The International Journal on Media Management, Jg. 5, Nr. 11. Seiten 91–99.

Lehr, Thomas (1999): Tageszeitungen und Online-Medien. Wiesbaden: Betriebswirtschaftlicher Verlag Gabler / Dt. Universitäts-Verlag.

Lin, Carolyn A. (2004): Webcasting Adoption: Technology Fluidity, User Innovativeness, and Media Substitution. In: Journal of Broadcasting & Electronic Media, Jg. 48, Nr. 3. Seiten 446-465.

Lowrey, Wilson (2004): 'Everyone else has a TV weatherman on the weather page': Institutional isomorphism and commitment to newspaper-TV partnering. Arbeitspapier zur AEJMC-Tagung (Association for Education in Journalism and Mass Communication) Toronto, August 2004. URL: http://list.msu.edu/cgi-bin/wa?A2=ind0411c&L=aejmc&F=P&P=26362 (Stand: 25.09.09)

Maier, Matthias (2000): Medienmanagement als strategisches Management. In: Matthias Karmasin / Carsten Winter (Hg.): Grundlagen des Medienmanagements. München: Fink. Seiten 59-92.

Mast, Claudia (1997): Redaktionsmanagement. Ziele und Aufgaben für Journalisten. Bonn: Zeitungs-Verlag Service.

Matthes, Achim (2006): Convergence journalism. Die Auswirkungen der Medienkonvergenz auf den praktischen Journalismus. Saarbrücken: VDM.

Mayer, Horst Otto (2008): Interview und schriftliche Befragung. Entwicklung, Durchführung und Auswertung. 4. überarb. und erw. Auflage. München / Wien: Oldenbourg.

Meckel, Miriam (1999): Redaktionsmanagement. Ansätze aus Theorie und Praxis. Opladen / Wiesbaden: Westdeutscher Verlag.

Meffert, Heribert / Burmann, Christoph / Kirchgeorg, Manfred (2008): Marketing. Grundlagen marktorientierter Unternehmensführung, 10. vollst. überarb. und erw. Auflage. Wiesbaden: Gabler.

Meier, Klaus (2002 a): Neue journalistische Formen. In: Klaus Meier (Hg.): Internet-Journalismus. 3., überarb. und erw. Auflage. Konstanz: UVK. Seiten 21-171.

Meier, Klaus (2002 b): Die Internet-Redaktion: Redaktions- und Contentmanagement. In: Klaus Meier (Hg.): Internet-Journalismus. 3. überarb. und erw. Auflage. Konstanz: UVK. Seiten 187-212.

Meier, Klaus (2002 c): Wenn Teams das Niemandsland bevölkern. Eine Analyse innovativer Redaktionsstrukturen. In: Ralf Hohlfeld / Klaus Meier / Christoph Neuberger (Hg.): Innovationen im Journalismus. Forschung für die Praxis. Münster u.a.: Lit. Seiten 91-111.

Meier, Klaus (2003): Qualität im Online-Journalismus. In: Hans-Jürgen Bucher / Klaus-Dieter Altmeppen (Hg.): Qualität im Journalismus. Grundlagen – Dimensionen – Praxismodelle. Wiesbaden: Westdeutscher Verlag. Seiten 247-266.

Meier, Klaus (2004): Redaktionen: Organisation, Strukturen und Arbeitsweisen. In: Heinz Pürer / Meinrad Rahofer / Claus Reitan (Hg.): Praktischer Journalismus. Presse, Radio, Fernsehen, Online. 5. völlig neue Auflage. Salzburg: UVK. Seiten 95-109.

Meier, Klaus (2006): Newsroom, Newsdesk, crossmediales Arbeiten. Neue Modelle der Redaktionsorganisation und ihre Auswirkung auf die journalistische Qualität. In: Siegfried Weischenberg / Wiebke Loosen / Michael Beuthner (Hg.): Medien-Qualitäten. Öffentliche Kommunikation zwischen ökonomischem Kalkül und Sozialverantwortung. Konstanz: UVK. Seiten 203-222.

Meier, Klaus (2007): Journalistik. Konstanz: UVK.

Meyen, Michael (2004): Mediennutzung. Mediaforschung, Medienfunktionen, Nutzungsmuster. 2. überarb. Auflage. Konstanz: UVK.

Meyer, Kathrin (2005): Crossmediale Kooperation von Print- und Online-Redaktionen bei Tageszeitungen in Deutschland. Grundlagen, Bestandsaufnahme und Perspektiven. München: Utz.

Milz, Anette (2007): Vorneweg statt hinterher: Von der Redaktion zum Multimediadienstleister. In: Bundesverband Deutscher Zeitungsverleger: Zeitungen 2007. Berlin. Seiten 198-205.

Milz, Annette (2008): Gemischte Gefühle. In: Medium. Magazin für Journalisten, Jg. 23, Nr. 4. Seiten 28-31.

Mischel, Roman (2004): Einfach recherchiert, trimedial verwertet. Möglichkeiten und Beschränkungen des Backpack-Journalismus. Erfahrungen aus einem Selbstversuch. Diplomarbeit Universität Dortmund. Unveröffentlicht.

Mrazek, Thomas (2007): Zeitungs-TV per Videoclip. In: Journalist, Jg. 57, Nr. 2. Seiten 50-53.

Müller-Kalthoff, Björn (2002): Cross-Media als integrierte Management-Aufgabe. In: Björn Müller-Kalthoff (Hg.): Cross-Media Management. Content-Strategien erfolgreich umsetzen. Berlin u.a.: Springer. Seiten 19-40.

Nafria, Ismael (2006): To integrate or not to integrate? As some newspapers like the New York Times and USA TODAY move toward full newsroom integration, others seem in no rush to follow. In: World Association of Newspapers (Hg.): Innovations in Newspapers. 2006 World Report. Seiten 26-29.

Neuberger, Christoph (2002 a): Alles Content, oder was? Vom Unsichtbarwerden des Journalismus im Internet. In: Ralf Hohlfeld / Klaus Meier / Christoph Neuberger (Hg.): Innovationen im Journalismus. Forschung für die Praxis. Münster u.a.: Lit. Seiten 25-69.

Neuberger, Christoph (2002 b): Das Engagement deutscher Tageszeitungen im Internet: Zwischen „Cross media"-Strategien und Zweitverwertung. Ergebnisse einer Befragung von Online-Journalisten. In: Claudia Fantapié Altobelli (Hg.): Print contra Online? Verlage im Internetzeitalter. München: Fischer. Seiten 113-131.

Neuberger, Christoph (2002 c): Online-Journalismus: Akteure, redaktionelle Strukturen und Berufskontext. In: Medien & Kommunikationswissenschaft, Jg. 50, Nr. 1. Seiten 102-114.

Neuberger, Christoph (2003 a): Strategien deutscher Tageszeitungen im Internet. Ein Forschungsüberblick. In: Christoph Neuberger / Jan Tonnemacher (Hg.): Online - die Zukunft der Zeitung?

Das Engagement deutscher Tageszeitungen im Internet. 2. Auflage. Wiesbaden: Westdeutscher Verlag. Seiten 152-213.

Neuberger, Christoph (2003 b): Zeitung und Internet. Über das Verhältnis zwischen einem alten und einem neuen Medium. In: Christoph Neuberger / Jan Tonnemacher (Hg.): Online - die Zukunft der Zeitung? Das Engagement deutscher Tageszeitungen im Internet. 2. Auflage. Wiesbaden: Westdeutscher Verlag. Seiten 16-109.

Neuberger, Christoph / Tonnemacher, Jan (2003): Online – Die Zukunft der Zeitung? Zur Einführung. In: Christoph Neuberger / Jan Tonnemacher (Hg.): Online - die Zukunft der Zeitung? Das Engagement deutscher Tageszeitungen im Internet. 2. Auflage. Wiesbaden: Westdeutscher Verlag. Seiten 8-13.

Pavlik, John (2009): Vom traditionellen Redaktionsbüro zur digitalen Nachrichtenredaktion. Perspektiven der Forschung. In: Susanne Fengler / Sonja Kretzschmar (Hg.): Innovationen für den Journalismus. Wiesbaden: VS Verlag. Seiten 25-36.

Pawlofsky, Jan (2003): Die virtuelle Redaktion. Macht das Internet den Newsroom überflüssig? In: Christoph Neuberger / Jan Tonnemacher (Hg.): Online - die Zukunft der Zeitung? Das Engagement deutscher Tageszeitungen im Internet. 2. Auflage. Wiesbaden: Westdeutscher Verlag. Seiten 266-290.

Pfeifer, Wolfgang (1993): Etymologisches Wörterbuch des Deutschen. Berlin: Akademie Verlag.

Popp, Manuela / Spachmann, Klaus (2000): Presse im Internet. Journalismus zwischen Kontinuität und Wandel. In: Klaus-Dieter Altmeppen / Hans-Jürgen Bucher / Martin Löffelholz (Hg.): Online-Journalismus. Perspektiven für Wissenschaft und Praxis. Wiesbaden: Westdeutscher Verlag. Seiten 139-151.

Porter, Michael E. (2000): Wettbewerbsvorteile (Competetive Advantage). Spitzenleistungen erreichen und behaupten. Frankfurt am Main / New York: Campus Verlag.

Quandt, Thorsten (2003): Vom Redakteur zum Content-Manager? Wandel des Journalismus im Zeichen des Netzes. In: Martin Löffelholz / Thorsten Quandt (Hg.): Die neue Kommunikationswissenschaft: Theorien, Themen und Berufsfelder im Internet-Zeitalter. Opladen: Westdeutscher Verlag. Seiten 257-579.

Quandt, Thorsten (2005): Journalisten im Netz. Eine Untersuchung journalistischen Handelns in Online-Redaktionen. Wiesbaden: VS Verlag.

Quandt, Thorsten et al. (2006): American and German online journalists at the beginning of the 21st century. A bi-national survey. In: Journalism Studies, Jg. 7, Nr. 2. Seiten 171-186.

Quinn, Stephen (2005 a): Convergence's Fundamental Question. In: Journalism Studies, Jg. 6, Nr. 1. Seiten 29-38.

Quinn, Stephen (2005 b): Convergent Journalism. The Fundamentals of Multimedia Reporting. New York u.a.: Lang.

Quinn, Stephen (2007): An intersection of ideals: Journalism, profits, technology and convergence. In: Feedback (Broadcast Education Association), Jg. 48, Nr. 2. Seiten 19-33.

Radü, Jens (2009): Mehrwert statt Spielerei: Schöne neue Videowelt. Komplementäre multimediale Erzählstrategien im Internet. In: Susanne Fengler / Sonja Kretzschmar (Hg.): Innovationen für den Journalismus. Wiesbaden: VS Verlag. Seiten 58-69.

Rau, Harald (2007): Metajounalismus als redaktionelle Herausforderung. Journalisten in der multimedialen Konvergenzbewegung. In: Harald Rau (Hg.): Zur Zukunft des Journalismus. Frankfurt am Main u.a.: Lang. Seiten 31-60.

Riedel, Hergen H. / Schoo, Andreas (2002): Cross-Media Management im Medienverbund von Print und Online: Das Beispiel TV-Movie. In: Björn Müller-Kalthoff (Hg.): Cross-Media Management. Content-Strategien erfolgreich umsetzen. Berlin u.a.: Springer. Seiten 139-165.

Riefler, Katja (2002): Die Zukunft des Journalismus im Supermarkt. In: Ralf Hohlfeld / Klaus Meier / Christoph Neuberger (Hg.): Innovationen im Journalismus. Forschung für die Praxis. Münster u.a.: Lit. Seiten 71-77.

Rogers, Everett M. (2003): Diffusion of Innovations. 5. Auflage. New York u.a.: Free Press.

Rose, Bill / Lenski, Joe (2006): Internet and Multimedia 2006: On-Demand Media Explodes. New York: Arbitron/Edison Media Research. URL: http://www.arbitron.com/downloads/ IM2006Study.pdf (Stand: 25.09.09)

Roth, Judith (2005): Internetstrategien von Lokal- und Regionalzeitungen. Wiesbaden: VS Verlag.

Ruß-Mohl, Stephan (1994): Anything goes? Ein Stolperstein und sieben Thesen zur publizistischen Qualitätssicherung. In: Sibylle Reiter / Stephan Ruß-Mohl (Hg.): Zukunft oder Ende des Journalismus? Publizistische Qualitätssicherung, Medienmanagement, redaktionelles Marketing. Gütersloh: Verlag Bertelsmann Stiftung. Seiten 20-28.

Saltzis, Konstantinos / Dickinson, Roger (2008): Inside the changing newsroom: journalists' responses to media convergence. In: Aslib Proceedings, Jg. 60, Nr. 3. Seiten 216-228.

Schierenbeck, Henner / Wöhle, Claudia B. (2008): Grundzüge der Betriebswirtschaftslehre. 17. Auflage. München: Oldenbourg.

Schmid, Julia (2008): Bewegte Zeiten. Das Online-Video-Angebot von deutschen Zeitungen. Berlin: Bundesverband Deutscher Zeitungsverleger.

Schmidt-Carré, André (2007): Außer Kontrolle? In: Journalist, Jg. 57, Nr. 8. Seiten 36-38.

Schneider, Martin (2007): Crossmedia-Management. Wiesbaden: Deutscher Universitäts-Verlag.

Schulte-Hillen, Gerd (1994): Sicherung publizistischer Unabhängigkeit – Führungskonzepte für Medienunternehmen. In: Sibylle Reiter / Stephan Ruß-Mohl (Hg.): Zukunft oder Ende des Journalismus? Publizistische Qualitätssicherung, Medienmanagement, redaktionelles Marketing. Gütersloh: Verlag Bertelsmann Stiftung. Seiten 78-88.

Schulte-Zurhausen, Manfred (2005): Organisation. 4. überarb. und erw. Auflage. München: Vahlen.

Schütz, Walter J. (2007): Redaktionelle und verlegerische Struktur der deutschen Tagespresse. Übersicht über den Stand 2006. In: Media Perspektiven, Jg. 37, Nr. 11. Seiten 589-598.

Sehl, Annika (2008): Qualitätsmanagement im Videojournalismus. Eine qualitative Studie der ARD-Anstalten. Wiesbaden: Verlag für Sozialwissenschaften.

Silcock, B. William / Keith, Susan (2006): Translating the Tower of Babel? Issues of definition, language, and culture in converged newsrooms. In: Journalism Studies, Jg. 7, Nr. 4. Seiten 610-627.

Singer, Jane B. (2002): Information trumps interaction in local papers' online caucus coverage. In: Newspaper Research Journal, Jg. 23, Nr. 4. Seiten 91-96. URL: http://findarticles.com/p/articles/ mi_qa3677/is_200210/ai_n9130303/print (Stand: 25.09.09)

Singer, Jane B. (2004): Strange Bedfellows? The diffusion of convergence in four news organizations. In: Journalism Studies, Jg. 5, Nr. 1. Seiten 3-18.

Sjurts, Insa (2002): Cross-Media-Strategien in der deutschen Medienbranche. Eine ökonomische Analyse zu Varianten und Erfolgsaussichten. Diskussionsbeiträge Nr. 1/2002. Flensburg: Universität Flensburg, Lehrstuhl für Allgemeine Betriebswirtschaftslehre.

Spachmann, Klaus (2003): Zeitungen auf Crossmedia-Kurs? Online-Strategien der Tageszeitungen aus Sicht der Print-Chefredakteure. In: Christoph Neuberger / Jan Tonnemacher (Hg.): Online - die Zukunft der Zeitung? Das Engagement deutscher Tageszeitungen im Internet. 2. Auflage. Wiesbaden: Westdeutscher Verlag. Seiten 214-234.

Stark, Birgit / Kraus, Daniela (2008): Crossmediale Strategien überregionaler Tageszeitungen. Empirische Studie am Beispiel des Pressemarkts in Österreich. In: Media Perspektiven, Jg. 38, Nr. 6. Seiten 307-317.

Stevens, Jane (2002 a): Backpack Journalism Is Here to Stay. In: Online Journalism Review, 2. April 2002. URL: http://www.ojr.org/ojr/workplace/1017771575.php (Stand: 25.09.09)

Stevens, Jane (2002 b): TBO.com: The Folks with the Arrows in Their Backs. In: Online Journalism Review, 3. April 2002. URL: http://www.ojr.org/ojr/workplace/1017858030.php (Stand: 25.09.09)

Stone, Martha (2002): The Backpack Journalist Is a ‚Mush of Mediocrity'. In: Online Journalism Review, 2. April 2002. URL: http://www.ojr.org/ojr/workplace/1017771634.php (Stand: 25.09.09)

Stone, Martha / Bierhoff, Jan (2002): The State of Multimedia Newsrooms in Europe. Arbeitspapier zur 2. Konferenz "Media in Transition" (MIT), Cambridge, MA, Mai 2002. URL: http://web.mit.edu/cms/Events/mit2/Abstracts/JanBierhoff.pdf (Stand: 25.09.09)

Streich, Sabine (2008): Video-Journalismus. Ein Trainingshandbuch. Konstanz: UVK.

Strupp, Joe (2000): Three-point Play. In: Editor and Publisher, Jg. 133, Nr. 34. Seiten 18-23.

Strupp, Joe (2006): How newsrooms deal with "local" publishers. In: Editor & Publisher, Jg. 139, Nr. 11. Seiten 44-48.

Sundar, S. Shyam (2000): Multimedia Effects on Processing and Perception of Online News: A Study of Picture, Audio, and Video Downloads. In: Journalism and Mass Communication Quarterly, Jg. 77, Nr. 3. Seiten 480-499.

Thelen, Gil (2002): Convergence Is Coming. In: The Quill, July/August 2002. Seite 16.

Tonnemacher, Jan (1998): Multimedial, online und interaktiv: Die Zukunft des Journalismus? In: René Pfammatter (Hg.): Multi Media Mania. Reflexionen zu Aspekten neuer Medien. Konstanz: UVK. Seiten 173-180.

Tossuti, Roberto (2008): Die Zukunft des Videojournalismus. Interview in: Sabine Streich: Video-Journalismus. Ein Trainingshandbuch. Konstanz: UVK. Seite 263.

Tremayne, Mark / Schmitz Weiss, Amy / Alves, Rosenthal Calmon (2007): From Product to Service: The Diffusion of Dynamic Content in Online Newspapers. In: Journalism & Mass Communications Quarterly, Jg. 84, Nr. 4. Seiten 825-839.

van Eimeren, Birgit / Frees, Beate (2008): Bewegtbildnutzung im Internet. Ergebnisse der ARD/ZDF-Onlinestudie 2008. In: Media Perspektiven, Jg. 38, Nr. 7. Seiten 350-355.

Vogel, Andreas (2008): Online-Geschäftsfelder der Pressewirtschaft. Web 2.0 führt zu neuem Beteiligungsboom der Verlage. In: Media Perspektiven, Jg. 38, Nr. 5. Seiten 236-246.

Ward, Mike (2002): Journalism online. Oxford u.a.: Focal Press.

Weichler, Kurt (2003): Redaktionsmanagement. Konstanz: UVK.

Welge, Martin K. / Al-Laham, Andres (2008): Strategisches Management. Grundlagen – Prozess – Implementierung. 5. Auflage. Wiesbaden: Gabler.

Wikipedia (2009): Inspector Gadget. URL: http://de.wikipedia.org/wiki/Inspector_Gadget (Stand: 25.09.09)

Winseck, Dwayne (2002): Netscapes of power: convergence, consolidation and power in the Canadian mediascape. In: Media, Culture & Society, Jg. 24, Nr. 6. Seiten 795–819.

Wirtz, Bernd W. (2009): Medien- und Internetmanagement. 6. überarb. Auflage. Wiesbaden: Gabler.

Wöhe, Günter / Döring, Ulrich (2008): Einführung in die Allgemeine Betriebswirtschaftslehre. 23. Auflage. München: Vahlen.

World Editors Forum (2008 a): How much Video is enough? In: Trends in Newsrooms 2008, Jg. 4. Seiten 122-126.

World Editors Forum (2008 b): How the Printed Word Became the Motion Picture. In: Trends in Newsrooms 2008, Jg. 4. Seiten 116-121.

World Editors Forum (2008 c): Strategies for Producing Video. In: Trends in Newsrooms 2008, Jg. 4. Seiten 127-129.

Zavoina, Susan / Reichert, Tom (2000): Media Convergence/Management Change: The Evolving Workflow for Visual Journalists. In: Journal of Media Economics, Jg. 13, Nr. 2. Seiten 143-151.

Zogby, John (2008): Newsroom culture has changed: multimedia, multi-skilled will be the norm. In: World Editors Forum: Trends in Newsrooms 2008, Jg. 4. Seiten 3-11.

Inhaltsverzeichnis des Anhangs

Alle Anhänge sind im OnlinePLUS-Programm unter www.vs-verlag.de und „Matthias Walter" verfügbar. Im Einzelnen sind das:

Material empirische Teilstudie I:
Handlungsanweisung für die Inhaltsanalyse der Websites
Ergebnisse der Inhaltsanalyse
    Liste der Einzeltitel
    Liste der Publizistischen Einheiten
    Liste der Portale
    Liste der entfernten Zeitungen
Statistische Ergebnisse der Hypothesenüberprüfung

Material empirische Teilstudie II:
Screenshots des Befragungsprogramms
Detailergebnisse zu den einzelnen Mitarbeitergruppen

Material empirische Teilstudie III:
Interviewleitfaden
Interviews
    Jens Nähler, HNA
    Wolfgang Stephan, Stader Tageblatt
    Alexander Houben, Trierischer Volksfreund
Handlungs- und Kodieranweisungen für die Beobachtung
Beobachtungsbögen
    Hessische/Niedersächsische Allgemeine
    Stader Tageblatt
    Trierischer Volksfreund
Kategoriensystem für die Auswertung der Interviews und Beobachtungsbögen
Operationalisierung des Fragebogens: Kategorienschema
Fragebogen Mitarbeiter
Auswertungstabellen der Fragebögen

MIX
Papier aus verantwortungsvollen Quellen
Paper from responsible sources
FSC® C105338

FSC
www.fsc.org